"互联网+"新形态财会类大数据专业系列教材
智能财税、企业财务与会计机器人应用、财务共享服务 1+X 证书课证融通教材

RPA 财务机器人应用
——基于 UiPath

周列平　龚　诤◎主　编
徐盛秋　张　莹　郁春兰　肖　敏◎副主编
厦门网中网软件有限公司◎组　编

电子工业出版社
Publishing House of Electronics Industry
北京·BEIJING

内 容 简 介

本书是财会类大数据专业系列教材之一，书中的系列视频微课被选为终身教育平台数字化学习资源。本书以广泛应用的免费财务机器人软件 UiPath 为基础，共包括 RPA 概述、UiPath 软件的安装与使用、商务洽谈机器人、财务报告邮件处理机器人、Excel 财务数据处理机器人、费用报销机器人、采购预算审核机器人、财务对账机器人、理财小帮手机器人 9 个项目，22 项细分学习任务。本书内容对接 RPA 财务机器人的实际应用场景，以培养学生规范的操作意识、提高学生熟练的操作能力为目标，重点突出实际操作、易错问题解决等方面的内容，同时融入 UiPath 软件的应用经验和教学反思，对 UiPath 软件的相关知识进行系统梳理和全面总结。

本书充分吸纳了智能财税、企业财务与会计机器人应用、财务共享服务等多种职业技能等级证书中关于财务机器人的主要内容，较好地解决了学历证书教育与职业技能等级证书培训融会贯通的问题，实现了课程层面的 1+X 的有机结合，提升了教学质量和学生的就业能力。

本书可以作为高等职业专科院校、高等职业本科院校、中等职业学校、成人高校及应用型本科院校大数据与会计、大数据与财务管理、会计信息管理等相关专业的教材和教学参考书，也可以作为在职会计、税务工作人员和企业管理人员的培训或自学用书。

未经许可，不得以任何方式复制或抄袭本书之部分或全部内容。
版权所有，侵权必究。

图书在版编目（CIP）数据

RPA 财务机器人应用：基于 UiPath / 周列平，龚诤主编. —北京：电子工业出版社，2023.5
ISBN 978-7-121-45813-2

Ⅰ. ①R… Ⅱ. ①周… ②龚… Ⅲ. ①财务管理－专用机器人－高等学校－教材 Ⅳ. ①F275②TP242.3

中国国家版本馆 CIP 数据核字（2023）第 111471 号

责任编辑：贾瑞敏　　　特约编辑：田学清
印　　刷：北京雁林吉兆印刷有限公司
装　　订：北京雁林吉兆印刷有限公司
出版发行：电子工业出版社
　　　　　北京市海淀区万寿路 173 信箱　　邮编 100036
开　　本：787×1092　1/16　印张：14　字数：341 千字
版　　次：2023 年 5 月第 1 版
印　　次：2023 年 5 月第 1 次印刷
定　　价：48.00 元

凡所购买电子工业出版社图书有缺损问题，请向购买书店调换。若书店售缺，请与本社发行部联系，联系及邮购电话：（010）88254888，88258888。
质量投诉请发邮件至 zlts@phei.com.cn，盗版侵权举报请发邮件至 dbqq@phei.com.cn。
本书咨询联系方式：（010）88254019，jrm@phei.com.cn。

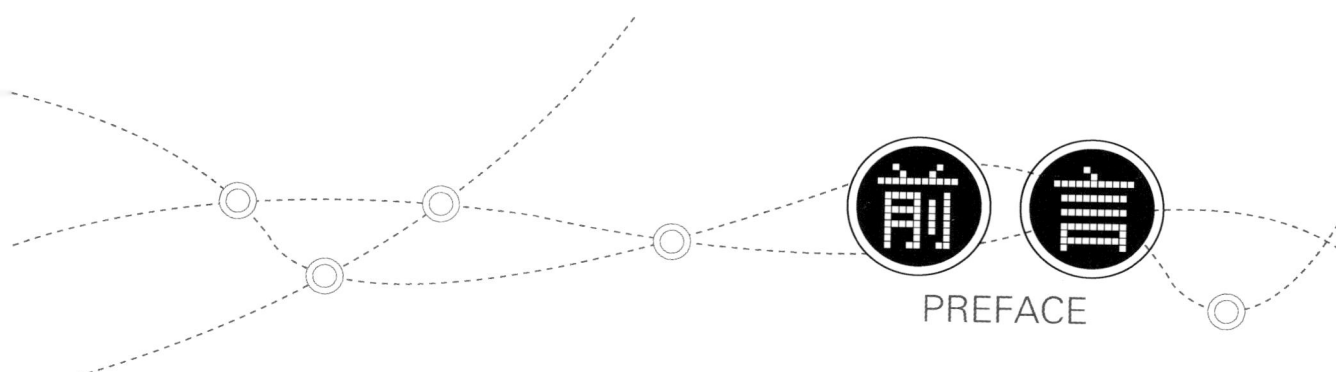

前言 PREFACE

本书遵循国务院印发的《国家职业教育改革实施方案》中的相关精神，按照教育部印发的《职业院校教材管理办法》中关于教材编写的要求编写而成。

本书以党的二十大精神为指引，认真落实立德树人根本任务。课程思政是落实立德树人根本任务的关键渠道，教材是课程思政的重要载体。本书主要培养学生树立我国RPA产业的创新发展理念，把握时代脉搏，引领新经济发展。

本书以服务教学改革为出发点，对标大数据时代会计工作岗位的新要求，对接学生的学习需求，为教师提供教学便利，积极发挥教材在人才培养中的基础性作用。编者在总结近几年RPA财务机器人应用教学实践经验的基础上，组建校企合作的编写团队，认真开展编写工作，助力培养综合素质高、业务能力强、适应大数据时代要求的现代智能会计人才。

本书以广泛应用的免费财务机器人软件UiPath为基础，共包括RPA概述、UiPath软件的安装与使用、商务洽谈机器人、财务报告邮件处理机器人、Excel财务数据处理机器人、费用报销机器人、采购预算审核机器人、财务对账机器人、理财小帮手机器人9个项目，22项细分学习任务。本书内容对接RPA财务机器人的实际应用场景，具体操作部分的内容主要按照"任务目标"→"准备工作"→"任务引例"→"操作过程与步骤"→"易错问题解析"的框架结构进行编排。本书由"双师型"教师和企业人员联合编写，旨在使学生系统地掌握财务机器人软件UiPath的操作流程和方法，进而快速培养学生对财务机器人软件的应用能力，满足大数据时代智能会计工作的需要。

本书的主要特色如下。

- 实现了教学内容与工作内容的对接。本书内容对接企业RPA财务机器人的实际应用场景，学习任务对接RPA财务机器人的实务工作，将动手操作与思维训练相结合，注重培养学生的职业素养和职业能力，使学生德技双修，知行合一。
- 落实了1+X证书课证融通。本书充分吸纳了智能财税、企业财务与会计机器人应用、财务共享服务等多种职业技能等级证书中关于财务机器人的主要内容，较好地解决了学历证书教育与职业技能等级证书培训融会贯通的问题，实现了课程层面的1+X有机结合，实现了我国会计职业教育的双重教育功能，提升了教学质量和学生的就业能力。

- 以培养学生规范的操作意识、提高学生熟练的操作能力为目标。本书中的每个学习项目都精心设有"引导案例",旨在引导学生反思,实现综合育人。全书总结了初学者在操作 RPA 财务机器人软件的过程中可能遇到的各种疑难问题,重点突出了实际操作、易错问题解决、疑点解答等方面的内容,同时融入了 UiPath 软件的应用经验和教学反思,对 UiPath 软件的相关知识进行了系统梳理和全面总结,旨在全面提升教学效果。本书中的系列视频微课被选为教育部终身教育数字化资源,详见终身教育平台。
- 组建了校企紧密合作的教材编写团队。本书由"双师型"教师和企业人员共同参与编写,"双师型"教师的教学经验丰富,企业人员的业务能力领先,从而打造职教特色鲜明的 RPA 财务机器人应用教材。
- 体现了党的二十大精神。本书力求帮助学生树立系统观念,坚持守正创新,积极为加快建设数字中国、加快发展数字经济贡献力量,充分发挥青年在强国建设、民族复兴的新征程上的主力军作用。本书将党的二十大报告中必须坚持人民至上、必须坚持自信自立、必须坚持守正创新、必须坚持问题导向、必须坚持系统观念、必须坚持胸怀天下等观点通过素养目标、案例分析等环节有机地融入书中,实现思政教育的润物于无声。

本书配有课程标准、教案、教学课件、操作视频微课、工作流程文件等丰富的立体化教学资源,读者可以登录华信教育资源网免费下载。

本书由周列平(长江职业学院)、龚净(武汉软件工程职业学院)担任主编,徐盛秋(长江职业学院)、张莹(武汉交通职业学院)、郁春兰(湖南现代物流职业技术学院)、肖敏(长江职业学院)担任副主编。具体编写分工如下:周列平组织编写、统稿和编写项目七,郁春兰编写项目一,张莹编写项目二,鲁烽(中联集团教育科技有限公司)和肖敏共同编写项目三,龚净编写项目四,徐盛秋编写项目五、项目六,杨凤坤(厦门网中网软件有限公司)和赵毓(长江职业学院)共同编写项目八,周勇(武桥重工股份有限公司)和徐文(长江职业学院)共同编写项目九。

本书的编写得到了中联集团教育科技有限公司和厦门网中网软件有限公司的大力支持,并且得到了中铁大桥局集团财务部正高级会计师戴国华部长、武汉商学院钟爱军教授和长江职业学院财经学院院长苏龙教授的悉心指导,电子工业出版社贾瑞敏老师也帮助良多,在此深表感谢。

由于编者水平有限,书中不足之处在所难免,欢迎广大读者批评指正,请将意见发送至邮箱 13446494@qq.com,谢谢!

资源链接

编者

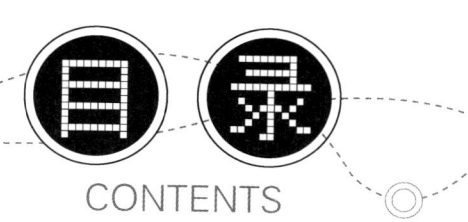

项目一　RPA 概述 1

学习目标 1
思维导图 1
引导案例 2
学习指引 2
任务一　RPA 的概念 3
任务考核评价报告 3
任务二　RPA 与 AI、财务转型 3
　一、RPA 的功能与优势 3
　二、RPA 与 AI 6
　三、RPA 与财务转型 7
任务考核评价报告 8
任务三　RPA 与财务相结合的应用
　　　　实例 8
　一、浪潮 GS 机器人 EAbot 8
　二、来也科技 RPA 机器人
　　　UiBot Mage 10
　三、德勤财务机器人小勤人 13
　四、RPA 财务机器人应用带来的
　　　启示 15
任务考核评价报告 16

项目二　UiPath 软件的安装与使用 17

学习目标 17
思维导图 17
引导案例 18
学习指引 18
任务一　UiPath 软件概述 18
　一、基本认知 18
　二、应用领域 22
任务考核评价报告 23
任务二　UiPath 软件的安装 24
　一、安装步骤 24
　二、UiPath 的语言与版本 29
任务考核评价报告 30
任务三　UiPath 软件的使用 30
　一、新建流程 31
　二、UiPath 软件的常用语句 43
　三、自动使用计算器模拟实训 ... 67
任务考核评价报告 73

项目三　商务洽谈机器人 74

学习目标 74
思维导图 74

引导案例	75
学习指引	75

任务一 PDF 文本读取自动化 ... 75
- 一、任务目标 ... 75
- 二、准备工作 ... 75
- 三、任务引例 ... 77
- 四、操作过程与步骤 ... 77
- 五、易错问题解析 ... 82

任务考核评价报告	82

任务二 微信秘书服务 ... 82
- 一、任务目标 ... 82
- 二、准备工作 ... 82
- 三、任务引例 ... 83
- 四、操作过程与步骤 ... 83
- 五、易错问题解析 ... 89

任务考核评价报告	90

项目四 财务报告邮件处理机器人 ... 91

学习目标	91
思维导图	91
引导案例	92
学习指引	92

任务一 自动读取邮件 ... 92
- 一、任务目标 ... 92
- 二、准备工作 ... 92
- 三、任务引例 ... 93
- 四、操作过程与步骤 ... 93
- 五、易错问题解析 ... 97

任务考核评价报告	97

任务二 自动发送邮件 ... 97
- 一、任务目标 ... 97
- 二、准备工作 ... 97
- 三、任务引例 ... 97
- 四、操作过程与步骤 ... 98
- 五、易错问题解析 ... 101

任务考核评价报告	101

项目五 Excel 财务数据处理机器人 ... 102

学习目标	102
思维导图	102
引导案例	103
学习指引	103

任务一 Excel 财务数据读取 ... 104
- 一、任务目标 ... 104
- 二、准备工作 ... 104
- 三、任务引例 ... 104
- 四、操作过程与步骤 ... 104
- 五、易错问题解析 ... 106

任务考核评价报告	107

任务二 Excel 财务数据填写 ... 107
- 一、任务目标 ... 107
- 二、准备工作 ... 107
- 三、任务引例 ... 107
- 四、操作过程与步骤 ... 107
- 五、易错问题解析 ... 109

任务考核评价报告	109

任务三 Excel 财务数据汇总 ... 109
- 一、任务目标 ... 109
- 二、准备工作 ... 110
- 三、任务引例 ... 110
- 四、操作过程与步骤 ... 110
- 五、易错问题解析 ... 118

任务考核评价报告	118

项目六 费用报销机器人 ... 119

学习目标	119

思维导图 119
引导案例 120
学习指引 120

任务一　发票读取 121
　一、任务目标 121
　二、准备工作 121
　三、任务引例 121
　四、操作过程与步骤 121
　五、易错问题解析 124
任务考核评价报告 124

任务二　发票采集 124
　一、任务目标 124
　二、准备工作 124
　三、任务引例 125
　四、操作过程与步骤 125
　五、易错问题解析 128
任务考核评价报告 128

任务三　多张发票采集与费用预算
　　　　控制 129
　一、任务目标 129
　二、准备工作 129
　三、任务引例 129
　四、操作过程与步骤 129
　五、易错问题解析 134
任务考核评价报告 134

项目七　采购预算审核机器人 135
学习目标 135
思维导图 135
引导案例 136
学习指引 136

任务一　网络抓取商品信息自动化 137
　一、任务目标 137
　二、准备工作 137
　三、任务引例 137
　四、操作过程与步骤 137
　五、易错问题解析 158
任务考核评价报告 159

任务二　采购预算控制 159
　一、任务目标 159
　二、准备工作 160
　三、任务引例 160
　四、操作过程与步骤 160
　五、易错问题解析 164
任务考核评价报告 164

项目八　财务对账机器人 165
学习目标 165
思维导图 165
引导案例 166
学习指引 166

任务一　供应商财务数据对账 166
　一、任务目标 166
　二、准备工作 166
　三、任务引例 167
　四、操作过程与步骤 167
　五、易错问题解析 180
任务考核评价报告 180

任务二　银行对账 180
　一、任务目标 180
　二、准备工作 180
　三、任务引例 181
　四、操作过程与步骤 181
　五、易错问题解析 192
任务考核评价报告 193

项目九　理财小帮手机器人 194

学习目标 194
思维导图 194
引导案例 195
学习指引 195
任务一　杜邦分析机器人 195
　一、任务目标 195
　二、准备工作 196
　三、任务引例 196
　四、操作过程与步骤 196
　五、易错问题解析 208
任务考核评价报告 208
任务二　股票交易数据更新机器人 208
　一、任务目标 208
　二、准备工作 208
　三、任务引例 209
　四、操作过程与步骤 210
　五、易错问题解析 216
任务考核评价报告 216

项目一

RPA 概述

学习目标

知识目标： 了解 RPA 的概念。

了解 RPA 与财务相结合的应用实例。

理解 RPA 与 AI、财务转型之间的联系。

掌握 RPA 的功能与优势。

能力目标： 能够阐述 RPA 的概念。

能够阐述 RPA 的功能与优势。

能够分析 RPA 与 AI 对财务转型的促进作用。

能够举出 3 个或更多个 RPA 与财务相结合的应用实例。

素养目标： 帮助学生树立 RPA 和人工智能产业创新发展理念，坚持守正创新，紧跟时代步伐，引领经济发展新常态。

帮助学生获取新知识，不断适应财务岗位新变化，实现职业生涯的可持续发展；帮助学生了解国家关于加快建设数字中国、加快发展数字经济的战略。

帮助学生厚植胸怀天下的情怀，使学生以海纳百川的宽阔胸襟借鉴吸收全球 RPA 领域的优秀成果，推动建设更加美好的世界。

思维导图

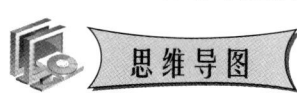

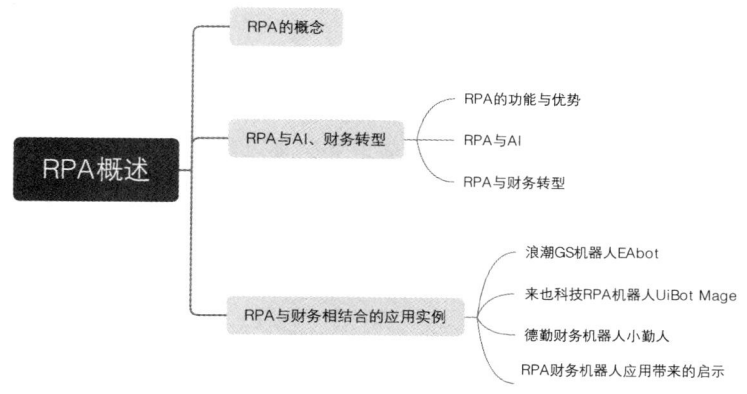

引导案例

中国的 RPA 行业：自主创新

RPA（Robotic Process Automation，机器人流程自动化）引起全球创投业的关注，可能都源于 UiPath 公司在短短两年内，达到了 70 亿美元的投后估值。

为什么 RPA 的发展是不可逆的趋势？长期来看，用高效的劳动代替低效的劳动，是不可逆的趋势。例如，汽车取代人力车夫，机械臂取代制造业工人，等等。有意思的是，以前这类高效劳动对低效劳动的代替，都发生在更偏体力劳动的领域，而在脑力劳动领域，这类代替还未发生。在若干年后回头来看，RPA 很可能是个转折点。

和欧美国家类似，中国用机器代替（或辅助）人力的强需求时代也很快会到来。当前中国的 RPA 市场刚刚起步，需要我们不断自主创新，不让其成为一项新的"卡脖子"技术。RPA 行业在中国面临比外国更严峻的挑战，仅仅简单地复制外国的产品模式无法成功。结合 RPA 厂商、客户及其他相关领域的视角，中国市场存在的挑战如下。

- 场景缺失：企业数字化和流程成熟度参差不齐。
- 不同类型的企业入场，同质化、价格战已经显现。
- 生态化能力是核心竞争壁垒。

让人欣喜的是，一些本土的趋势对中国厂商来讲仍是利好的。

- 对于国企、政府等机构，IT 采购产品打通的接口和服务是否足够本地化，会影响用户的购买决策——这为国内 RPA 厂商提供了发展契机。
- 市场的数字化转型是大势所趋。中国市场欢迎提供数字化转型服务的服务商，并且仍有广阔的发展空间。
- 订单量级正在突破上限。2018 年，国内 RPA 订单通常在数十万元级别，而且很多已突破百万元乃至千万元级别。这些 RPA 未必全都打着"机器人流程自动化"的名号进入企业，通常会夹在数字化转型、中台等订单之中，客户的接受程度也越来越高。

（资料来源：36 氪官方网站）

案例思考：该案例给我们带来怎样的启示？

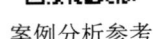

案例分析参考

学习指引

为什么要学习 PRA 呢？

随着 IoT（Internet of Things，物联网）、AI（Artificial Intelligence，人工智能）、RPA 等新技术的发展，职业重新洗牌在所难免。据麦肯锡全球研究院预测，到 2030 年，全球大概有 3.75 亿人口将面临重新就业。中国将面临最大规模的就业变迁，预计将有 1200 万至 1.02 亿中国人需重新就业。此外，RPA 浪潮正风靡全球各行业，其优势也被广泛报道，很多企业正在积极引入 RPA 技术。如何抓住这一波发展浪潮，应对就业大变迁时代的挑战？现在学习 RPA 正是好时候！

任务一　RPA 的概念

RPA 是以软件机器人及人工智能为基础的业务过程自动化科技。它可以模仿最终用户在计算机上的手动操作方式，使最终用户手动操作流程自动化。RPA 能够代替或协助员工在计算机等数字化设备中完成重复性的工作与任务，让员工从枯燥的工作中解脱出来，提升工作效率。

RPA 可以通过使用用户界面和理解企业已有的应用，将基于规则的常规操作自动化，如读取邮件、计算、生成文件和报告、检查文件等。因此，RPA 的应用范围非常广泛。在未来，可以将重复化、标准化的工作交给机器人完成。

RPA 适用于企业中具有明确业务规则、结构化输入和输出操作流程的部门，如财务、人力资源管理、采购、信息技术等。RPA 技术适用于业务高频、量大、规则清晰、人工操作重复、时间长的任务。规则清晰是指可以将详细的、人工操作的每步动作都写下来。简而言之，流程标准化程度要足够高。例如，人力资源管理部门办理人员的入职、离职等手续是逐步完成的，比较适合使用 RPA 技术。

扫描二维码，可参照其制作纸质任务考核评价报告。

任务二　RPA 与 AI、财务转型

一、RPA 的功能与优势

（一）RPA 的功能

在实际应用中，RPA 通常承载着十大基础功能。

1. 数据搜索

通过预先设定的规则，RPA 机器人可以自动访问网页，灵活获取网页元素，根据关键字段搜索数据，提取并存储相关信息。

2. 数据迁移

RPA 具有灵活的扩展性和无侵入性，可以集成在多个系统平台上，跨系统自动处理结构化数据，进行数据迁移，检测数据的完整性和准确性，并且不会破坏系统原有的结构。

3. 数据录入

对于需要录入系统的纸质文件数据，RPA 机器人可以借助 OCR 进行识别，将读取的数据信息自动录入系统并归档。

4. OCR 识别

RPA 机器人可以依托 OCR 对扫描所得的图像进行识别处理，进一步优化校正分类结果，将提取的图像关键字段信息输出为可以结构化处理的数据。

5. 信息审核

基于 OCR 对图像信息的识别，RPA 机器人可以根据预先设定的规则，模拟人工执行操作任务，并且对识别完成的文字信息进行审核与初加工，从而完成从图像到信息的转换。

6. 上传、下载

不同系统平台之间经常需要传递数据及文件信息。RPA 机器人可以模拟人工操作，自动登录多个异构系统，将指定数据及文件信息上传至特定系统中；也可以从系统中下载指定数据及文件信息，并且按照预设路径进行存储，或者进一步根据规则进行平台上传或其他处理。

7. 筛选、统计

对于原始的结构化数据，RPA 机器人可以按照预先设定的规则自动筛选数据，并且对筛选的数据进行统计、整理等后续处理，从而得到满足个性化管理需求的数据信息。

8. 整理、校验

RPA 机器人可以对提取的结构化数据和非结构化数据进行转化和整理，并且按照标准模板输出文件，实现从数据收集到数据整理与输出的自动化。RPA 机器人还可以自动校验数据信息，对数据错误进行分析和识别。

9. 生成报告

根据标准的报告模板，RPA 机器人可以按照预先设定的规则对从内部和外部获取的数据进行整合，自动生成报告。

10. 推送通知

在处理任务的过程中，RPA 机器人可以将识别的关键信息自动推送给任务节点的相关工作人员，及时推送通知，实现流程跟催。

如今，RPA 已广泛应用于金融、制造、能源、政务、零售、物流、医疗、教育、电商等领域，可以为业务流程自动化提供良好的解决方案，优化人员配置，提升运营管理效率。

（二）RPA 的优势

RPA 作为一种新技术，主要用于促进工作的有效执行。与传统的"加人""上系统"相比，有以下几方面优势。

1. 更高的准确性

RPA 可以减少人为错误及处理人类难以追踪的问题，因为自动化过程中的每一步都会被记录下来，可以更快速地查明错误，进而减少或消除错误；可以提高数据准确性，从而更好地进行质量分析和决策。

2. 改进的分析功能

RPA 机器人可以提供较可靠的数据，并且可以比人类更快、更准确地进行分析。由于 RPA 机器人可以记录实时标签和元数据，因此获取业务数据非常容易。此外，RPA 机器人可以对收集到的数据进行分析，如对款项收到时间、交易完成时间和预测数据进行分析，用于判断其按时完成任务的能力。

3. 降低成本

一个员工每天工作 8 小时，而一个 RPA 机器人可以不中断地工作 24 小时，具有更高的可用性和生产力，可以大幅度降低运营成本。

4. 提高速度

RPA 机器人的执行速度非常快，有时需要降低执行速度，以便与应用程序的速度和延迟相匹配。提高速度可以更好地响应任务，从而增加正在执行的任务的数量。

5. 更高的合规性

完整的审计跟踪是 RPA 的亮点之一，可以提高合规性，因为 RPA 机器人不会偏离轨道去执行其他任务。

6. 敏捷性

可以同时部署多个 RPA 机器人执行相同的任务，重新部署 RPA 机器人不需要进行任何形式的编码或重新配置。

7. 全面的分析能力

除了审计跟踪和时间戳，RPA 机器人还可以标记事务，以便以后应用于报告中，用于进行业务分析，然后根据分析结果做出更好的决策或预测。

8. 多功能性

RPA 适用于大部分行业，包括从小到大的企业，从简单到复杂的流程。

9. 简单、便捷

学习 RPA 不需要具备太多的编程知识，大部分 RPA 平台都以流程图的形式进行设计。这种简单、便捷的特性使业务流程的自动化变得轻松、自如，让 IT 专业人士相对自由地开展更高价值的工作。此外，由于自动化操作是由部门或工作区域内的人员执行的，因此业务部门和开发团队之间的沟通不会有任何问题，这在传统自动化操作中可能会存在理解偏差。

10. 可扩展性

RPA 具有高度的可扩展性，可以降低人工成本。RPA 机器人能以最低成本或零成本快速部署，并且可以保证工作质量。

11. 节省时间

RPA 机器人可以精确地在较短的时间内完成大量的工作。如果有任何新变化，如技术升级，那么 RPA 机器人可以更容易、更快地适应新变化，只需在程序中进行修改或添加新的过程。

12. 非侵入性

RPA 机器人可以像人类一样在用户界面上工作，从而确保 RPA 机器人可以在不改变现有计算机系统的情况下工作，有助于降低传统 IT 部署中的风险和复杂性。

13. 更好的管理

RPA 允许通过集中式平台管理、部署和监控机器人，从而减少对人工的管理需求。

14. 更好的客户服务

由于 RPA 机器人可以全天候工作，使人类可以专注于客户服务和满意度，因此能以更快的速度向客户提供更高质量的服务，从而大幅度提高客户满意度。

二、RPA 与 AI

（一）AI

AI 是研究、开发用于模拟、延伸和扩展人类智能的理论、方法、技术及应用系统的一门新的技术科学，其目的是了解智能的实质，并且生产一种新的能以与人类智能相似的方式做出反应的智能机器，该领域的研究包括机器人、语言识别、图像识别、自然语言处理和专家系统等。总而言之，人工智能研究的一个主要目标是使机器能够胜任一些通常需要人类智能完成的复杂工作，如自动驾驶。AI 也被广泛应用于电子竞技领域，如 DOTA2、围棋等。

（二）RPA 与 AI 的区别与联系

RPA 与 AI 在过去一直被视为相互独立的两个领域，与 RPA 技术让机器人可以在"单一的、重复的、标准化的流程"上进行处理不同，AI 甚至可以理解组织内的决策，并且应用统计分析制定围绕这些决策的规则，从而应对更为复杂的商业环境。企业可以利用 RPA 机器人实现速赢，并且引进 AI 战略，从而实现长期效益和持续优化。RPA 可以按照规则自动完成重复的流程，实现流程自动化，无须进行很多判断，而 AI 可以像人一样进行判断。二者的关系像人的四肢和大脑，RPA 可以根据指令执行任务，而 AI 更倾向于发出指令。RPA 与 AI 的区别与联系如图 1-1 所示。

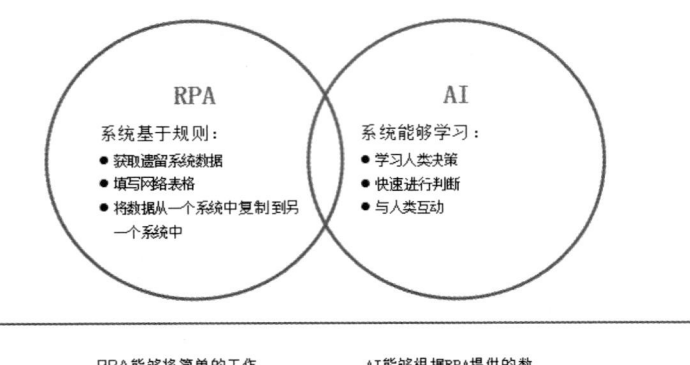

图 1-1　RPA 与 AI 的区别与联系

RPA和AI相当于人的四肢和大脑，RPA+AI的完美组合不但可以使RPA和AI各显神通，而且可以实现互利互赢。放眼未来，智能自动化成为一种新的趋势，必将驱动各领域的业务能力智慧化转型升级。在未来，RPA天然的超强黏合能力，很有可能成为引领企业AI科技的排头兵，将OCR、Chatbot、NLP、语音识别、智能决策等相关技术进行深度融合。所有科技的进步都是为了驱动业务能力转型升级。

三、RPA与财务转型

RPA的主要特点是能够处理大量重复的、基于规则的工作流程任务，并且减少人工错误，提高效率，大幅度降低运营成本。RPA并不是专门为财务工作开发出来的，但基于财务工作的特点，RPA在财务领域的应用非常广泛。RPA财务机器人可以模拟财务人员，对财务管理过程中的各项业务进行梳理，并且通过流程自动化完成相关操作。

在美国管理会计师协会（IMA）和德勤对财务和会计人员进行的一项联合调查中，研究了未来劳动力、技术、人才和自动化将如何重新塑造工作方式，近76%的受访者表示他们的会计流程自动化程度不到75%。当被问及他们对金融行业的工作类型有何期待时，超过90%的受访者表示，在未来5年内，工作效率将有所下降或显著下降，财务和会计人员仍需消耗大量时间在手动业务上，不能从自动生成的高质量财务数据中获取信息。财务人员对自身工作也呈现出事务性流程的附加值将逐步降低、基础财务工作需提供更多分析支持的判断。

2020年7月20日，美国管理会计师协会发布了《RPA推动财务职能变革》的报告，该报告主要对RPA进行了详细介绍，阐述了RPA对财务和会计转型方面的深远影响，并且详细介绍了RPA在财务和会计业务流程领域的广泛应用性。随着财务工作的重心从核算过去转为管理未来，我们需要依托于综合应用大数据、云计算、移动互联网、人工智能、区块链等先进的"新基建"数字化手段，最大限度地发挥财务数据价值，推动传统财务向数据共享、信息传输自动化、财务职能智能化及机器学习智慧化的财务变革。作为数字化财务变革的众多工具之一，RPA与数据科学、AI、数据可视化、区块链等技术相比，能够以"短平快"的方式解决企业现有系统的数据孤岛难题，保障企业和财务部门能从多维度、高质量、准确、及时的数据供应中获益。

麦肯锡公司对财务和会计的业务流程及自动化软件的能力进行了详细分析，分析结果显示，目前的RPA能力可以实现42%的财务活动"完全自动化"，并且仍有19%的自动化提升空间。对于大型企业客户，财务共享中心为RPA的应用和落地提供了良好的基础，财务共享中心实现了财务职能的集约化、规模化、标准化和简化，这些努力为RPA的推行和进一步加速智慧财务发展奠定了基础。对于中小型企业客户，RPA带来的虚拟劳动力为企业提供了灵活的运营扩展能力，实现了流程的标准化，为企业组织的持续增长奠定了稳定的标准化流程基础。

财务变革需要新思想、新技术，RPA作为企业数字化转型"新基建"技术，与AI的优势高度互补，可以全面、快速、低成本地打通企业现有IT基础设施、内外部数据的共享通道和实现任务标准化，从而使RPA在企业财务工作中得到应用。实现智能化场景的全景化落地，是企业迈向人工智能之旅的重要一步，它驱动着越来越多企业数字化转型朝持续迭代方向迈进，使用人类员工与虚拟劳动力混编的跨职能团队、灵活多变的员工架构和职能结构，提高人类员工的自主性，鼓励人类员工持续学习的团队文化。期待财务变革的 RPA 项目能成为企业数字化转型的火种，驱动技术赋能文化，助力企业智慧运营，赢在人工智能时代。

RPA 如何解决当前的财务痛点问题？RPA 是一种基于预定规则，模仿人类计算机操作行为的软件机器人，通常被视为 AI 的前序。RPA 的盛行与普及和当前企业财务建设普遍存在的痛点问题是分不开的。企业财务建设经常需要面对成本控制、数据安全、效率提升、风险合规、信息孤岛等难题。很多企业（特别是大型企业）由于早期在内部部署了众多系统，应用繁多，因此久而久之形成了信息孤岛，而打通各个系统所需的成本较高、周期较长，导致企业很难在短期内节省人力成本和提高业务效率。此外，财务流程本来就属于手动密集型业务，手工操作繁多，RPA 解决了当前财务工作中的众多难题，为企业的数字化转型铺平了道路。

任务考核评价报告

扫描二维码，可参照其制作纸质任务考核评价报告。

任务三　RPA 与财务相结合的应用实例

一、浪潮 GS 机器人 EAbot

（一）基本情况

2018 年 7 月 5 日，在济南举办的集团企业管理与技术变革高峰论坛上，浪潮企业发布了 GS 机器人 EAbot（易宝特）。

EAbot 是基于浪潮 30 多年服务企业信息化的经验、超强的大数据能力和 AI 能力，在浪潮 GS 产品的基础上，深度融合业务处理与人工智能，运用智能预测、语音交互、人脸识别、OCR、RPA、批处理等技术，面向财务管理、供应链、人力资源管理等领域推出的智能服务机器人。

（二）主要应用

EAbot 可以为企业提供智能报销、智能制证、智能税务、智能报表、智能报告、智能对账、自动记账、智能开票、智能补库、智能打印、智能考勤、智能招聘等多场景、全方位的智能服务，助力打造 EA 企业大脑，加速数字化转型，主要应用于财务、供应链和人力资源管理等领域，如图 1-2 所示。

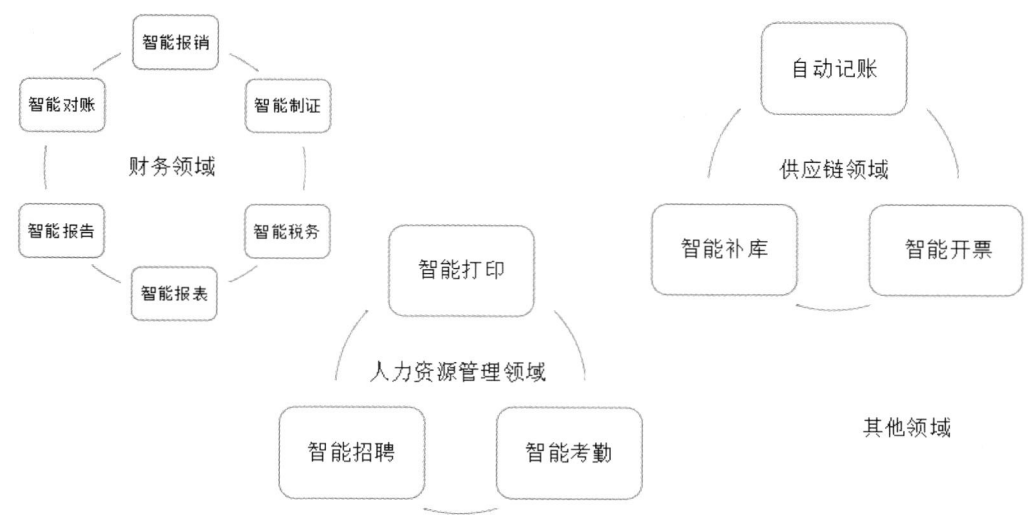

图 1-2　浪潮 GS 机器人 EAbot 支持多领域、多样化的应用场景

1. 财务领域

在财务领域，EAbot 涵盖六大场景，分别为智能报销、智能制证、智能税务、智能报表、智能报告和智能对账，可以为企业提供报销、账务处理、开票、报税、报表等多场景、全方位的智能财务服务。通过 RPA 任务，EAbot 在不侵入异构系统的情况下，使规则明确、使用频率较高、人工操作用时较长的财务流程实现自动化、7×24 小时不间断地工作。在降低操作性风险的同时，将财务人员从大量重复性的记账、审核等低附加值工作中解放出来，向管理会计、战略财务等高附加值工作发展，为企业创造更多的价值。

以智能报销场景为例，EAbot 可以实现电子发票的自动归类、验真与查重；自动匹配个人电子发票，生成报销单；在提交报销单后，还可以自动稽核、结算。以往几十分钟的工作，现在仅需要几秒就可以完成，极大地节省了财务人员的时间，提高了处理效率与准确性。

2. 供应链领域

在供应链领域，EAbot 涵盖三大场景，分别为自动记账、智能开票、智能补库，可以为企业提供记账、开票、补库的智能供应链服务。例如，通过 EAbot 的智能补库功能，可以按时自动进行盘库统计、智能制定补货策略、推送采购任务。将仓库打造为自动查漏补缺的智能系统，高效、准确、智能，提高了企业仓储的管理能力；通过 EAbot 的智能开票功能，系统可以自动拉单生成销售发票，在审核后自动记账，然后将其推到税务系统，并且自动在税务系统中开具及打印发票，使手动开票变为自动开票，原本十几分钟的操作，现在十几秒即可完成。

3. 人力资源管理领域

在人力资源管理领域，EAbot 涵盖三大场景，分别为智能打印、智能考勤、智能招聘，深度融合业务处理与人工智能，运用身份识别、人脸识别、批处理等技术，提供自助打印、简历筛选、面试安排和通知、考勤数据自动统计等功能服务。以智能考勤场景为例，EAbot 可以自动处理员工签到、请假、出差、加班、补签、排班等考勤业务，并且向管理者提供考勤看板，帮助管理者随时随地掌握团队的出勤情况。

EAbot 不仅是财务机器人，还是采购机器人、人力资源管理机器人，可以深入业务流程、管理流程，实现企业管理多场景应用、全价值链智能覆盖。未来，EAbot 将进入更多的企业业务流程，为更多的业务提供服务。目前，EAbot 已经在多个企业中上线运行。在中国交建集团总部财务共享中心，每个单位每月都需要从浪潮 GS 系统向监管系统提交 100 余张报表。EAbot 采用非侵入式技术，7×24 小时不间断录入，在半小时内就可以完成以往 2~3 人 1 天的工作。临矿集团与浪潮企业共建了"大数据-财务共享中心"，要完成全部的账户对账工作，以前需要 2 人工作 4 天，在交给 EAbot 后，可以在 1 小时内完成。

作为云时代领先的企业管理软件厂商，浪潮企业为企业信息化服务了三十余年，在中国 AI 计算产品领域市场的份额排第一，可以提供端到端的人工智能计算服务和完整的企业智能应用解决方案，在企业商务智能、数据分析领域有长期积累。未来，浪潮企业将继续深化开发人工智能应用，构建企业大脑，助力打造智慧企业。

二、来也科技 RPA 机器人 UiBot Mage

（一）基本情况

2019 年，来也科技与奥森科技合并，携手 UiBot 全面进军 RPA+AI 市场，来也科技 RPA 机器人 UiBot Mage 就是其合作开发的产品。

来也科技 RPA 机器人 UiBot Mage 是基于 UiBot 平台搭建的机器人，可以通过用户界面智能理解企业已有应用，将基于规则的常规操作自动化，从而大幅度降低人力成本，有效提高办公效率，准确、稳定、快捷地完成工作，开启"人歇业务不停"的智能时代工作新模式，并且赢得了用户的一致认可。

（二）主要应用

来也科技 RPA 机器人 UiBot Mage 目前已成功应用于银行、零售、保险、电信、电力、政府、地产、物流和医疗等领域，助力政企在人力资源管理、法务、财税、客服和营销等场景中实现智能化转型。

1. 银行

随着数字经济的高速发展，商业银行不仅要面临同行业的竞争压力，还要面对互联网或金融科技企业给银行带来的巨大挑战，银行内部的信息系统越来越复杂，业务处理的自动化及智能化需求日益旺盛，采用传统的经营模式和业务处理模式已经难以跟上时代发展的步伐，因此，探索科技赋能金融、实现数字化转型对银行业具有重要的价值。

在这种大背景下，来也科技 RPA 机器人 UiBot Mage 运用智能自动化代替银行员工完成低附加值且重复的任务，不但可以提升整体的工作效率，而且可以为银行员工减负，提升人才价值，不断优化银行内部的业务流程，创造新的业务模式，加速银行数智化升级，促进数字化流程的改进，提升数字化的经营能力，打造数字化银行。

2. 零售

随着时代变迁，零售行业的经营模式正在发生巨大的变化，传统的百货零售业正在向规模化、连锁化发展。面对激烈的竞争，零售行业不仅需要调整业务模式，还需要借助信息化手段扩展经营方法，新零售行业的主要特征是全供应链的数字化与信息贯通。

传统零售行业要转型升级，如果没有实现信息化贯通，没有形成数字化资产，那么依然很难达到提升整体运营效率的目标，而零售行业发展至今有海量的数据，向精细化要效益、向后台要利润、向管理要发展，已成为零售行业的大势所趋。无论是精细化管理，还是后台管理大集中，所有的信息、决策、执行都将围绕着数据中心展开。因此，来也科技 RPA 机器人 UiBot Mage 会对零售行业目前大量的人工重复业务进行有效自动化，并且不断贯穿过程中的数据，从而形成有效的数据资产。此外，企业可以根据自身的发展需求，在智能自动化机器人的帮助下，在短时间内对以前人工无法有效整合的数据进行整合，形成数字化转型过程中需要的数据资产。

3. 保险

保险行业由于监管的变化、客户行为的变化、分销渠道的变化、可用性和数据使用的变化，因此预计会遭受比大部分行业更严重的破坏；保险行业需要进行大量的文书工作，用于解释、记录、交换和分析，导致保险行业整体效率降低。来也科技 RPA 机器人 UiBot Mage 可以通过智能自动化在整个保险组织中连接客户主数据，贯通承保、理赔、保全的各个业务领域，从而提供无缝的客户体验。

4. 电信

在 5G 时代，超高速的新一代通信网络带来新的机遇，大量数据的涌入、连接、传输为通信业务注入新动能，数字化已成为电信运营商战略转型的必要选择，因此处理客户、销售人员、网络提供商和工程师等产生的大量数据是保障企业高速运转的重中之重。然而，电信行业数字化仍存在数据处理效率低、信息孤岛等问题，数字化服务能力有待提高。

来也科技 RPA 机器人 UiBot Mage 可以使用 RPA+AI 技术，完成电信工作中大量重复、耗时的劳动密集型任务（如客户服务、计费、业务办理、订单履行、网络运维等）。通过知识、经验的沉淀，帮助企业优化生产和管理流程，让后台员工从单一而繁杂的事务中解放出来，去完成附加值更高的工作，从而降低运营成本，提高工作的效率与准确率，改善客户体验，提升客户满意度和企业竞争力。

5. 电力

电力系统经过多年的改革和系统建设，已经形成了一套较为完善的业务和 IT 支撑系统，但也存在系统数量多、数据孤岛、基层员工操作复杂和流程重复等问题。此外，随着市场和政策环境的变化（如能源市场化和国家碳中和等），对当前系统提出了新的、更高的数智化转型要求。

智能自动化领域以 RPA+AI 为代表的技术在近几年呈现爆发趋势，截至目前，来也科技在电力行业中的各个阶段（发—输—变—配—用）已经有了数百个应用场景，并且给使用单位的各个层面带来了提质增效、基层减负的明显效益，很多应用效果甚至远远超出了用户的期待。随着项目的深入推进，电力用户对未来的系统建设也提出了更大规模、更高效、更稳定、更智能的部署需求。来也科技秉承公司强大的 RPA 和原生 AI 的基因，为电力行业全面打造数字班组、数字员工，实现智能电网和能源互联网目标，贡献了其智能自动化能力。

6. 政府

来也科技 RPA 机器人 UiBot Mage 在政府中的应用主要体现在法院和社保场景中。法官数字助理能够按照预先设定的程序与正在运行的业务信息系统进行交互并完成任务。针对法院业务案件类型多、数量多、审核材料多、执行任务重、归档难度高、调卷过程长及信息孤岛问题，法官数字助理可以帮助实现从诉前、立案到审判、执行全流程的端到端自动化，将法官、助理法官、书记员等法院工作人员从繁重的重复劳动中解放出来，从而提高案件响应的及时性。人力社保机器人可以协助工作人员处理每月大量、高频且有固化规则的险种经办业务，从而提高经办服务的水平和效率，提升经办人员的获得感和幸福感。

7. 地产

随着信息化的高速发展，房地产企业都在考虑数字化和自动化转型，但由于企业内系统多、存在数据孤岛、传统软件系统开发慢等，因此如何快速地实现自动化，达到降本增效的目标，成了最大的难题。

来也科技 RPA 机器人 UiBot Mage 的 RPA+AI 技术，适用于高重复性、流程规则固定的数据抓取和监视工作，高度契合地产行业的业务特点：公司多、项目多、账户多、流程规范、数据有效性要求高。此外，RPA 项目上线快、对系统无侵入性，成为大部分地产企业快速降本增效的首选。

8. 物流

在物流企业数字化转型的过程中，怎么简化运营和加快关键业务，如何降低成本并提高服务水平，将决定着企业的未来。

来也科技 RPA 机器人 UiBot Mage 应用 RPA+AI 的技术，可以执行运输和物流行业中存在的大量后台操作，如制订交货及跟踪计划、管理订单及库存等；还可以帮助物流企业管理错综复杂的客户关系。RPA 技术的出现，或许会成为交通运输与物流行业数字化转型的加速器。

9. 医疗

人口老龄化加剧、慢性病患者群体增长、优质医疗资源紧缺、公共医疗费用攀升等，都是近年来医疗领域暴露出来的新问题。随着技术的发展，人们逐渐开始寄希望于通过人工智能解决上述医疗问题。

来也科技 RPA 机器人 UiBot Mage 应用 RPA+AI 技术，可以协助进行临床试验管理、赋能医药代表、提升销售效率、优化病人服务和提高企业经营管理水平，为医疗行业提供临床试验管理助手、医药代表助手、慢病管理助手,以及为数字员工提供解决方案,为实现全面智能医疗目标,贡献来也科技的智能自动化能力。

三、德勤财务机器人小勤人

(一) 基本情况

2017 年 9 月,在上海举行的一场分享沙龙上,德勤中国税务管理咨询合伙人、德勤智慧未来研究院机器人中心成员叶建锋,带来了关于"德勤机器人引发的财务新变革"的主题分享。现场几段小勤人(德勤财务机器人的昵称)帮助企业解决财务工作的视频,引发场下听众一阵骚动。

小勤人财务机器人是德勤与 Kira Systems 联手,将人工智能引入会计、税务、审计等工作中的一种产品,它是能够部署在计算机上的应用程序,是一款面向财务人员的人工智能产品,它可以在短时间内完成工资发放、流水录入等基本财务工作,省时、省力,并且可以提高数据的准确性。

(二) 主要应用

1. 发票查验

小勤人只用三四个小时就可以完成一个财务人员一天的工作。如今,德勤智能机器人中心已经与多家企事业单位建立合作关系,为其提供财务自动化流程解决方案。小勤人为财务部门的工作带来了效率的提升,帮助财务人员完成了大量重复、规则化、多种类型的财务工作。

随着全国金税三期实施的深入,"以票控税"的理念进一步执行,税务局对增值税发票管理的要求越来越严格;目前大部分企业会针对增值税专用发票进行查验,鉴别发票真伪,确保发票合规,以便进行进项税额抵扣和纳税申报;众多大企业(尤其在财务共享服务中心模式下)纳税主体多、收票量大,目前的发票管理和进项税额确认申报工作繁重,是财税流程自动化建设中的一大瓶颈。

小勤人可以将财务人员从重复劳动中解放出来。现在,财务人员只需要将增值税发票放到扫描仪中进行扫描,剩下的工作就由小勤人完成了。配合 OCR 技术和 Insight Tax Cloud 发票查验云助手,不到一分钟,小勤人就可以成功查验一张发票并在 Excel 表中记录结果。然后,财务人员将增值税发票移送到税务部门,税务人员会启动小勤人,让它自动去增值税发票选择确认平台下载可以批量勾选的增值税发票文件,再与刚刚登记的发票清单进行匹配,自动判断我们是否可以认证抵扣。小勤人会将需要勾选的发票整理成批量勾选上传文件,然后将其导入增值税发票选择确认平台,就可以抵扣进项税了。发票查验的现有流程和机器人流程如图 1-3 所示。

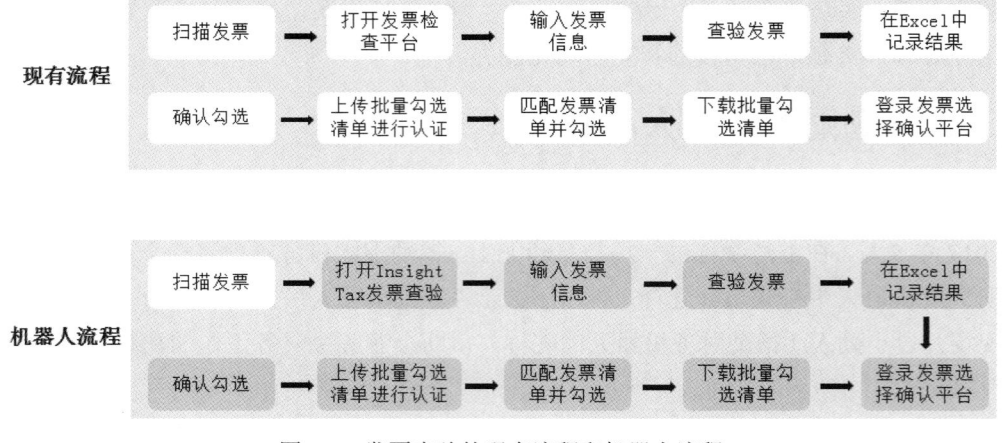

图 1-3　发票查验的现有流程和机器人流程

2．发票开具

对于一些大型企业，随着企业规模的不断扩大、销售业务的不断拓展，现有的财务部门在开具发票时工作压力日益增长。例如，某大型企业每月需要收集全国数百家销售客户的数万份销售记录，并且根据客户的需求开具五千余张增值税发票。繁重的日常工作经常压得发票开具人员喘不过气，月末通常需要加班。

在发票开具过程中，首先需要收集并识别符合开票标准的销售单类型，然后根据客户需求选择特定金额的销售单，从 SAP 系统中导出待开票的数据，再手工修改特定要求，并且将其导入金税系统，完成开票操作，最后将发票开具完成的记录回传进 SAP 系统，即可完成一次发票开具操作。

在引入小勤人后，通过应用 RPA 技术，提高财务人员配置的合理性和有效性，实现人力资源和工作强度的"削峰填谷"。原有的发票开具人员从机械劳动工作者，转变成机器人的管理者，原有的大部分发票开具操作都可以交给机器人自主完成，发票开具人员只需等待发票打印完成并审核盖章。

此举的价值收益在于，可以将发票开具流程由 20 分钟缩减到 5 分钟，实现 75%的效率提升。此外，在企业月末关账的峰值时段，小勤人可以 7×24 小时不间断工作，从而缓解财务人员的工作压力。

3．财务对账和月末盘点

在进行财务对账和月末盘点时，小勤人可以 1 天完成 40 多人的工作。某餐饮集团当前有近 200 家门店，随着业务持续扩张，报销、收入确认、往来账结转和月末盘点等流程的处理难度不断加大，效率降低，人力成本提高；门店和共享服务中心的财务人员合计近 200 人，由于未形成统一标准化的管理，因此报销审核、收入对账的流程周期长，异常处理滞后。

200 家门店的盘点数据必须在每月 1 号完成录入、过账和差异分摊，熟练的成本会计完成一家门店的操作大约需要 40 分钟，于是大家都在每月 1 号争分夺秒完成所有的凭证处理工作。在月末盘点工作完成后，战役还没结束，门店和供应商需要核对结转往来账，门店、子公司和母公司的每个层级都需要按序结转和抵消应收应付，在连续 3 天导账、核对、做账、修改、冲销、检查的来回往复中，财务部的又一个月结在兵荒马乱中终于结束了。

在引入小勤人后，在月末结算周期的第一天，财务人员将收集到的门店盘点结果放入公共盘，维护公司代码主数据，并且给机器人专用邮箱发送作业开始的指令，在 5 分钟后，第一家门店的往来账结转已经完成；在 15 分钟后，第一家门店盘点工作的财务处理工作已经被标记为已完成。小勤人在当天工作时间结束时发来邮件，告知任务结束，附件中包含所有生成的凭证。

通过实现机器人流程自动化，可以使企业减少门店向共享服务中心提交审核的相关流程，缩短财务处理周期，便于及时发现账实不符等异常情况并及时响应；还可以实现门店的统一管理，优化财务处理流程，加强内控，提高整体财务服务水平。

四、RPA 财务机器人应用带来的启示

（一）财务岗位将被重新定位

许多财务人员，尤其是从事基础岗位工作的财务人员，在看完小勤人的视频后，应该都有了危机感，因为财务人员现在花费大量时间完成的基础、烦琐的工作，机器人花费几分钟就能完成。但事实上，研发 RPA 财务机器人的目的不是为了取代人类，而是帮助人类从基础的重复劳动中解放出来，从而关注价值更高的工作。目前，在大部分的财务工作中，财务系统操作、内部控制、报告生成、执行记账等基础生产工作占了极高的比例，真正需要时间思考的分析决策工作却被挤压。

通过应用 RPA 技术，受过该领域技能培训的财务人员可以根据自己的能力重新定位财务岗位工作。未来，"机器人处理基础业务+人力员工检查审计"的人机交互和服务交付新模式将被广泛应用于企业。

（二）现代财务人员转型需要提升的能力

人工智能、机器人、大数据、云技术、物联网、区块链……在新技术大规模赋能财务工作的时代，财务人员的哪些能力是机器人代替不了的？

1. 分析决策能力

机器人处理完的一堆数据和报表，只有通过人的思考、分析，解读出数据背后的信息，才能转化为对企业经营有用的决策，这些决策包括计划预测、内部控制、投资分析等。多维度、多层面的思考能力，是机器人没有的。

2. 跨领域融合能力

如今，财务领域反复强调业财融合是大势所趋，财务人员不仅要掌握财务知识，还要懂业务、了解行业。只有成为优秀的业务伙伴，才能有的放矢地帮助企业经营、决策。此外，为了在未来能和 RPA 财务机器人"并肩作战"，财务人员需要掌握 IT 知识，具备程序算法化的思维能力。

3. 战略思维能力

财务部门是企业中相对独立的部门，财务人员必须要站在全局的角度，客观、公正地看待一切经营问题，要具备战略思维能力。财务人员不要拘泥于报表数据，要结合宏观经济、行业情况，以更开阔的视野、更长远的眼光进行分析、决策，对资源进行更合理的配置。

4. 学习能力

活到老，学到老，财务人员尤其如此。财务领域继续教育的内容非常多，财务人员必须时刻保持学习新知识、新技能的热情，通过学习不断提高自身能力。助理会计师、会计师、CPA、CMA、ACCA 等证书类的学习大家已非常熟悉，对于智能财务、财务大数据分析、财务机器人应用等实务技能，可以通过继续教育获得。财务人员要注重终身学习。

任务考核评价报告

扫描二维码，可参照其制作纸质任务考核评价报告。

UiPath 软件的安装与使用

学习目标

知识目标： 了解 UiPath 软件的功能特点。
了解 UiPath 软件的应用领域及应用场景。
掌握 UiPath 软件的基本应用框架和主要功能。

能力目标： 能够完成 UiPath 软件的注册及安装工作。
能够在 UiPath 软件中使用 Microsoft VB.NET 语言编写程序。
能够在 UiPath 软件中进行数据的计算和分析。

素养目标： 培养学生一丝不苟、追求卓越的劳动精神。
帮助学生坚持问题导向，充分发挥青年在强国建设、民族复兴的新征程上的主力军作用。
增强学生的科技强国、人才强国意识，激发学生的创新活力。

思维导图

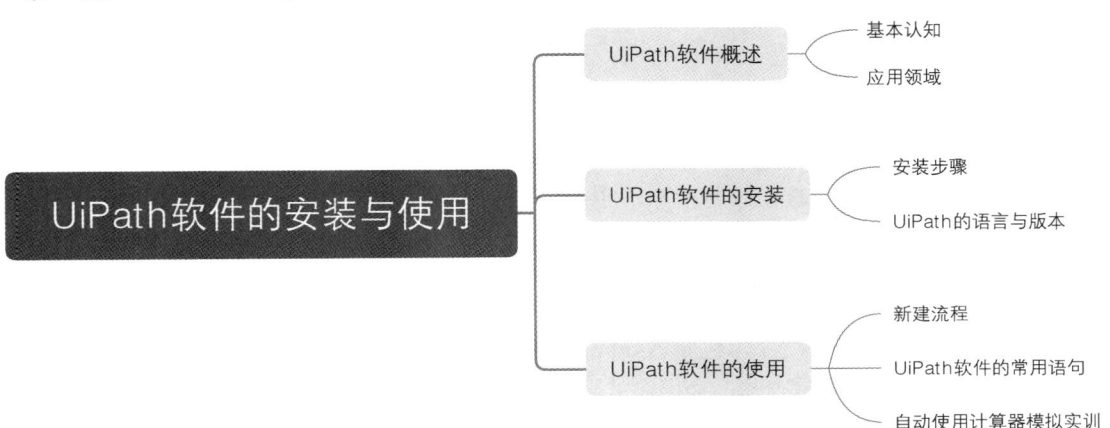

引导案例

RPA 流程太复杂，会导致项目进展缓慢。一家公司在应付账款业务中选择了一段流程进行 RPA（机器流程自动化），这个 RPA 项目大大提升了该业务处理效率，降低了企业的成本，给企业带来了显著的投资回报。但由于在应付款业务处理过程中需要处理大量的非结构化数据，并且业务处理需要文字识别（OCR）技术支持，因此企业的应付款业务 RPA 项目在业务处理时能否顺利推进，在很大程度上依赖于 OCR 技术处理能力。

与此同时，我们看到一些公司在短时间内成功地自动化了相对简单的流程，但没有产生较高的投资回报或其他引人注目的好处。所以，需要在自动化的潜在复杂性和好处之间取得平衡——无论是提高投资回报、效率和效益，还是提高客户或员工的满意度。

有时企业在没有充分评估自动化流程的情况下，就急于将流程自动化，最后 RPA 项目无法完成预估的业务成效，反而提高了企业的开发成本。所以企业应该合理评估适合进行 RPA 的业务流程，而尽量避免将所有流程自动化。

（资料来源：RPA 项目失败的几大原因.上海恭全智能科技有限公司）

案例思考：该案例给我们带来怎样的启示呢？

案例分析参考

学习指引

在企业 RPA 项目中，常用的 RPA 软件有哪些？

目前市面上比较流行的 RPA 软件有 UiPath、Blue Prism、Automation Anywhere、WorkFusion、WinAutomation、来也 UiBot、达观 RPA 等。UiPath 软件作为一款免费的开源软件，极大地促进了 RPA 技术的应用推广，使 UiPath 软件成为 RPA 领域最受欢迎的软件之一。本书主要基于 UiPath 软件，介绍 RPA 技术在财务领域的应用。

任务一 UiPath 软件概述

一、基本认知

UiPath 是全球领先的 RPA 解决方案的供应商，它提供了一个业务平台，可以实现业务流程自动化。UiPath 可以帮助企业将基于规则的常规操作自动化，可以实现对企业常用工具（如 Excel、邮件、大部分 B/S 应用程序、企业报表系统等）的流程自动化，旨在帮助企业有效地降低成本、提高效率、提升业绩。

（一）基本应用架构

UiPath 采用三端架构设计，包括 Studio、Robot、Orchestrator。

Studio 是 UiPath 的编辑工具，利用它的图形化界面，可以方便地设计出各种自动化流程。

Robot 主要用于执行由 Studio 创建的自动化流程，使流程按照设计的方式运行下去。机

 项目二 UiPath 软件的安装与使用

器人分为两种，一种是有人值守机器人，在流程执行过程中需要进行人机交互；另一种是无人值守机器人，流程可以自动在后台执行，无须人为干预。

Orchestrator 是一种基于 Web 的应用程序，主要用于帮助客户实施计划管理，监控和管理 Robot 及各种流程，并且直观地跟踪进度，从而由中心工作组全面掌控业务。

（二）主要功能

UiPath 通过开放、可扩展的端到端自动化套件为自动化项目的各个阶段提供支持，包括自动化生命周期的 5 个阶段，分别是发现、构建、管理、运行及参与。

1. 发现

UiPath 平台可以通过以下功能组件在 AI 和用户支持下发现自动化机会。

Task Mining：主要用于使用户的自动化团队能够捕获、分析和确定任意部门中运行流程的优先级。

Process Mining：主要用于创建数字化视图，从而描述用户的业务流程、偏差及哪些工作适合采用自动化方式。

Automation Hub：主要用于即时、透明地控制和管理整个自动化生命周期；从了解工作的员工那里获取自动化创意；与企业中的所有相关员工（包括 IT 员工和用户的业务伙伴）协作，发现更多自动化机会。

Task Capture：主要用于查看任务专家（常执行任务的员工）如何执行特定流程。Task Capture 在后台工作，可以自动捕获流程的详细信息。然后，导出屏幕截图、逐步描述和详细注释，从而导出构建阶段所需的流程定义文档（PDD）或可扩展应用标记（XAML）。

2. 构建

UiPath 平台通过以下功能组件帮助用户从简单到高级，迅速创建自动化流程。

UiPath StudioX：适用于商业用户的自动化设计工具。开发人员即使不能熟练掌握编程技能，也可以快速实现流程自动化。用户只要能在 Excel 中创建宏，就能在 UiPath StudioX 中创建机器人。

UiPath Studio：创建机器人的设计工具。这款可扩展的设计工具可以帮助用户创建工作流程，并且将 API（Application Program Interface，应用程序接口）集成到不断涌现的各种应用程序、技术和平台上。UiPath Studio 具备预定义组件、拖放建模功能和工作流程记录器，因此用户使用少量的编码即可使简单的任务实现自动化，如果用户掌握基本的编程知识，则可以轻松地处理复杂的自动化流程。

UiPath Studio Pro：为专业开发人员设计的机器人开发工具，包含 UiPath Studio 的所有功能及其他测试功能，支持 C#、RPA、应用程序的测试和开发。无论是测试应用程序，还是测试现有的 RPA 自动化项目，UiPath Studio Pro 都能满足用户对可扩展性和弹性的企业级自动化项目的需求。

3. 管理

UiPath 平台通过以下功能组件帮助用户在企业范围内管理、部署并优化自动化项目。

19

UiPath Orchestrator：可扩展的机器人流程自动化服务器，主要用于集中调度、管理和监控所有机器人。

UiPath 企业级云平台：可以提供 UiPath 本地软件的全部功能，并且帮助企业快速开启 RPA 之旅。

AI Fabric：用户可以利用 AI Fabric 直接将 AI 技能拖动到 Studio 工作流程中，然后在 Orchestrator 中部署和管理 AI 技能。AI Fabric、Studio 和 Orchestrator 可以将 RPA 与 AI 相结合，使用户可以在 UiPath 平台上部署和管理端到端的 AI 技能。

Test Manager：一款用于设计、管理和测试自动化流程的工具。用户可以利用 Test Manager 设计测试项目，并且将测试用例及其测试结果提供给相应的需求端（如记录、用户故事），然后根据测试结果弥补流程缺陷。

4．运行

UiPath 平台可以通过以下功能组件使机器人与客户的应用程序协同运行自动化流程。

UiPath Robots：运行 UiPath Studio 设计流程的自动化机器人。根据用例，可以将机器人分为有人值守机器人和无人值守机器人。

- 有人值守机器人：这种机器人共享一名员工的工作站，员工控制何时、何地使用机器人。有人值守机器人由员工触发，可以与用户协作运行自动化流程，又称人工辅助自动化。
- 无人值守机器人：可以在无人值守的环境中运行的流程自动化机器人，能够以超高的速度和精度全天候为任意规模的后端办公系统活动实现自动化。无人值守机器人可以通过 Web 控制台进行远程控制，通常部署于虚拟机中。

AI 机器人：主要用于在 AI Fabric 上服务和训练机器学习技能所需的计算资源。作为 UiPath 的机器学习平台，AI Fabric 可以让客户部署、管理并改善 UiPath 或 UiPath 合作伙伴内部开发的机器学习技能。

测试机器人：供非生产用途使用的完整版有人值守或无人值守机器人。

API 集成：应用程序与计算机操作系统交换信息和命令的标准集。开发人员可以快速构建需要 API 的自动化流程，以及跨越 API 和非 API 应用程序、系统的自动化流程，如涉及现代和传统技术的自动化流程。API 集成服务还支持 API 访问的集中治理。

5．参与

UiPath 平台可以通过以下功能组件将企业用户的员工与机器人作为一个整体实现无缝流程协作。

Action Center：主要用于实现复杂流程的自动化。人类员工可以为处理异常情况、上报和批准任务做出决策。当机器人需要人类员工帮助处理异常、升级、验证和审批工作时，会自动创建一个任务，并且将其委派给合适的人类员工，然后在等待人类员工完成任务的同时进行其他工作。Action Center 具有强大的访问管理和任务分配权限，人类员工可以自己选择一个任务，也可以将任务委派给团队中的其他人类员工。

Insights：强大的嵌入式分析工具，主要用于评估、报告 RPA 运营状况，并且使其与特

定的关键绩效指标和战略性业务成果保持一致。

UiPath Apps： 主要用于创建自动化应用程序的低代码开发环境。

聊天机器人： 主要用于将聊天机器人与 UiPath 流程相关联，从而满足用户请求，无须编写任何代码。

此外，UiPath 每年进行 2 次版本更新，不断拓展产品功能，提升用户体验。在 2022 年 4 月的版本更新中，UiPath 平台增加或改进了超过 100 项功能。

（三）特点

1. 提供完整的解决方案

UiPath 可以借助 3 个组件提供完整的解决方案，这 3 个组件分别是 UiPath Studio、UiPath Orchestrator 和 UiPath Robot。

2. 易用性

使用 UiPath 创建机器人，通过简单的拖曳就可以设计复杂的流程，设计好的流程会以流程图的形式呈现，所有步骤都一目了然。UiPath 为初学者提供了一个相对简单的开发环境，便于初学者快速上手使用。

3. 广泛的活动库

UiPath 拥有一个广泛的活动库，其中包含数百个预构建的拖放操作。

4. 安全性

UiPath 具有高安全性，因此用户可以在中央服务器中存储和加密凭据。

5. 录制功能

UiPath 提供了录制功能，它具有适用于桌面应用程序、Citrix 环境和终端模拟器的特殊记录器，可以更快、更精确地创建自动化流程。

6. 通用搜索功能

UiPath 具有通用搜索功能，允许用户对所有的自动化资源（如库、活动、项目和工作流）进行单一搜索。

7. 强大的调试功能

UiPath 为用户提供了强大的调试功能，非常直观、灵活。

8. 合作与复用

UiPath 促进了开发人员之间的合作，因为用户可以在 MS Teams Foundation 和 SVN 中存储、保护和共享脚本。此外，用户可以重复使用工作流程。

9. 第三方集成

UiPath 提供了第三方集成工具，用户在创建机器人时，可以通过第三方集成工具直接读取并调用 ABBY、IBM Waston、Google、Microsoft 等软件平台上的文本、图片等数据信息。

10. 基于服务器的许可

UiPath 允许基于服务器的许可，可以使许可过程集中且易于使用。

二、应用领域

UiPath RPA 机器人在银行、保险、医疗、电信、制造等行业中得到广泛的应用。

（一）银行

在使用 UiPath RPA 机器人前，苏州银行的日常业务流程，如银行账户信息备案、贷款业务进件量及通过率统计报送、监管事项督办、开/销户影像数据导入等，每天都会占用员工大量的时间和精力。此外，苏州银行的部分业务需要跨系统操作，如从不同的网页上分别下载最新企业名单等，员工手工操作不但效率低下，而且容易出现差错。因此，苏州银行迫切希望找到全面数字化转型的最佳方式。

UiPath RPA 机器人的部署及应用可以有效地提高处理业务流程的效率，进一步解放生产力、降低操作风险，让业务人员可以将有限的精力投入更重要的工作。例如，办公室人员可以使用 UiPath RPA 机器人每日登录监管邮箱，查收监管事项通知，并且自动将其转发给相应的办公室邮箱，免得每日多次登录邮箱。

综合来看，UiPath RPA 机器人在多个流程中带来了显著价值，达到甚至超过了各个业务部门的预期效果。

（二）保险业

随着大众金融意识的逐渐提升，保险产品越来越丰富，客服所需处理的数据量越来越多，工作量越来越大。RPA 在数据处理方面有着得天独厚的优势，它可以模拟人工操作键盘、鼠标的方式，进行跨系统操作，完成大量重复的工作，显著提高客户服务质量。

PZU 集团是欧洲顶级保险公司之一，各种各样的保单和庞大的客户群体为 PZU 集团的个性化服务带来了不小的挑战。PZU 将 UiPath RPA 机器人部署于 5 个关键应用程序中，其中包括理赔处理与核心保单处理。在部署 RPA 后，员工的理赔决策数量增加了 15%，自动化数据录入准确率达到了 100%，客户服务呼叫中心通话时长缩短了 50%。

（三）医疗保健

由于医疗数据量大、复杂，并且各个系统之间存在数据壁垒，许多医疗机构都面临着信息系统孤岛、医疗信息碎片化等问题。医务人员不得不花费大量的时间和精力，往返于不同的系统之间，并且进行手动操作，不仅工作效率较低，还容易出现人为失误。

作为印度北部最大的医院网络之一，Max Healthcare 每天都需要处理大量的患者事务数据，从客户详细信息的记录到索赔处理和中央政府医疗保健计划（CGHS）的数据协调，都需要较高的准确性和效率。手动处理如此庞大的信息不仅耗时，还可能出现大量的错误，从而引发安全问题。

通过部署 UiPath RPA 机器人，在索赔工作处理、中央政府医疗保健计划的数据协调、退役军人医疗保险基金（ECHS）的数据协调这 3 个流程中使用了 RPA，从而减少了错误并收回了待付款项，12 个月就成功节省了一千万卢比，索赔处理的周转时间至少缩短了 50%，而 CGHS 和 ECHS 的数据协调时间缩短了 65%～75%。

（四）电信业

日本电信电话公司是一家通信运营商，在公司的合同和支付中心，每年约有 80 名员工处理数十万份合同和付款业务。这是一个劳动密集型流程，合同和付款业务对整个企业的运营至关重要，因此该企业不能容忍错误和延迟。通过在采购流程中应用 UiPath RPA 机器人，付款及转账单据处理准确率达到了 100%，UiPath RPA 机器人的生产效率比人类员工高 3 倍，预计该公司合同和支付中心员工的工作量将减少 30%。

（五）制造业

作为大型跨国公司下设的子公司，斗山（北京）系统集成有限公司面对中国对制造企业制定的智能化、信息安全、环保化等严格标准，为了跟上中国制造业迅速发展的步伐，相继引入了包括 BI、OA、ERP、MES 在内的多套 IT 系统。然而新的系统也带来了新的问题：斗山内部信息孤岛现象严重，数据流通不顺畅，部门沟通出现阻碍，导致各业务部门的流程更加复杂；多套系统功能复杂，操作难度较高，再加上重叠的软件功能增加了重复的工作量，影响了工作效率；系统之间相互耦合，改造时间长、成本高、难度高。

正是借助于 UiPath RPA 机器人的部署，斗山缓解了人工成本高的压力，将员工从重复、机械性的劳动中解放出来，大大提高了员工的工作效率，并且在公司原有的多个系统之间架起了一座桥梁，便于进行数据共享及数据的初步审核。

例如，斗山在引入 UiPath RPA 机器人前，公司各原材料负责人每周都要从 Oracle ERP 系统中下载原材料金额数据，然后用模拟库存金额与销售目标金额进行比较，最终完成原材料库存预测。因库存数量多且种类繁杂，每次导出的数据都多达上万条，处理起来费时、费力。在引入 UiPath RPA 机器人后，工作人员不仅可以使用机器人自动下载数据，还可以进行数据自动匹配校验，该工作的耗时也降低至每年 403 小时。

基于 UiPath RPA 机器人的实践应用案例，UiPath RPA 机器人的应用价值主要体现在以下几方面。

- 提高工作效率。
- 节省成本。
- 提高准确率。
- 解放劳动力。

任务考核评价报告

扫描二维码，可参照其制作纸质任务考核评价报告。

任务二 UiPath 软件的安装

本书旨在帮助初学者实现 RPA 技术在财务上的基础应用，因此只需安装 UiPath Studio，安装版本为社区版（免费）。

视频操作微课：
2-1 UiPath 免费版
软件安装

一、安装步骤

1．下载安装包

（1）打开 UiPath 官方网站，将语言设置为"简体中文"，单击右上角的"开始试用"按钮，如图 2-1 所示。

图 2-1 UiPath 官方网站

进入 UiPath 客户端试用界面，官方提供了 3 种下载版本，如图 2-2 所示。

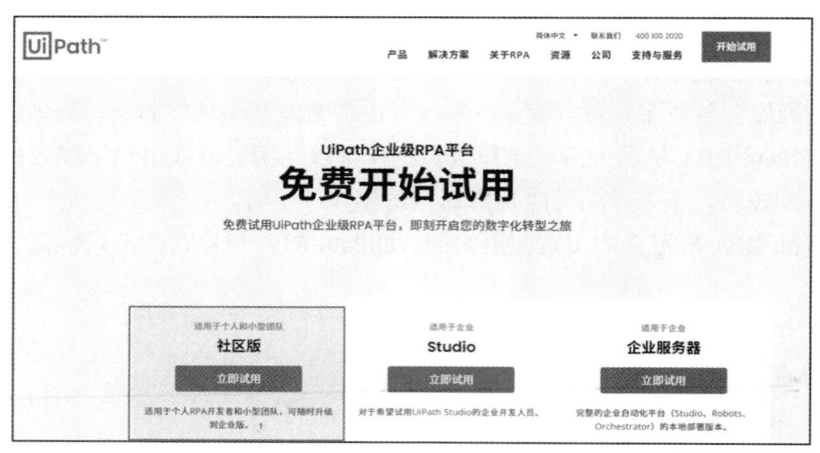

图 2-2 UiPath 客户端试用界面

- 社区版：适用于个人 RPA 开发者和小型团队，可以随时升级为企业版。
- Studio（企业版）：适用于希望试用 UiPath Studio 的企业开发人员。
- 企业服务器：适用于企业，可以提供完整的企业自动化平台（Studio、Robot、Orchestrator）的本地部署版本。

（2）单击社区版的"立即试用"按钮，进入用户注册界面，如图 2-3 所示，输入相应的注册信息，阅读隐私政策及授权许可协议，勾选"我确认已阅读并同意授权许可协议的内容"

 项目二 UiPath 软件的安装与使用

复选框，单击"提交"按钮，即可提交用户注册信息。

图 2-3 用户注册界面

（3）在用户注册信息提交成功后，所注册的邮箱会收到一个下载链接，如图 2-4 所示，单击"下载 UiPath 平台社区版"按钮，即可自动跳转至相应的网页进行下载。

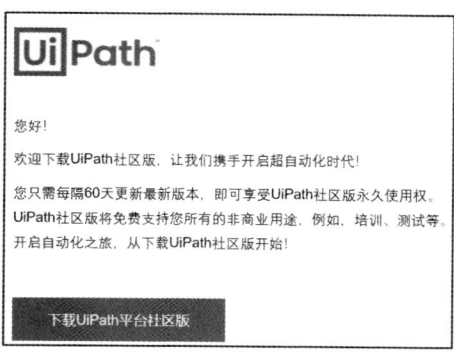

图 2-4 UiPath 下载链接

2．安装软件

（1）双击安装程序"UiPathStudioCommunity.msi"，进入安装界面，如图 2-5 所示。

25

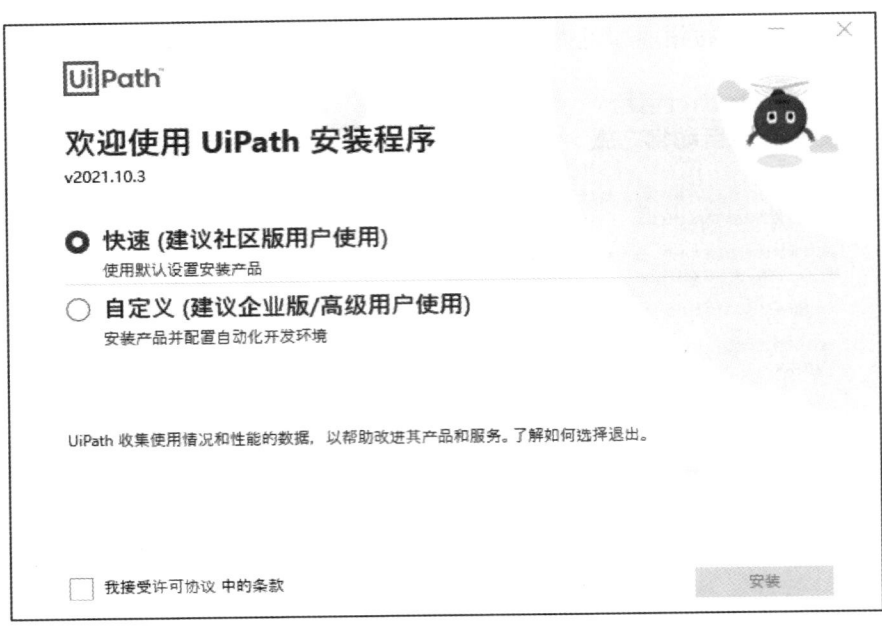

图 2-5　安装界面

UiPath 的安装界面有以下两种模式。
- 快速：建议社区版用户使用。
- 自定义：建议企业版或高级用户使用。

（2）选择"快速"模式，勾选"我接受许可协议中的条款"复选框，单击"安装"按钮，在安装完成后，进入完成安装界面，如图 2-6 所示。

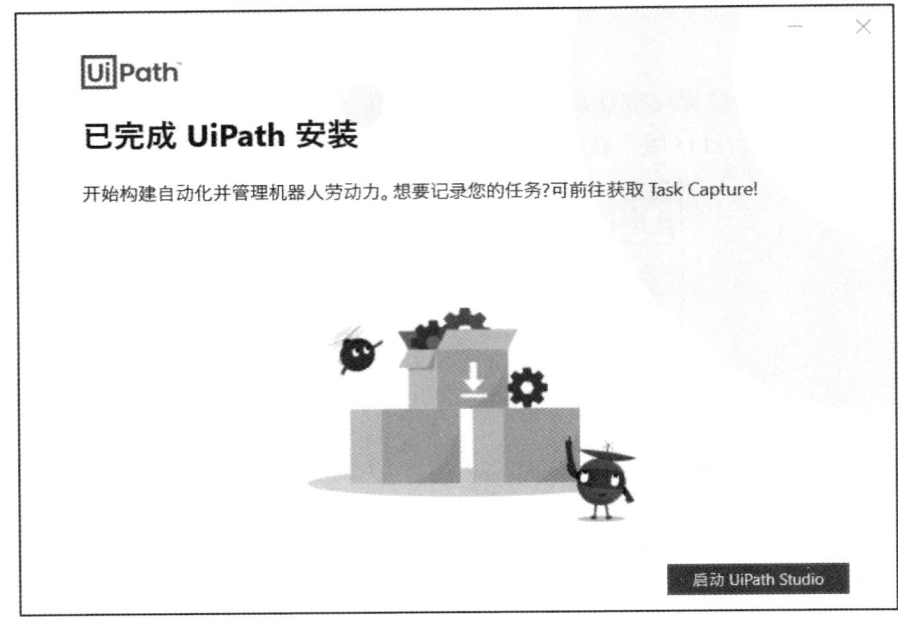

图 2-6　完成安装界面

项目二 UiPath 软件的安装与使用

（3）单击"启动 UiPath Studio"按钮，进入登录界面，单击"More Options"按钮，如图 2-7 所示。

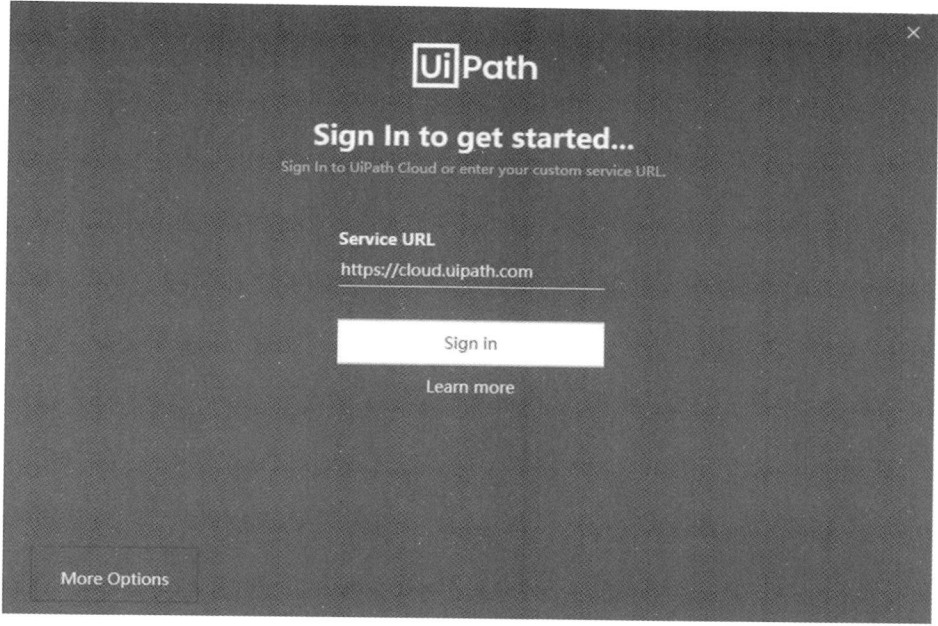

图 2-7 登录界面

（4）进入更多选择界面，单击"Standalone Options"按钮，选择以独立方式登录，如图 2-8 所示。

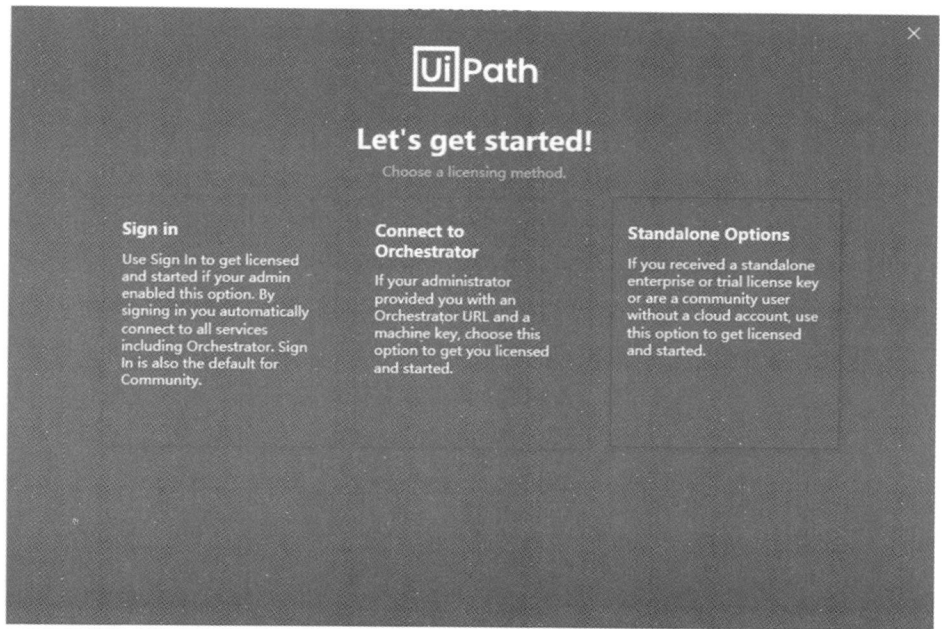

图 2-8 更多选择界面

（5）进入激活模式界面，单击"Community Offline"按钮，选择离线使用社区激活模式，如图 2-9 所示。

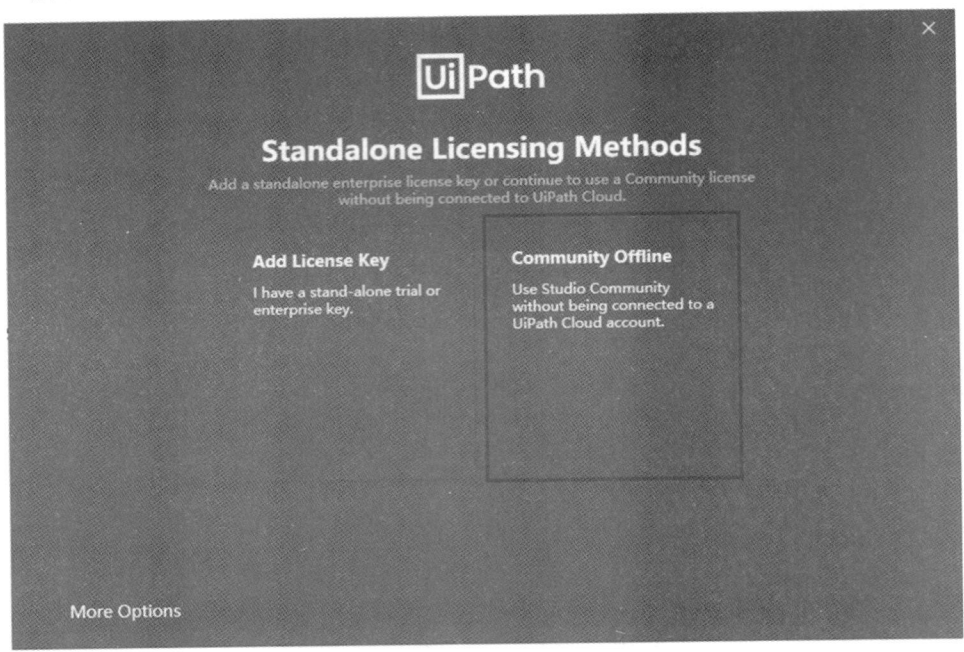

图 2-9　激活模式界面

（6）进入配置文件界面，单击"UiPath Studio"按钮，表示使用该配置文件，如图 2-10 所示。至此，UiPath 软件安装完成。

图 2-10　配置文件界面

二、UiPath 的语言与版本

（一）设置语言

UiPath 客户端的系统语言默认是英语，但 UiPath 客户端支持多种语言，可以在 UiPath 客户端主界面中选择"Settings"→"General"→"Language"选项，在相应的语言下拉列表中进行切换（对于中文版本，可以在 UiPath 客户端主界面中选择"设置"→"常规"→"语言"选项，在相应的语言下拉列表中进行切换），如图 2-11 所示。

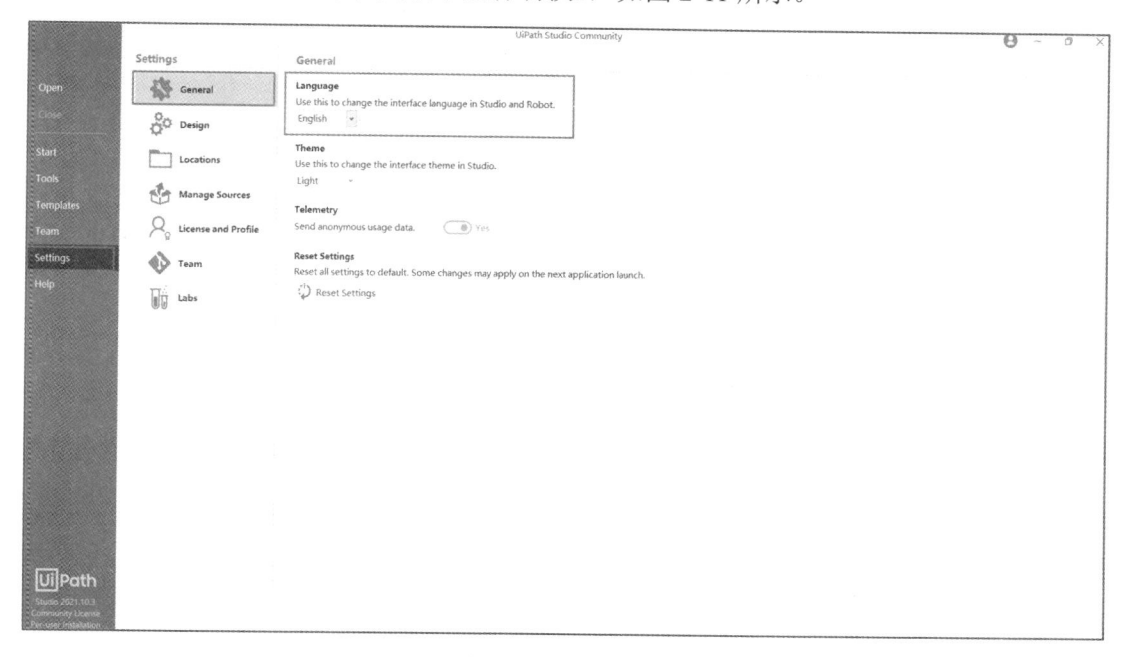

图 2-11　设置语言

（二）切换版本

1. 版本介绍

UiPath 社区版支持两个操作版本，分别是 UiPath Studio 和 UiPath StudioX。

UiPath Studio 适合初级 RPA 开发者使用，利用 UiPath Studio 中的快速构建功能，可以创建更多的自动化流程，包括有人值守和无人值守的高级自动化流程。

UiPath StudioX 适合个人用户使用，适用于创建简单的机器人开发流程，无须编写程序，采用拖曳方式进行操作，设计过程非常简单。

本书旨在实现 RPA 技术在财务领域的应用，因此主要以 UiPath Studio 和 UiPath StudioX 为基础进行讲解。

2. 版本的选择与更改

在初始进入 UiPath 客户端时，会自动跳转至图 2-10 所示的界面，用于选择操作版本。在 UiPath 客户端主界面中选择"设置"→"许可证和配置文件"→"更改配置文件"选项，可以更改操作版本，如图 2-12 所示。

29

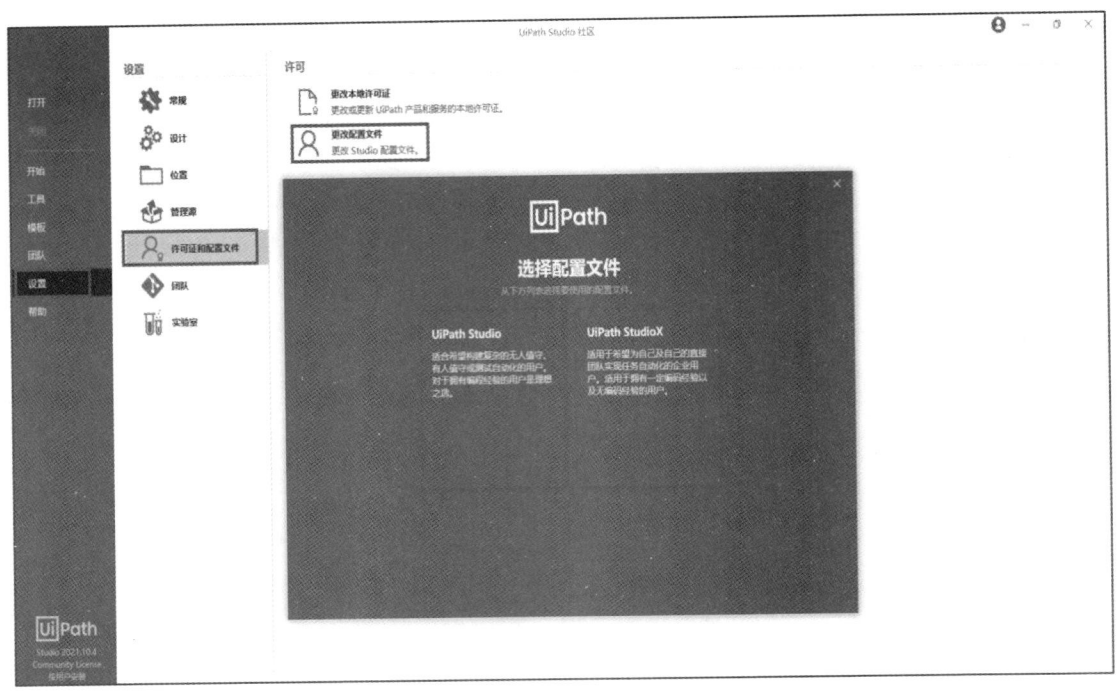

图 2-12　更改操作版本

任务考核评价报告

扫描二维码，可参照其制作纸质任务考核评价报告。

任务三　UiPath 软件的使用

本书主要基于 UiPath Studio 社区版进行操作。UiPath Studio 作为 UiPath 的开发工具，它的开发方式与 Python 或 Java 的纯代码开发方式不同，它通过拖曳项目的方式设计流程，设计好的流程会以流程图的形式呈现。UiPath Studio 通过活动实现流程中的细小动作，如单击、输入文本、读/写文件等。流程图可以清晰地展示业务之间的流程关系，如果要改变业务之间的流程关系，那么只需改变活动之间的连线方式。这样设计的好处在于，即使是无编程基础的业务人员，也能根据自身的业务流程开发一些小型的自动化项目；即使业务流程关系发生变化，也不需要大幅度改动代码，只需调整流程线。

UiPath Studio 的主界面和"设计"界面分别如图 2-13 和图 2-14 所示。

项目 二　UiPath 软件的安装与使用

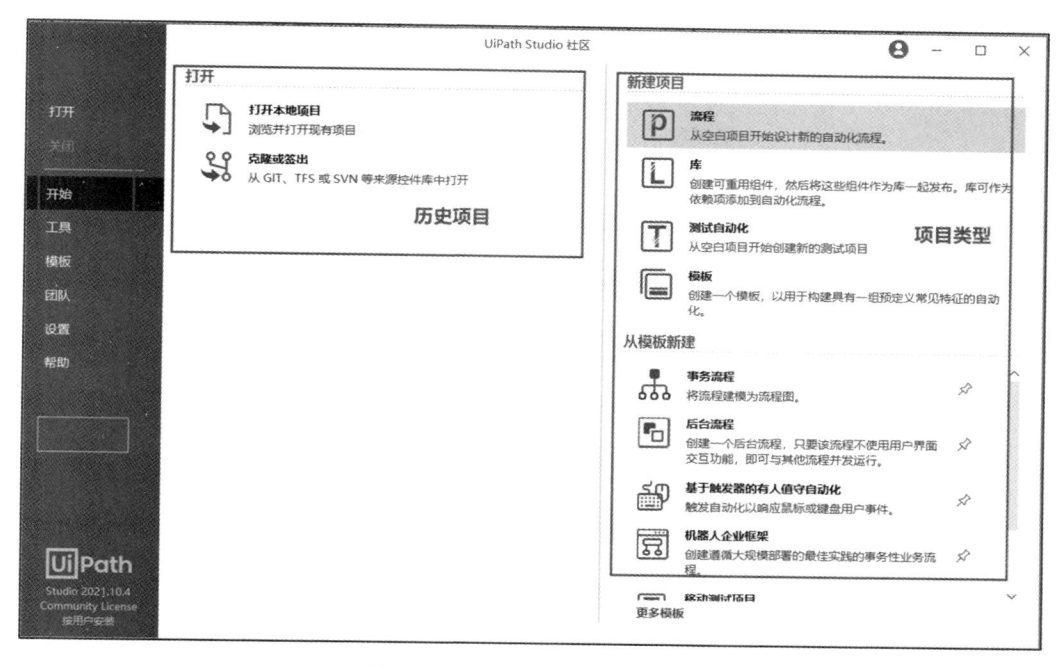

图 2-13　UiPath Studio 的主界面

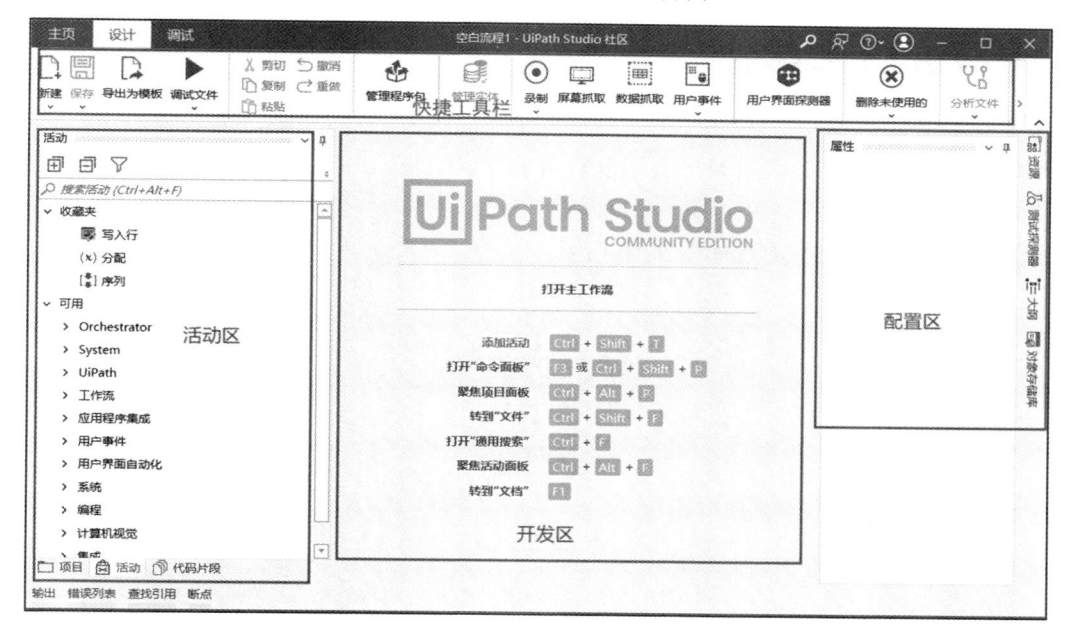

图 2-14　UiPath Studio 的"设计"界面

一、新建流程

UiPath Studio 提供了自动化的工作流程设计功能。在创建一个新的流程后，在使用布局图开发工作流程文件时，UiPath Studio 提供 3 种工作流程布局图，分别为序列、流程图、状态机。

（一）序列

UiPath Studio 工作流程设计中最常用的布局图是序列，如图 2-15 所示。序列是包括一组执行顺序不变的活动的流程，可以将活动按从上到下的顺序排列并按顺序执行。序列是 UiPath 中最常用的工作流程布局图，当自动化流程中不需要重复执行某些步骤时，可以使用序列。在使用序列时，只需将多个活动按从上到下的执行顺序依次添加到序列中。

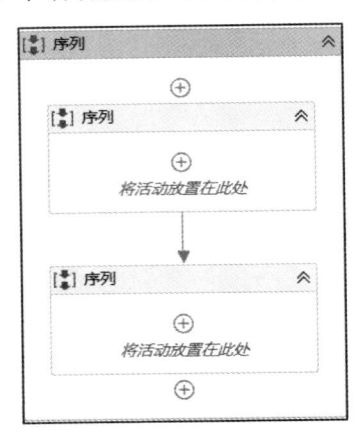

图 2-15 序列示例

【实训任务一】新建序列

【任务要求】
在用户输入自己的姓名后弹出对话框，用于问候用户。

【业务流程】
弹窗问候用户的业务流程如图 2-16 所示。

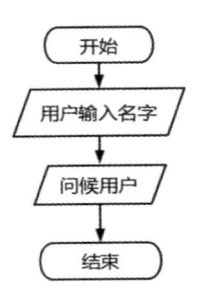

图 2-16 弹窗问候用户的业务流程

【操作步骤】
（1）新建流程。在主界面的"新建项目"列表框中选择"流程"选项，弹出"新建空白流程"对话框，在"名称"文本框中输入"实训任务一"，"位置"参数采用默认设置，在"说明"文本域中输入"新建序列"，如图 2-17 所示，单击"创建"按钮，进入"设计"界面。

视频操作微课：
2-2 新建序列

项目二　UiPath 软件的安装与使用

图 2-17　"新建空白流程"对话框

（2）在快捷工具栏中单击"新建"下拉按钮，在弹出的下拉列表中选择"序列"选项，如图 2-18 所示，弹出"新建序列"对话框，在"名称"文本框中输入"用户问候"，"位置"参数采用默认设置，如图 2-19 所示，单击"创建"按钮，系统会在开发区中生成一个序列。为了方便读者识别，本书统一使用【】描述活动组件。

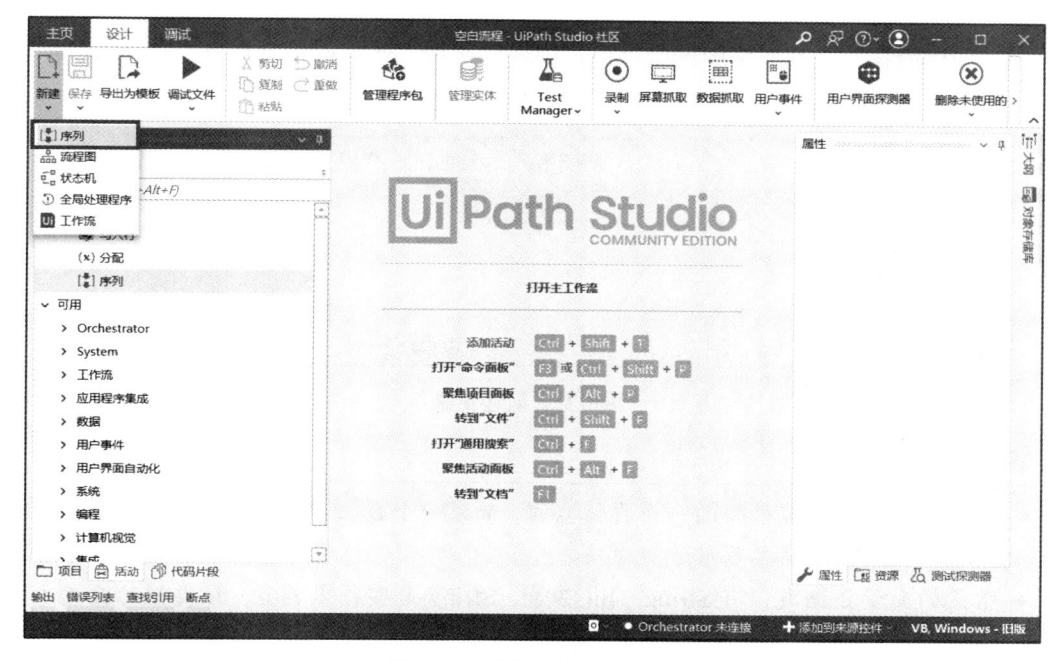

图 2-18　选择"序列"选项

33

图 2-19 "新建序列"对话框

(3) 在"用户问候"序列的属性面板中,确认"显示名称"为"用户问候",如图 2-20 所示。

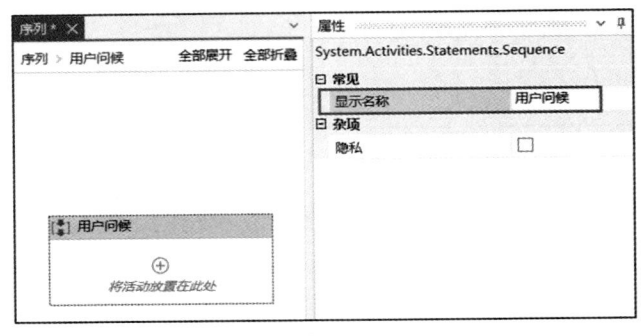

图 2-20 确认属性

(4) 创建变量。在开发区中选中"用户问候"序列,然后选择"变量"选项卡,创建一个新变量,将"名称"设置为"用户姓名",将"变量类型"设置为"String",如图 2-21 所示。

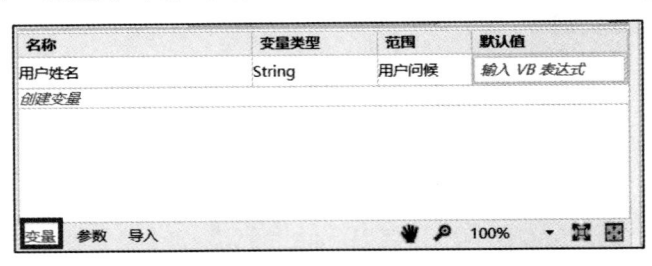

图 2-21 创建变量

📁 **相关说明:**

- 变量是内存中存储数据的一个存储空间,如果一个数据以后不止使用一次,需要被反复使用,则需要将其存储于变量中。
- 常见的变量数据类型有 String、Int32 等,String 是字符串类型,该类型的变量主要用于存储程序中的一串固定字符;Int32 是整数类型,该类型的变量主要用于存储程序中整数类型的数值。

（5）在活动区中选择"活动"选项卡，搜索并选中【输入对话框】活动，将其放置于"用户问候"序列中，在相应的属性面板中，在"显示名称"文本框中输入"输入姓名"，在"标签"文本框中输入""请输入您的姓名""，在"标题"文本框中输入""输入姓名""，在"结果"文本框中输入变量"用户姓名"，如图2-22所示。

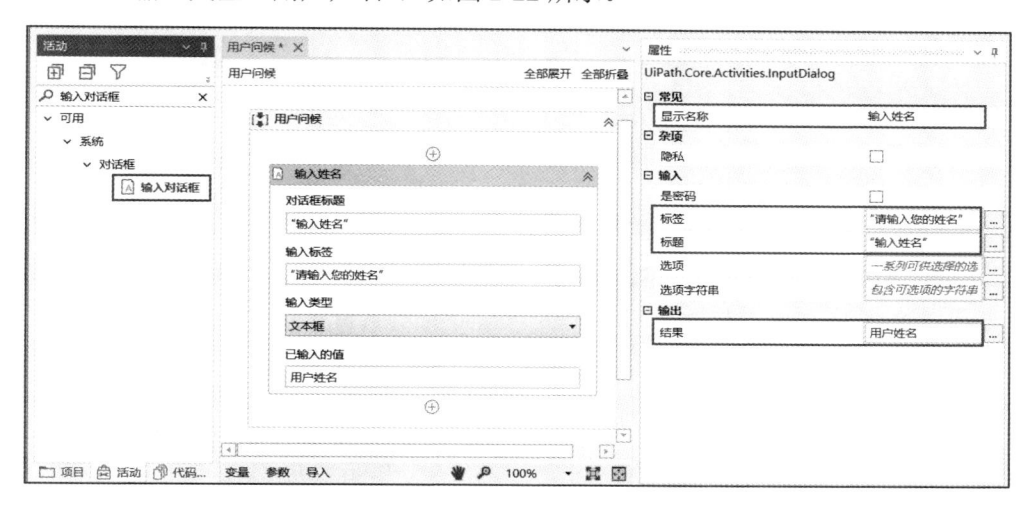

图2-22 添加【输入对话框】活动并设置其属性

📂 **相关说明：**

- 在"标签"和"标题"属性设置中，字符串常量必须用英文双引号引起来。
- 在"结果"属性设置中，"用户姓名"是变量名称。

（6）添加一个【消息框】活动，将其放置于【输入对话框】活动下方，在相应的属性面板中，在"显示名称"文本框中输入"问候用户窗口"，在"文本"文本框中输入"用户姓名+"，您好""，如图2-23所示。至此，自动化流程设置完成，完整的工作流程如图2-24所示。

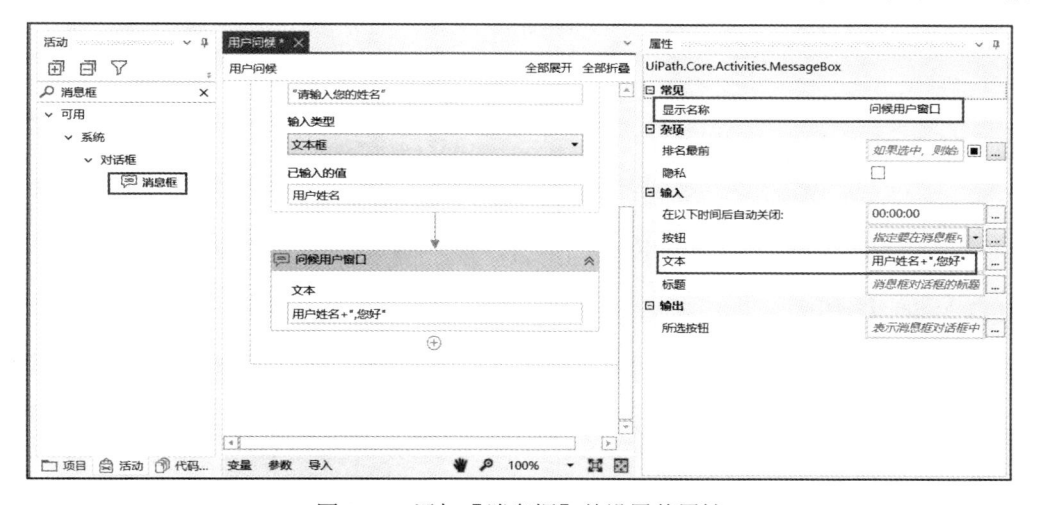

图2-23 添加【消息框】并设置其属性

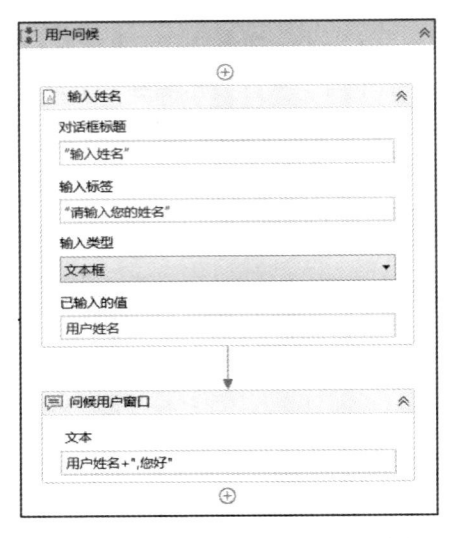

图 2-24 实训任务一的完整工作流程

（7）在快捷工具栏中单击"调试文件"下拉按钮，在弹出的下拉列表中选择"运行文件"选项，弹出"输入姓名"对话框，在输入用户的姓名后，单击"确定"按钮，如图 2-25 所示。

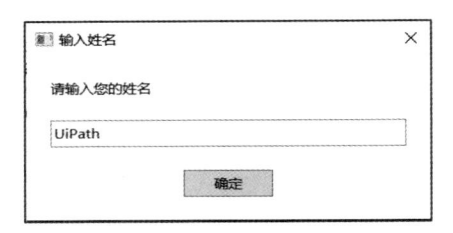

图 2-25 "输入姓名"对话框

（8）工作流程的运行结果如图 2-26 所示。

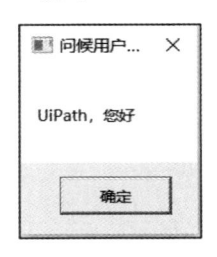

图 2-26 工作流程的运行结果

（二）流程图

流程图是展示工作流程的步骤和过程的图形，每个步骤均以带箭头的符号表示。流程图是 UiPath Studio 工作流程中最适合展示流程决策点的布局图，如图 2-27 所示。流程图是比序列更复杂的工作流程布局图，可以将流程按照不同的分支匹配执行。如果自动化流程中有多个分支，并且每个分支都对应一系列复杂的操作流程；或者业务流程相对复杂，并且执行过程中有大量重复执行的操作，则可以使用流程图。

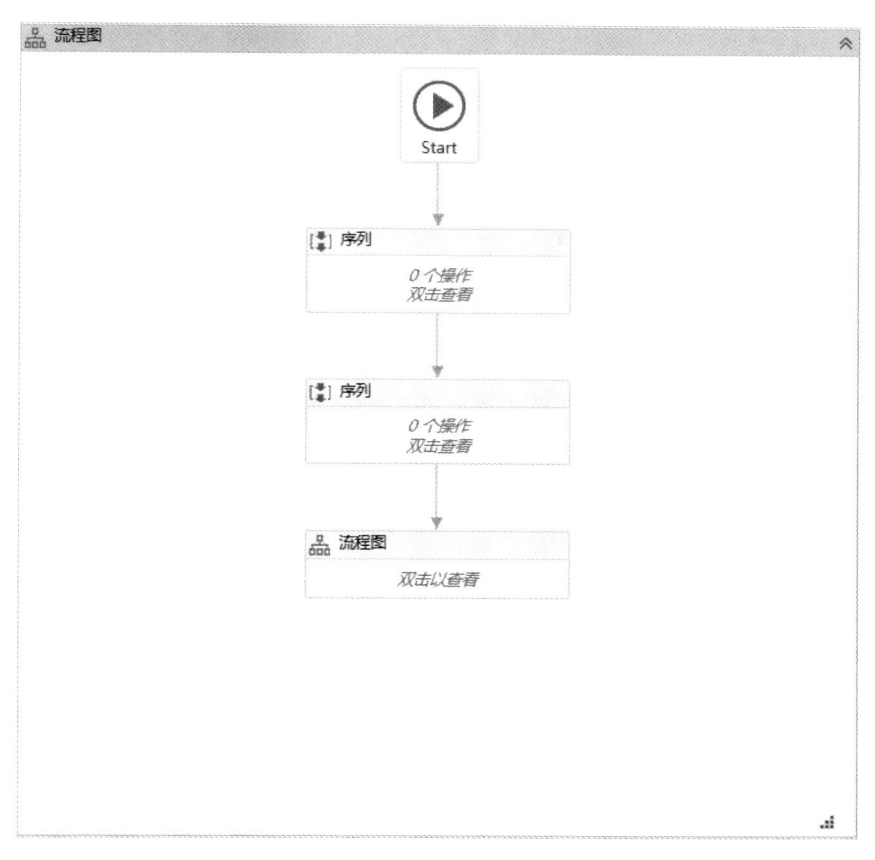

图 2-27　流程图示例

与序列不同，流程图的主要特性是可以设置多个分支逻辑运算符，允许以判断、连接等更加多样的形式实现流程自动化。

在实际项目中，流程图和序列之间可以进行嵌套。一般在创建业务流程相对复杂的项目时，开发人员首先会创建一个流程图，用于包裹复杂的业务流程，然后将独立的功能放在一个个序列中，最后将多个序列在流程图中连接起来，组成一个相对复杂的项目。例如，根据员工入职时间统计员工剩余假期，可以将判断入职时间、不同入职时间的剩余假期计算方式等功能分别写在不同的序列中，然后在流程图中进行判断，将实现各个功能的序列作为不同分支连接起来。

【实训任务二】新建流程图

【任务要求】

弹出对话框，让用户输入一个数字，然后判断用户输入的数字是奇数还是偶数，当用户输入的数字为偶数时，提示用户"您输入的数字为偶数"；当用户输入的数字为奇数时，提示用户"您输入的数字为奇数"。

【业务流程】

判断用户输入的数字是奇数还是偶数的业务流程如图 2-28 所示。

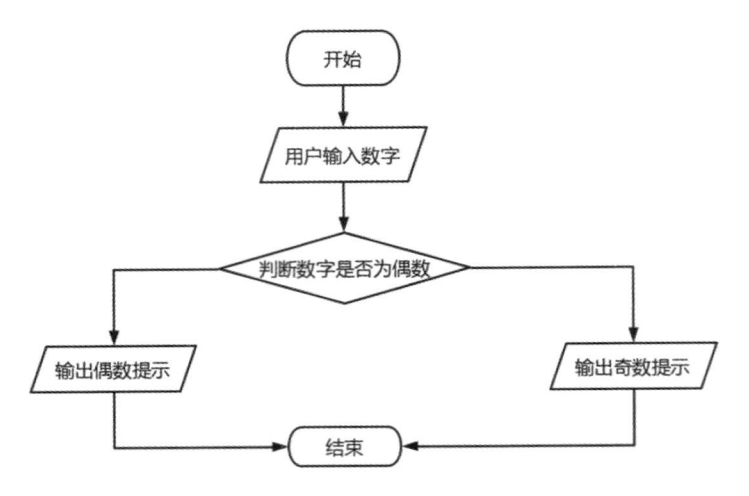

图 2-28　判断用户输入的数字是奇数还是偶数的业务流程

【操作步骤】

（1）新建流程。在主界面的"新建项目"列表框中选择"流程"选项，弹出"新建空白流程"对话框，在"名称"文本框中输入"实训任务二"，"位置"参数采用默认设置，在"说明"文本域中输入"新建流程图"，如图 2-29 所示，单击"创建"按钮，进入"设计"界面。

视频操作微课：
2-3 新建流程图

图 2-29　"新建空白流程"对话框

（2）在快捷工具栏中单击"新建"下拉按钮，在弹出的下拉列表中选择"流程图"选项，如图 2-30 所示，弹出"新建流程图"对话框，在"名称"文本框中输入"判断奇数偶数"，"位置"参数采用默认设置，如图 2-31 所示，单击"创建"按钮，系统会在开发区中生成一个流程图。

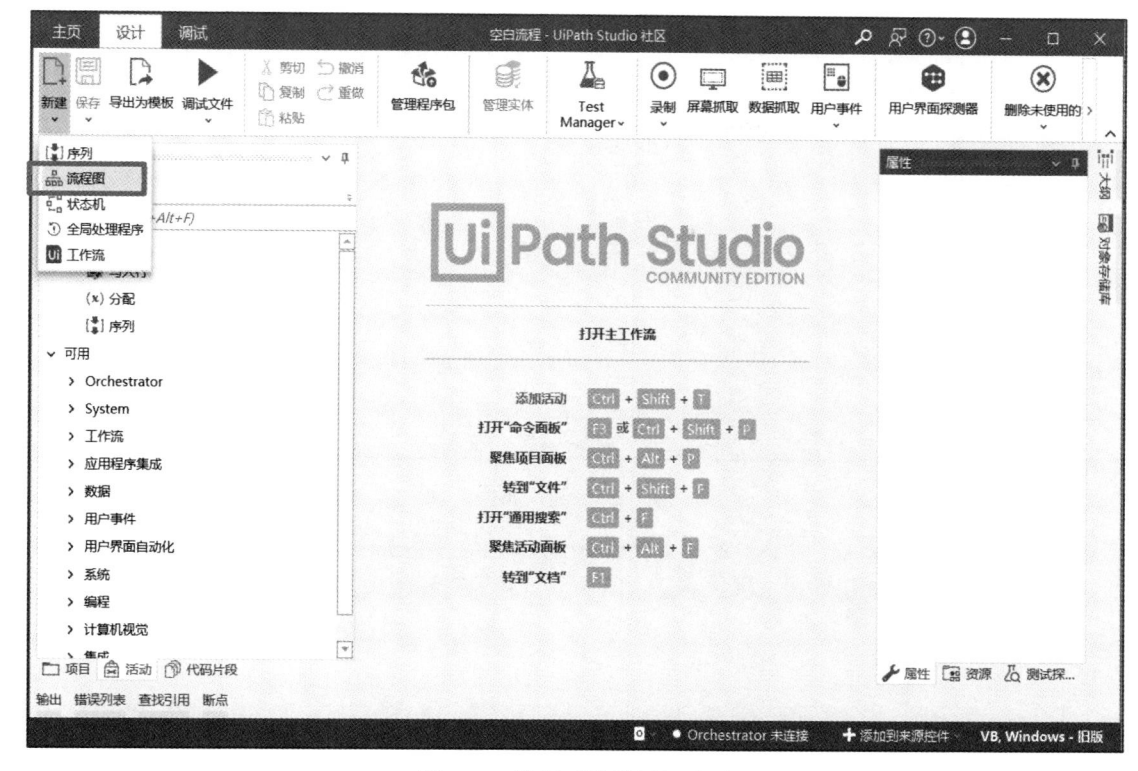

图 2-30 选择"流程图"选项

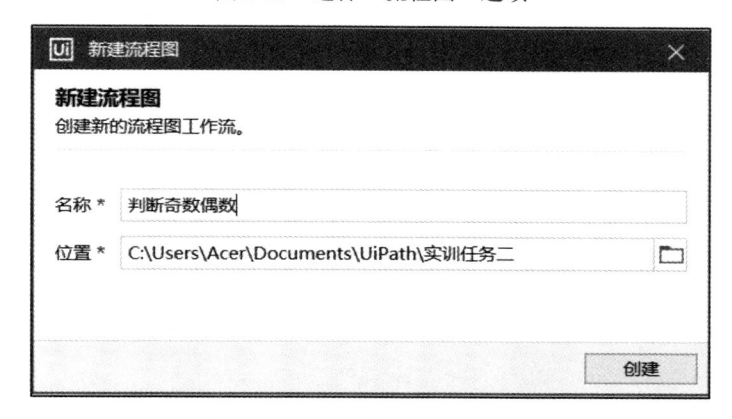

图 2-31 "新建流程图"对话框

(3)在"判断奇数偶数"流程图的属性面板中,确认"显示名称"为"判断奇数偶数",如图 2-32 所示。

(4)创建变量。在开发区中选中"判断奇数偶数"流程图,然后选择"变量"选项卡,创建一个新变量,将"名称"设置为"输入数字",将"变量类型"设置为"Int32",如图 2-33 所示。

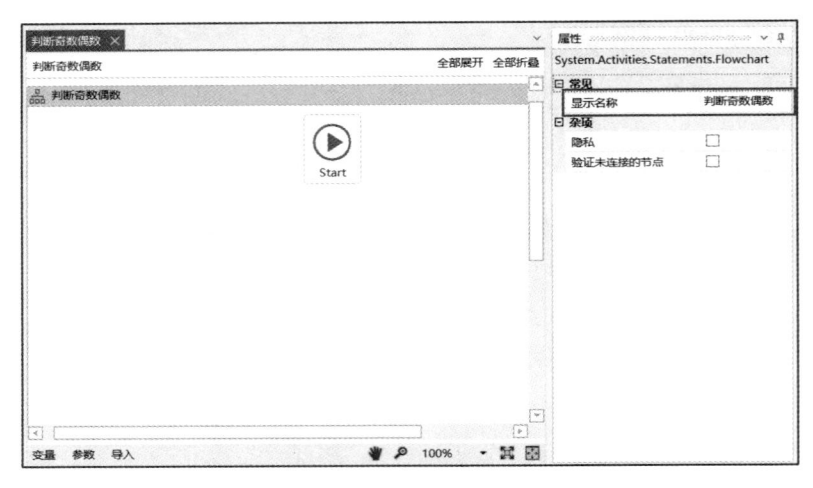

图 2-32 确认属性

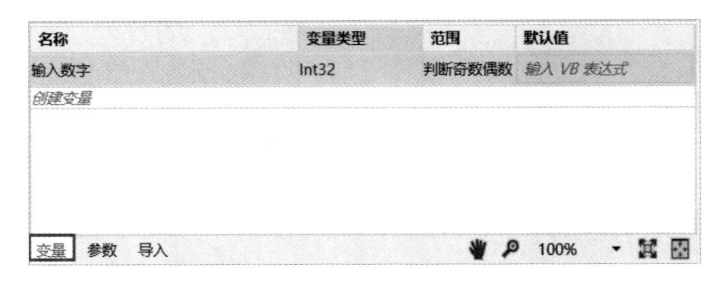

图 2-33 创建变量

（5）在"判断奇数偶数"流程图中添加一个【输入对话框】活动，在相应的属性面板中，在"显示名称"文本框中输入"输入数字"，在"标签"文本框中输入""请输入一个数字:""，在"标题"文本框中输入""输入数字""，在"结果"文本框中输入变量"输入数字"，如图 2-34 所示。

图 2-34 添加【输入对话框】活动并设置其属性

📁 **相关说明：**

- 在"标签"和"标题"属性设置中，字符串常量必须用英文双引号引起来。
- 在"结果"属性设置中，"输入数字"是变量名称。

（6）添加一个【流程决策】活动，将其放置于【输入对话框】活动下方，在相应的属性面板中，在"显示名称"文本框中输入"判断是否为偶数"，在"条件"文本框中输入"输入数字 Mod 2=0"，如图 2-35 所示。

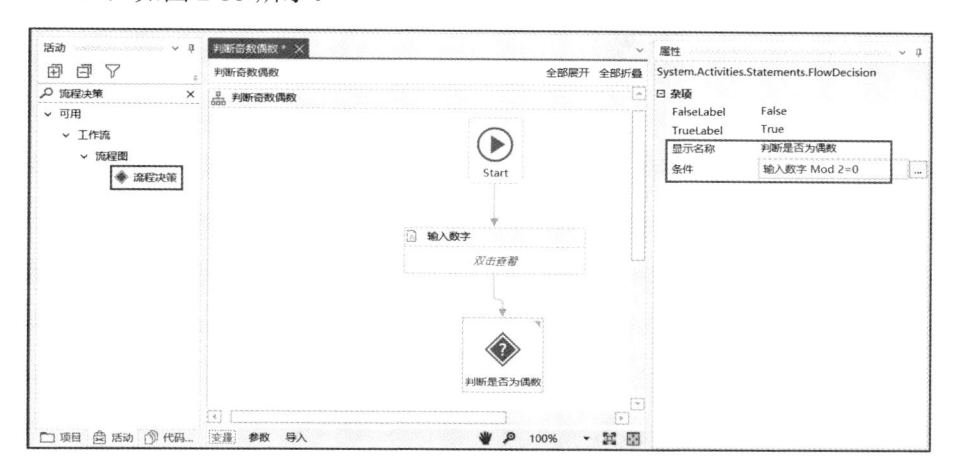

图 2-35　添加【流程决策】活动并设置其属性

📁 **相关说明：**

Mod 是求余函数，其结果为第一个数除以第二个数所得的余数。例如，7 除以 4 的余数为 3，因此 7 mod 4=3。

（7）添加一个【消息框】活动，将其连接至【流程决策】活动的 True 分支，在相应的属性面板中，在"显示名称"文本框中输入"输入的数字为偶数时"，在"文本"文本框中输入""您输入的数字为偶数""，如图 2-36 所示。

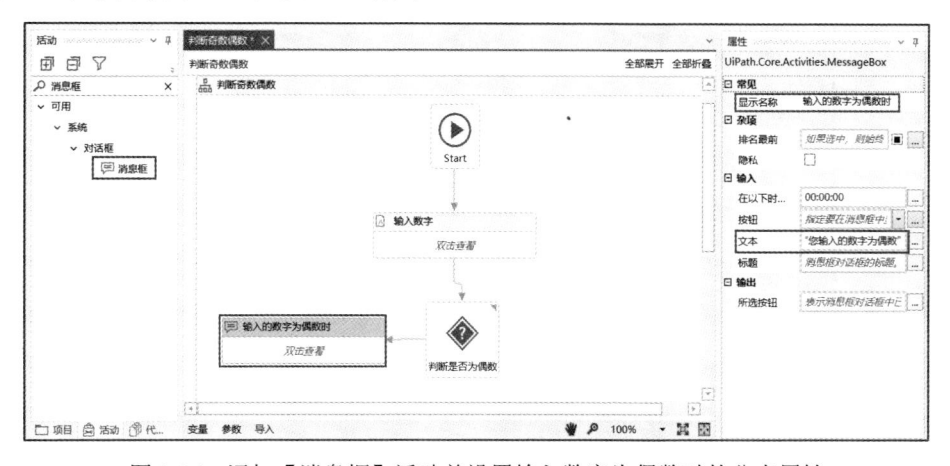

图 2-36　添加【消息框】活动并设置输入数字为偶数时的分支属性

（8）添加一个【消息框】活动，将其连接至【流程决策】活动的 False 分支，在相应的属性面板中，在"显示名称"文本框中输入"输入的数字为奇数时"，在"文本"文本框中输入""您输入的数字为奇数""，如图 2-37 所示。至此，自动化流程设置完成，完整的工作流程如图 2-38 所示。

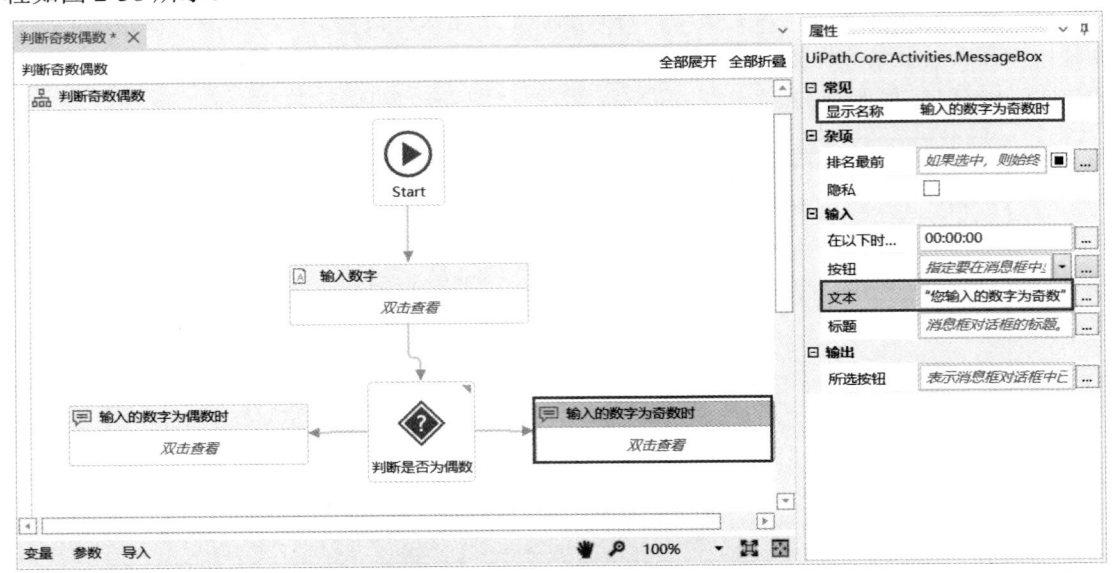

图 2-37　添加【消息框】活动并设置输入数字为奇数时的分支属性

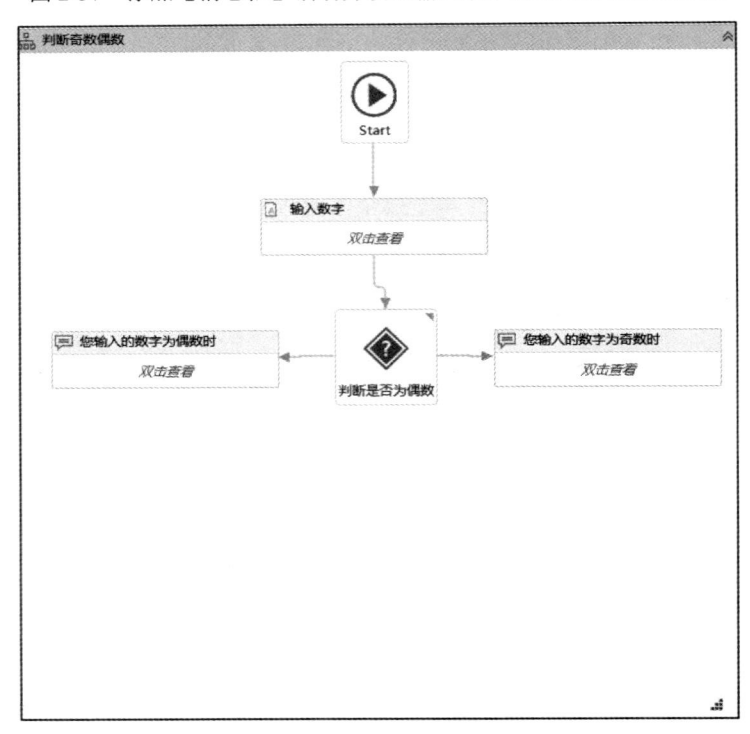

图 2-38　实训任务二的完整工作流程

（9）在快捷工具栏中单击"调试文件"下拉按钮，在弹出的下拉列表中选择"运行文件"选项，弹出"输入数字"对话框，在输入数字后，单击"确定"按钮，如图2-39所示。

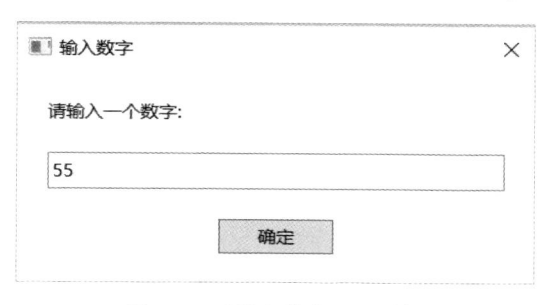

图2-39 "输入数字"对话框

（10）输入数字为奇数的工作流程运行结果如图2-40所示，输入数字为偶数的工作流程运行结果如图2-41所示。

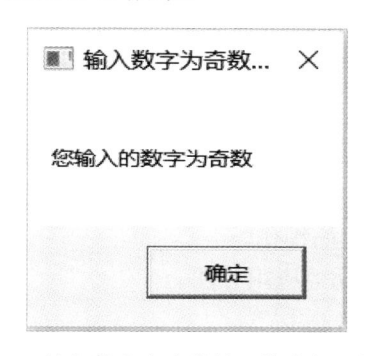

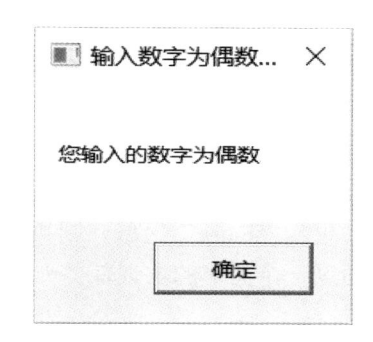

图2-40 输入数字为奇数的工作流程运行结果　　图2-41 输入数字为偶数的工作流程运行结果

（三）状态机

状态机也是一种工作流程布局图，它相当于一个独立的模块，其中包含一个或多个实现了相对独立功能的流程图和序列。

状态机中的一个重要概念是转换，转换由箭头或状态之间的分支表示，它可以添加从一种状态跳转到另一种状态的条件。因此在某种程度上，可以将状态机看作带有条件的流程图，适合实现复杂的企业化流程。

与序列和流程图不同，状态机强调事件驱动和在不同状态之间自由转换，它总是停留在一个预设的状态中，在事件触发后才会转换为新的状态，可以前进到下一个状态，可以返回到上一个状态，也可以停留在当前活动内反复执行某个操作。

二、UiPath软件的常用语句

（一）UiPath选择语句

选择语句又称为条件语句或分支语句，其特点是根据选择的条件执行不同的操作。在RPA财务机器人的开发过程中，有时需要在业务流程中实施决策，使机器人能够在财务数据处理、财务数据分析、报表生成、报告生成的过程中，根据不同的条件进行不同的业务处理。

UiPath 可以通过【IF 条件】活动和【流程决策】活动进行路径选择。

1. 【IF 条件】活动

【IF 条件】活动主要用于根据不同的条件，执行不同的逻辑。【IF 条件】活动既可以在流程图中使用，又可以在序列中使用。

【IF 条件】活动中包含 3 个区域：条件、Then、Else，如图 2-42 所示。

图 2-42　【IF 条件】活动示例

在流程执行过程中，先判断条件，如果判断结果为 True，则执行"Then"区域内的操作；如果判断结果为"False"区域，则执行"Else"区域内的操作。

下面通过一个简单的实训任务介绍【IF 条件】活动的应用方法。

【实训任务三】【IF 条件】活动的应用方法

【任务要求】

如果成绩不低于 60 分，则提示合格，否则提示不合格。

【业务流程】

使用【IF 条件】活动判断成绩是否合格的业务流程如图 2-43 所示。

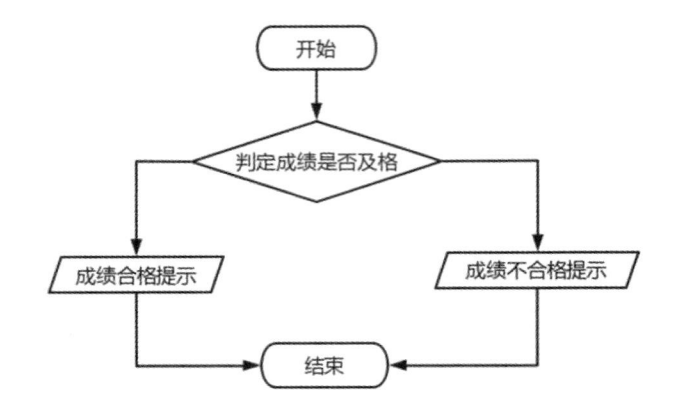

图 2-43　使用【IF 条件】活动判断成绩是否合格的业务流程

项目二　UiPath软件的安装与使用

【操作步骤】

（1）新建流程。在主界面的"新建项目"列表框中选择"流程"选项，弹出"新建空白流程"对话框，在"名称"文本框中输入"实训任务三"，"位置"参数采用默认设置，在"说明"文本域中输入"IF条件"，如图2-44所示，单击"创建"按钮，进入"设计"界面。

视频操作微课：
2-4 IF条件

图2-44　"新建空白流程"对话框

（2）在快捷工具栏中单击"新建"下拉按钮，在弹出的下拉列表中选择"序列"选项，弹出"新建序列"对话框，在"名称"文本框中输入"成绩判断"，"位置"参数采用默认设置，如图2-45所示，单击"创建"按钮，系统会在开发区中生成一个序列"成绩判断"。

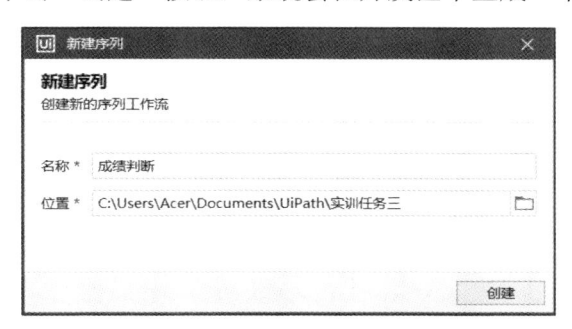

图2-45　"新建序列"对话框

（3）创建变量。在开发区中选中"成绩判断"序列，然后选择"变量"选项卡，创建一个新变量，将"名称"设置为"分数"，将"变量类型"设置为"Int32"，将"默认值"设置为"80"，如图2-46所示。

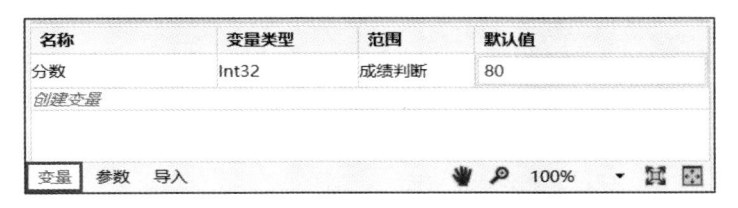

图2-46　创建变量

45

（4）在"成绩判断"序列中添加一个【IF 条件】活动，在相应的属性面板中，在"条件"文本框中输入"分数>=60"，如图 2-47 所示。

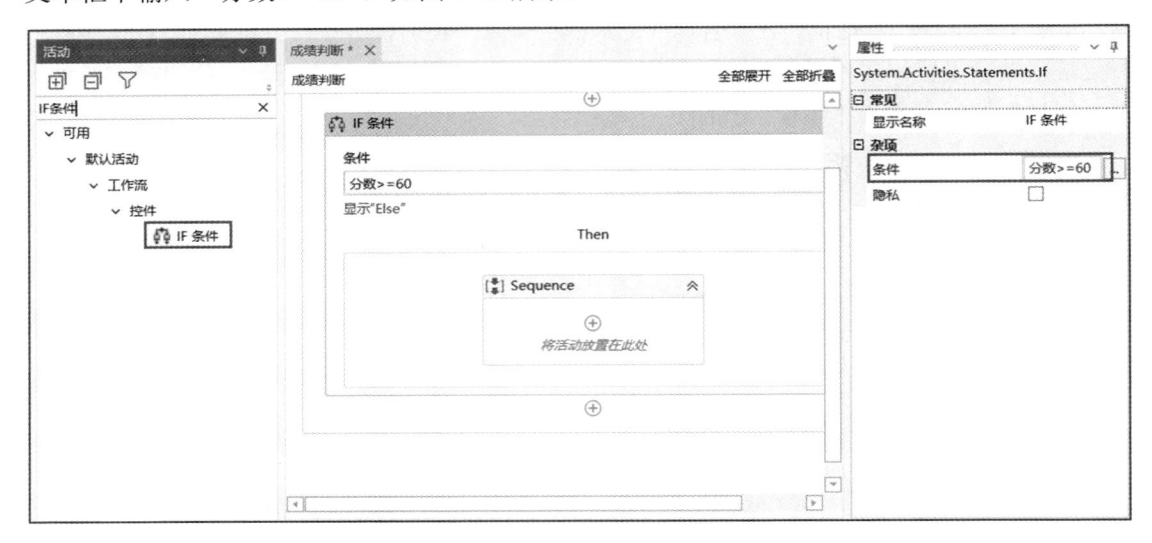

图 2-47 添加【IF 条件】活动并设置其属性

（5）添加一个【消息框】活动，将其放置于【IF 条件】活动的"Then"区域内，在相应的属性面板中，在"文本"文本框中输入""成绩合格""，如图 2-48 所示。

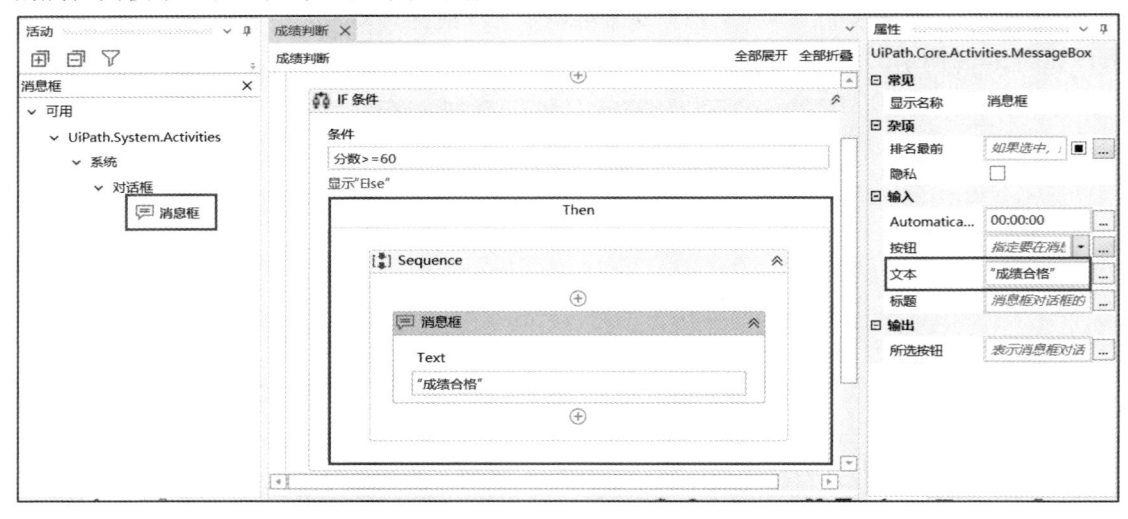

图 2-48 在【IF 条件】活动的"Then"区域内添加【消息框】活动并设置其属性

（6）继续添加一个【消息框】活动，将其放置于【IF 条件】活动的"Else"区域内，在相应的属性面板中，在"文本"文本框中输入""成绩不合格""，如图 2-49 所示。至此，自动化流程设置完成，完整的工作流程如图 2-50 所示。

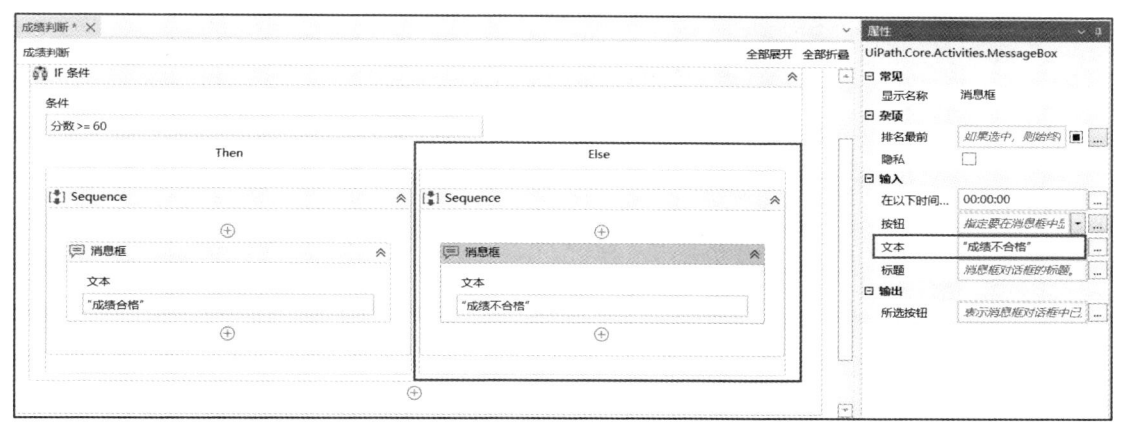

图 2-49 在【IF 条件】活动的"Else"区域内添加【消息框】活动并设置其属性

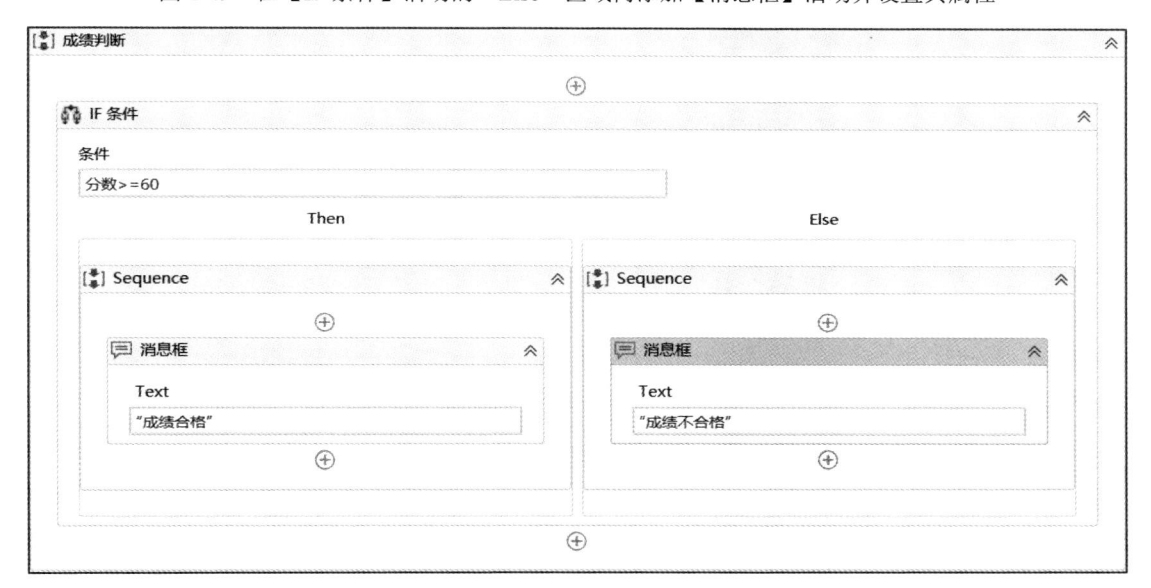

图 2-50 实训任务三的完整工作流程

（7）在快捷工具栏中单击"调试文件"下拉按钮，在弹出的下拉列表中选择"运行文件"选项，运行工作流程，运行结果如图 2-51 所示。

2. 【流程决策】活动

和【IF 条件】活动一样，【流程决策】活动也可以根据条件中布尔表达式返回的不同结果，执行不同的逻辑。不同的是，【IF 条件】活动既可以应用于序列中，又可以应用于流程图中，而【流程决策】活动只可以应用于流程图中。【流程决策】活动在流程图中以连线的方式连接两个不同条件的分支活动，如图 2-52 所示。

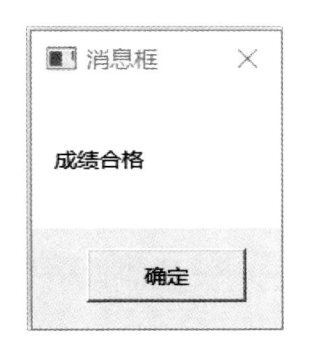

图 2-51 工作流程的运行结果

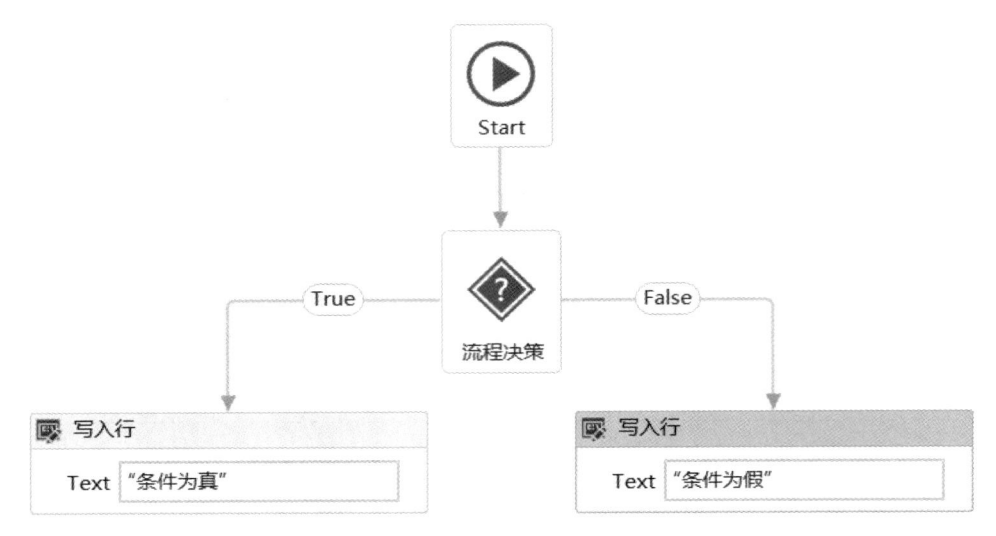

图 2-52　【流程决策】活动示例

下面通过一个简单的实训任务介绍【流程决策】活动的应用方法。

【实训任务四】【流程决策】活动的应用方法

【任务要求】

假设 A 公司所处行业资产负债率的正常范围为 40%～60%，不包括临界值，如果超过这个范围，则表示非正常。

【业务流程】

使用【流程决策】活动判断 A 公司资产负债率是否处于正常范围内的业务流程如图 2-53 所示。

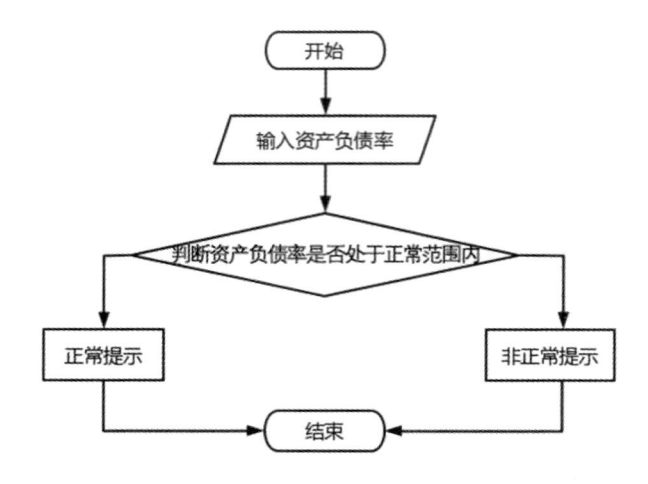

图 2-53　使用【流程决策】活动判断 A 公司资产负债率是否处于正常范围内的业务流程

【操作步骤】

（1）新建流程。在主界面的"新建项目"列表框中选择"流程"选项，弹出"新建空白流程"对话框，在"名称"文本框中输入"实训任务四"，"位置"参数采用默认设置，在"说明"文本域中输入"流程决策"，如图 2-54 所示，单击"创建"按钮，进入"设计"界面。

视频操作微课：
2-5 流程决策

图 2-54 "新建空白流程"对话框

（2）在快捷工具栏中单击"新建"下拉按钮，在弹出的下拉列表中选择"流程图"选项，弹出"新建流程图"对话框，在"名称"文本框中输入"判断资产负债率"，"位置"参数采用默认设置，如图 2-55 所示，单击"创建"按钮，系统会在开发区中生成一个流程图。

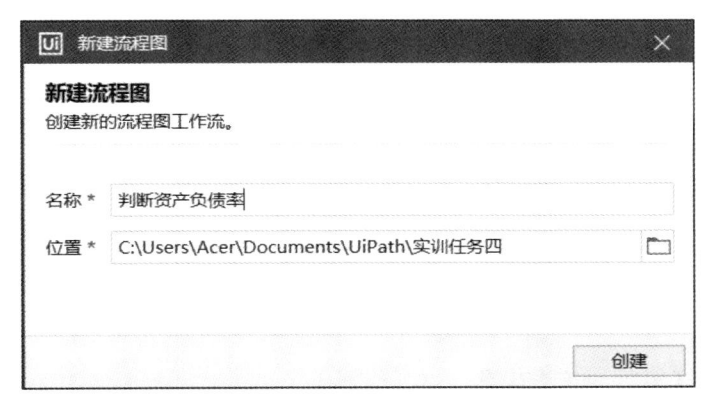

图 2-55 "新建流程图"对话框

（3）创建变量。在开发区中选中"判断资产负债率"流程图，然后选择"变量"选项卡，创建一个新变量，将"名称"设置为"资产负债率"，将"变量类型"设置为"GenericValue"，如图 2-56 所示。

49

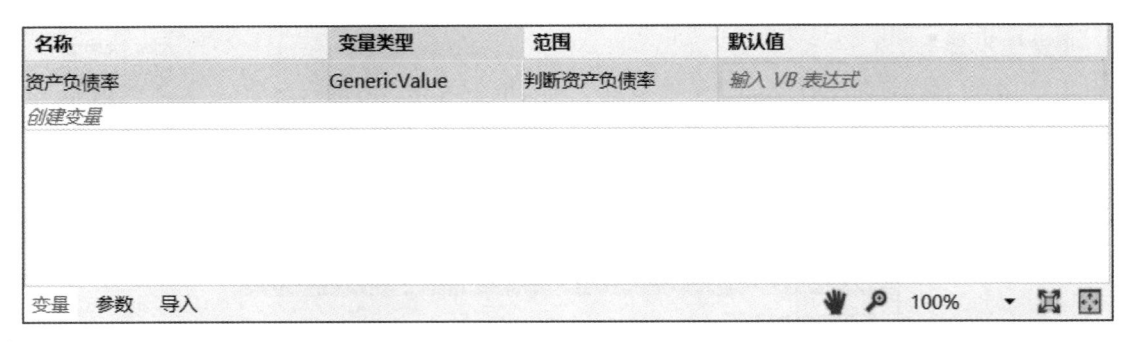

名称	变量类型	范围	默认值
资产负债率	GenericValue	判断资产负债率	输入 VB 表达式
创建变量			

图 2-56　创建变量

（4）在"判断资产负债率"流程图中添加一个【输入对话框】活动，在相应的属性面板中，在"标题"文本框中输入""请输入一个 0 到 1 的小数！""，在"结果"文本框中输入变量"资产负债率"，如图 2-57 所示。

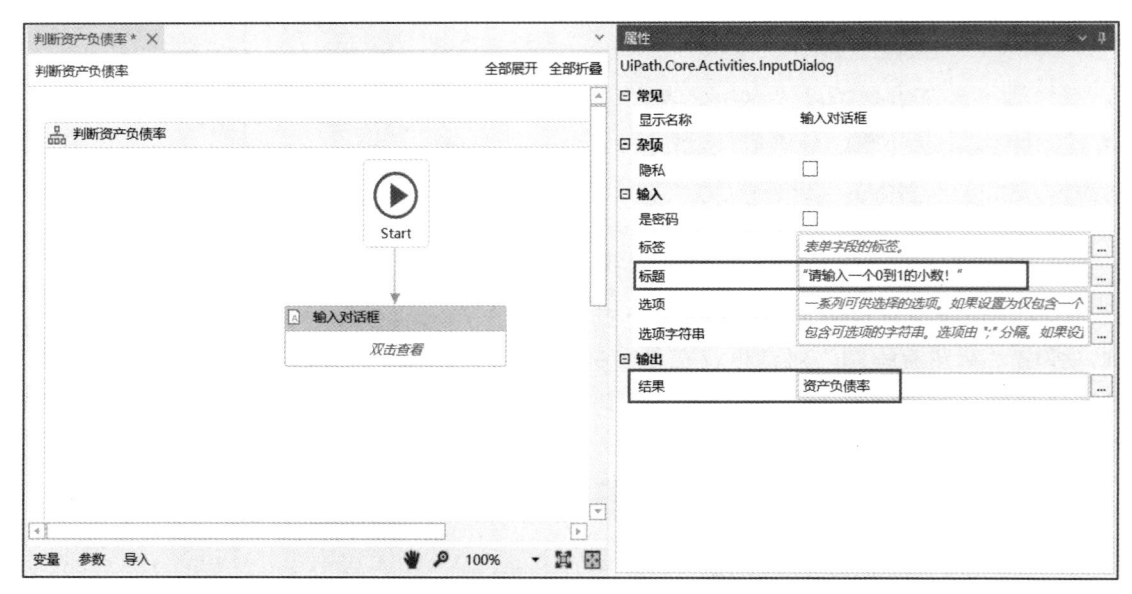

图 2-57　添加【输入对话框】活动并设置其属性

📂 **相关说明：**

- GenericValue 类型的变量可以存储任意类型的数据，包括文本、数字、日期和数组。
- Int32 是整数类型，该类型的变量只能存储整数。

（5）添加一个【流程决策】活动，将其放置于【输入对话框】活动下方，在相应的属性面板中，在"条件"文本框中输入"资产负债率＞0.4 And 资产负债率＜0.6"，如图 2-58 所示。

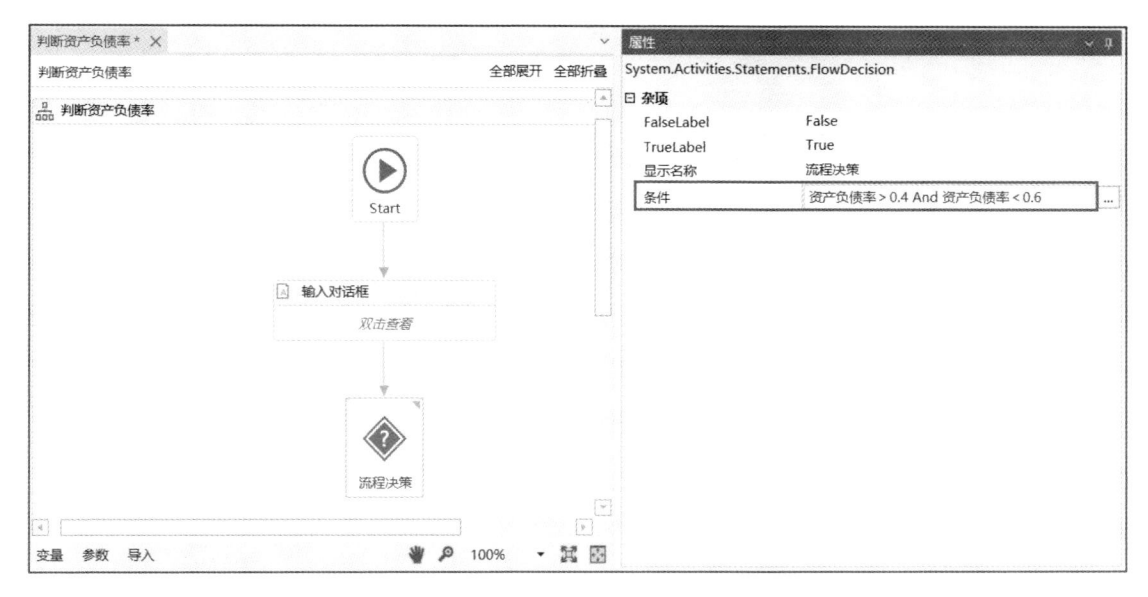

图 2-58　添加【流程决策】活动并设置其属性

（6）添加一个【消息框】活动，将其连接至【流程决策】活动的 True 分支，在相应的属性面板中，在"文本"文本框中输入""正常""，在"标题"文本框中输入""True""，如图 2-59 所示。

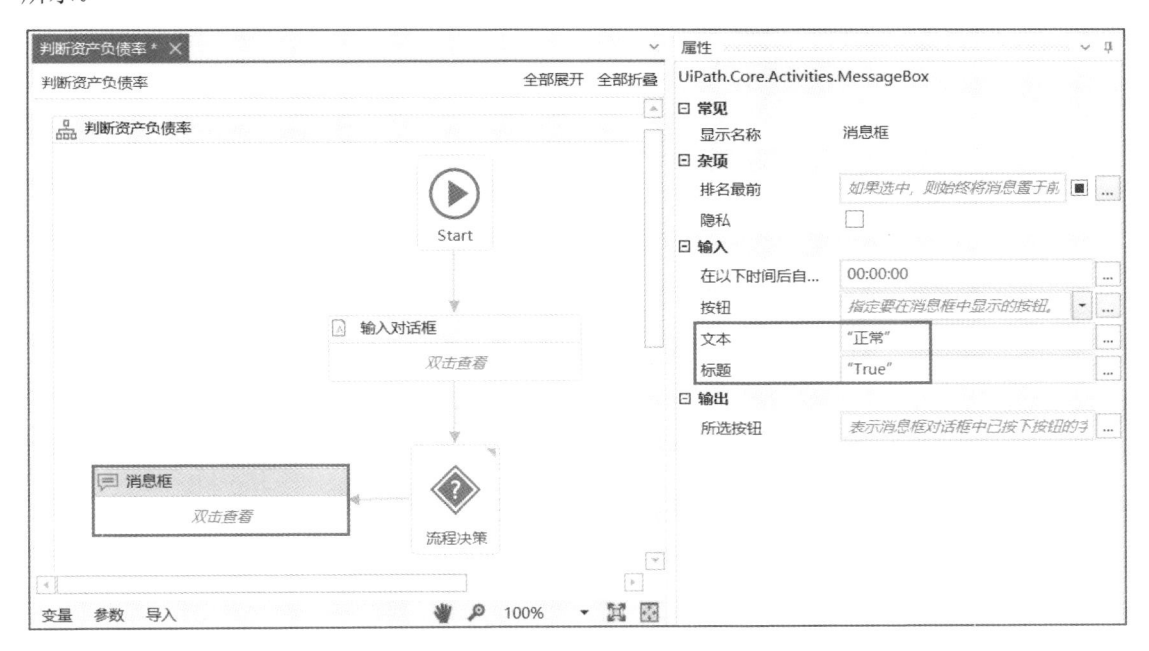

图 2-59　在【流程决策】活动的 True 分支添加【消息框】活动并设置其属性

（7）添加一个【消息框】活动，将其连接至【流程决策】活动的 False 分支，在相应的属性面板中，在"文本"文本框中输入""非正常""，在"标题"文本框中输入""False""，如图 2-60 所示。至此，自动化流程设置完成，完整的工作流程如图 2-61 所示。

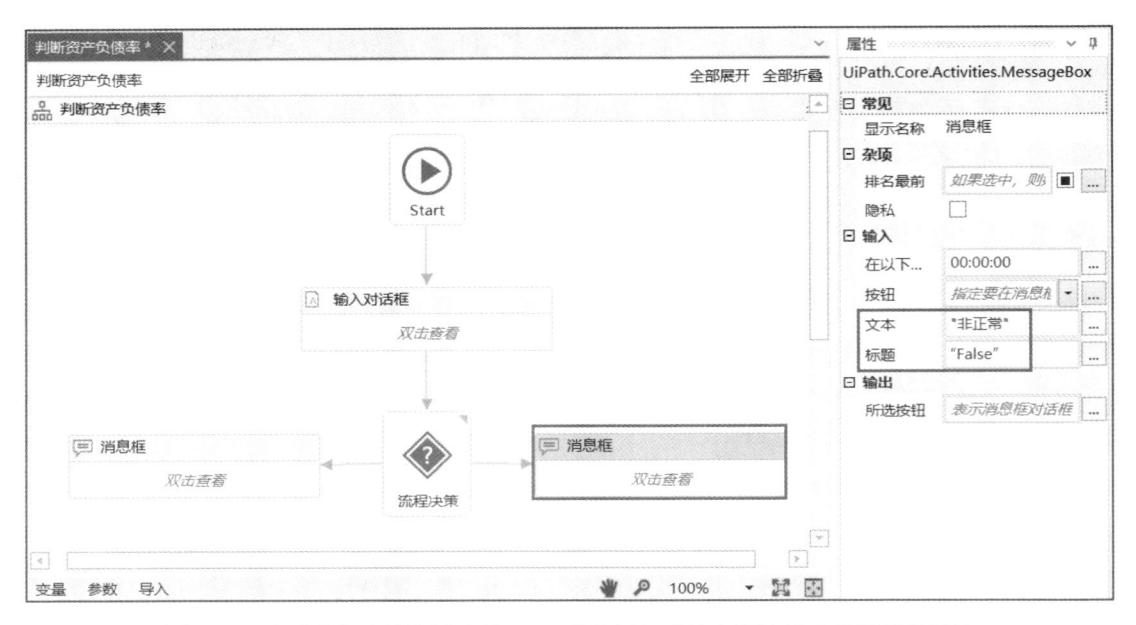

图 2-60 在【流程决策】活动的 False 分支添加【消息框】活动并设置其属性

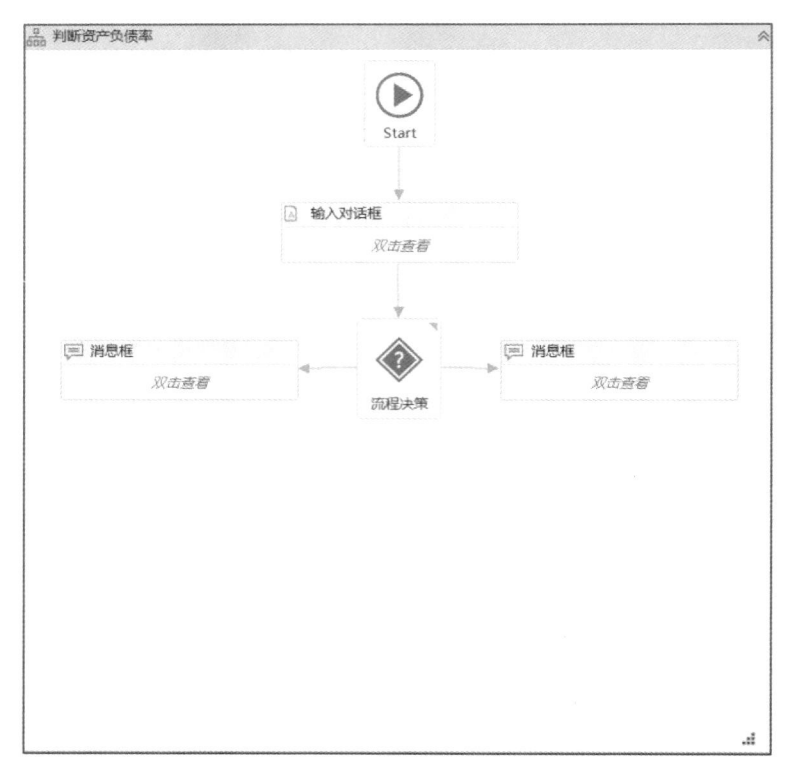

图 2-61 实训任务四的完整工作流程

（8）在快捷工具栏中单击"调试文件"下拉按钮，在弹出的下拉列表中选择"运行文件"选项，运行工作流程，弹出"请输入一个 0 到 1 的小数！"对话框，在输入数字后，单击"确定"按钮，如图 2-62 所示。

（9）运行结果如图 2-63 所示。

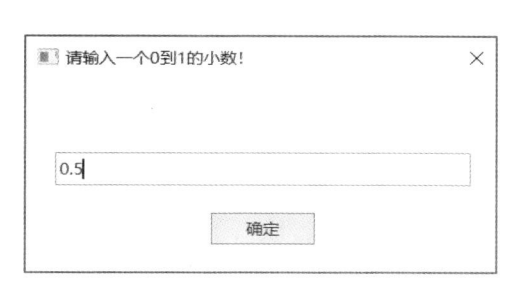

图 2-62 "请输入一个 0 到 1 的小数！"对话框

图 2-63 运行结果

（二）UiPath 循环语句

流程自动化的目的是自动执行工作中重复、有规则的业务。既然是重复、有规则的业务，就不得不提自动化编程中的一个重要概念——循环。利用循环结构活动可以轻松执行业务中的重复操作。

本节主要介绍 UiPath 中常用的【先条件循环】活动、【后条件循环】活动（又称为【Do While 循环】活动）和【遍历循环】活动。

1. 【先条件循环】活动和【后条件循环】活动

（1）【先条件循环】活动。在【先条件循环】活动中，先判断条件表达式是否为真，如果为真，则执行循环体内的活动，在执行完毕后，再次判断条件表达式是否为真，如此循环，直到条件表达式为假，再执行【先条件循环】活动后边的活动。

（2）【后条件循环】活动。在【后条件循环】活动中，先执行循环中的活动，再判断条件表达式是否为真，如果为真，则继续循环；如果为假，则终止循环。

简单来讲，【先条件循环】活动先判断后循环，如果条件表达式为真，则进入循环；【后条件循环】活动先循环再判断，至少会执行一次循环。

在实训任务四中，如果要进行循环判断，那么既可以使用【先条件循环】活动实现，又可以使用【后条件循环】活动实现。

【实训任务五】【先条件循环】活动和【后条件循环】活动的应用方法

【任务要求】

假设 A 公司所处行业资产负债率的正常范围为 40%~60%，不包括临界值，如果超过这个范围，则表示非正常。要求仅能输入并判断 5 次。

【业务流程一】

使用【先条件循环】活动判断 A 公司资产负债率是否处于正常范围内的业务流程如图 2-64 所示。

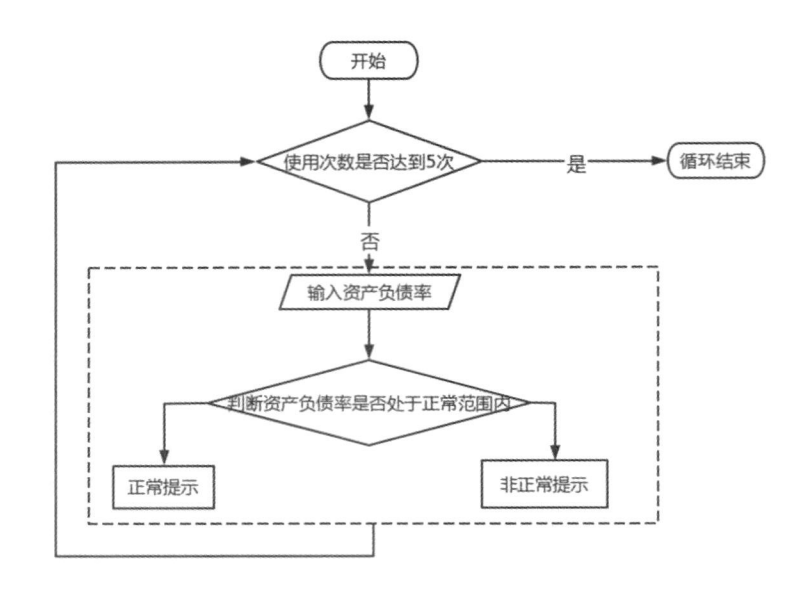

图 2-64　使用【先条件循环】活动判断 A 公司资产负债率是否处于正常范围内的业务流程

【操作步骤】

（1）新建流程。在主界面的"新建项目"列表框中选择"流程"选项，弹出"新建空白流程"对话框，在"名称"文本框中输入"实训任务五-1"，"位置"参数采用默认设置，在"说明"文本域中输入"先条件循环"，如图 2-65 所示，单击"创建"按钮，进入"设计"界面。

视频操作微课：
2-6 先条件循环

图 2-65　"新建空白流程"对话框

（2）在快捷工具栏中单击"新建"下拉按钮，在弹出的下拉列表中选择"流程图"选项，弹出"新建流程图"对话框，在"名称"文本框中输入"判断资产负债率"，"位置"参数采用默认设置，单击"创建"按钮，系统会在开发区中生成一个流程图。此处可参照实训任务四中的图 2-55。

（3）创建变量。在开发区中选中"判断资产负债率"流程图，然后选择"变量"选项卡，创建一个新变量，将"名称"设置"i"，将"变量类型"设置为"Int32"，如图 2-66 所示。

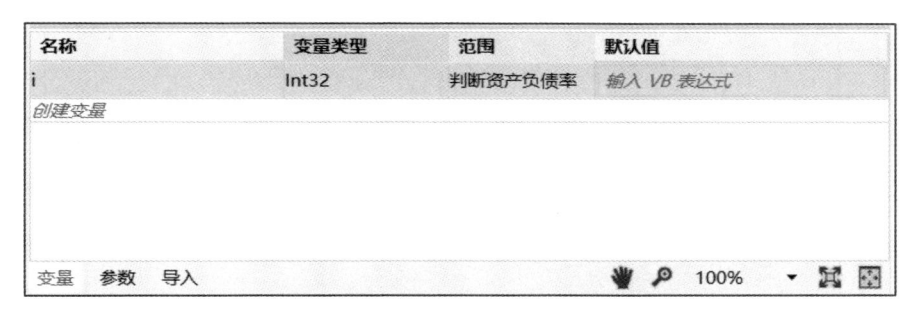

图 2-66 创建变量

（4）在"判断资产负债率"流程图中添加一个【先条件循环】活动，在相应的属性面板中，在"条件"文本框中输入"i<5"，如图 2-67 所示。

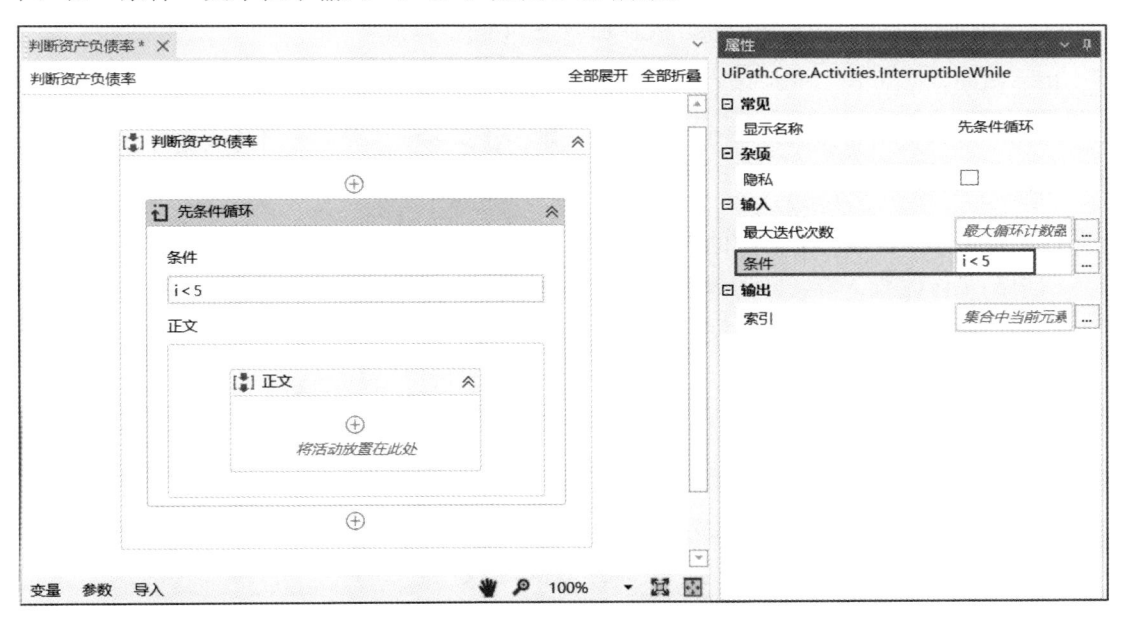

图 2-67 添加【先条件循环】活动并设置其属性

（5）再添加一个"判断资产负债率"流程图。这里可以将实训任务四中的所有工作流程复制到【先条件循环】活动的"正文"区域内，如图 2-68 所示。

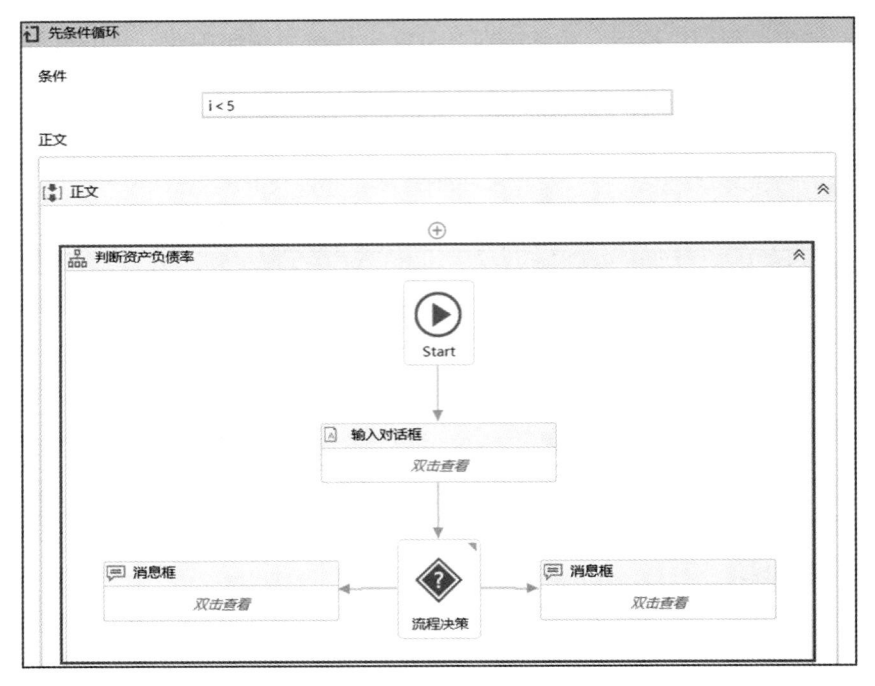

图 2-68　添加实训任务四中的工作流程

📁 **相关说明：**

UiPath 可以为项目流程提供复制、粘贴功能，当多个项目有可共用的流程时，可以复制部分或全部项目流程。

（6）在【先条件循环】活动的"正文"区域内添加一个【分配】活动，将其放置于实训任务四中的工作流程下方，然后设置"i=i+1"，如图 2-69 所示。

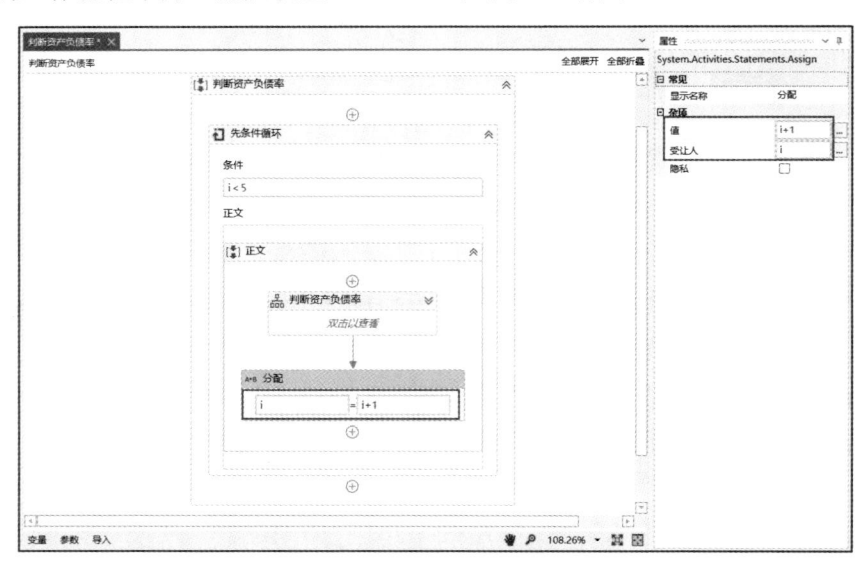

图 2-69　添加【分配】活动

相关说明：

【分配】活动的条件也可以通过属性面板设置，在"值"文本框中输入"i+1"，在"受让人"文本框中输入"i"。i=i+1 表示每次向下加一位，达到循环的目的。

（7）添加一个【消息框】活动，将其放置于【先条件循环】活动下方，在相应的属性面板中，在"文本"文本框中输入""5 次判断次数已经使用完毕，谢谢您的使用！""，如图 2-70 所示。至此，自动化流程设置完成，完整的工作流程如图 2-71 所示。

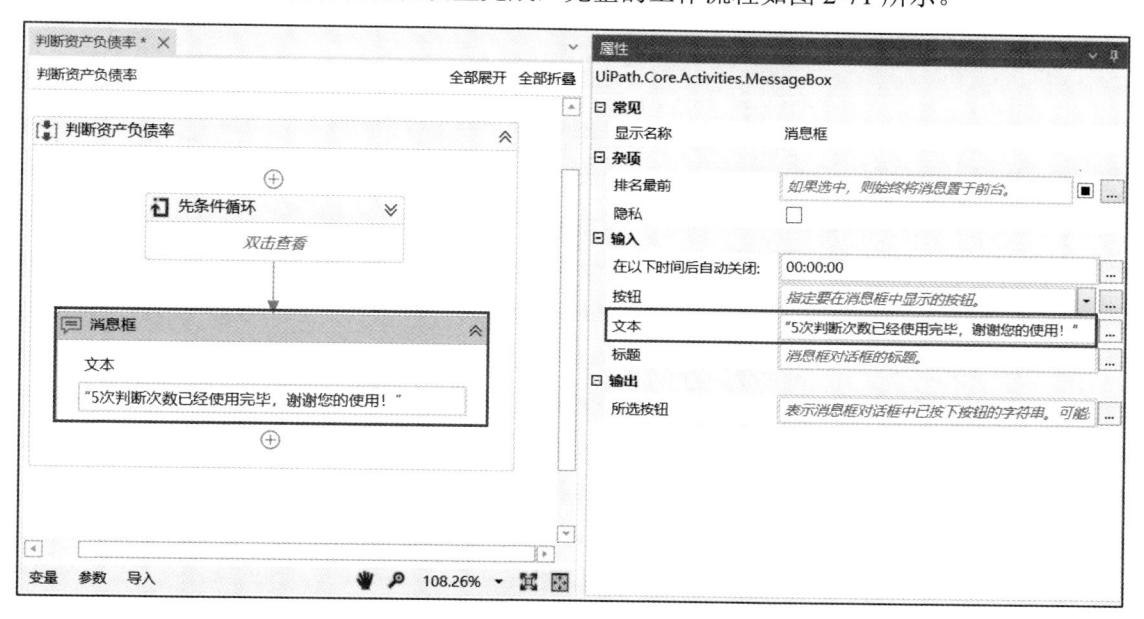

图 2-70　添加【消息框】活动并设置其属性

（8）在快捷工具栏中单击"调试文件"下拉按钮，在弹出的下拉列表中选择"运行文件"选项，弹出"请输入一个 0 到 1 的小数！"对话框，如果输入的数据在正常的资产负债率范围内，则会给出"正常"的提示；否则会给出"非正常"的提示，并且再次弹出"请输入一个 0 到 1 的小数！"对话框，在输入次数达到 5 次后结束循环，并且弹出循环结束提示框，如图 2-72 所示。

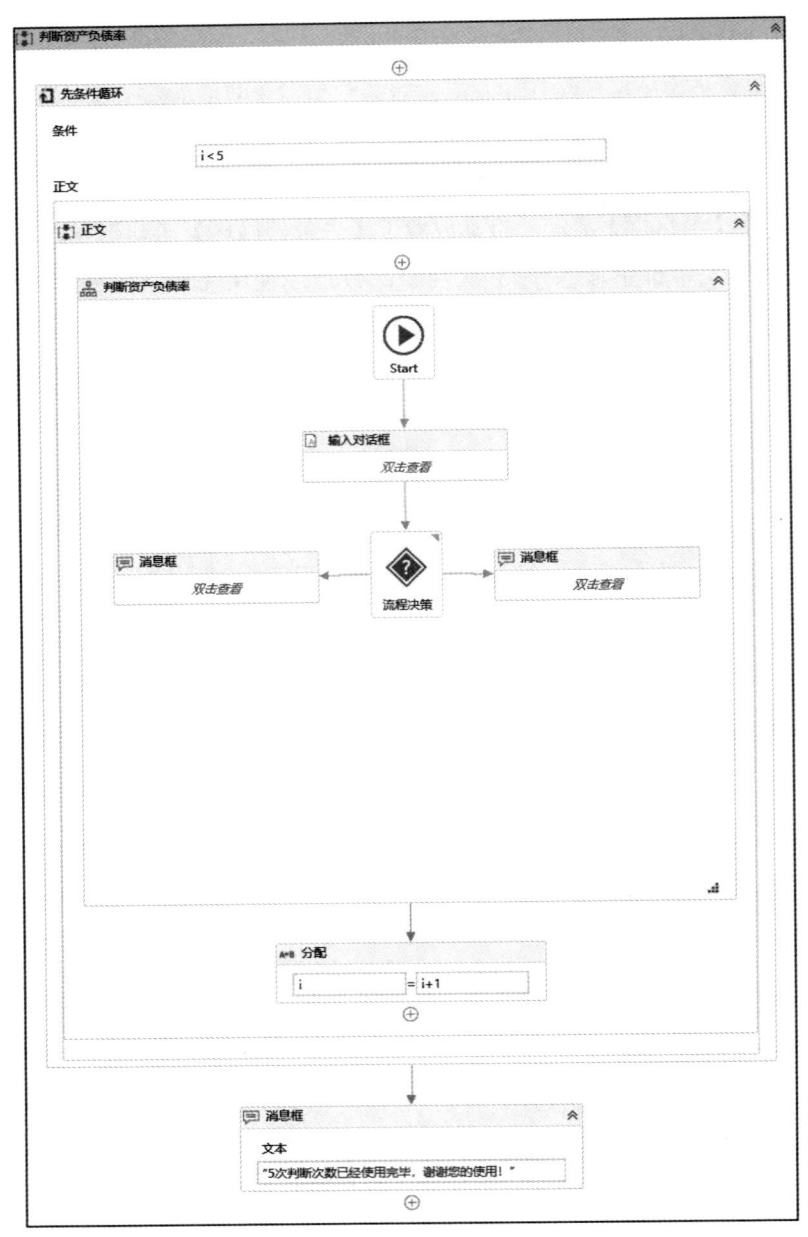

图 2-71　实训任务五-1 的完整工作流程

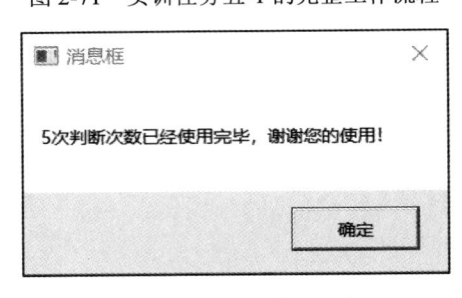

图 2-72　循环结束提示框

【业务流程二】

使用【后条件循环】活动判断 A 公司资产负债率是否处于正常范围内的业务流程如图 2-73 所示。

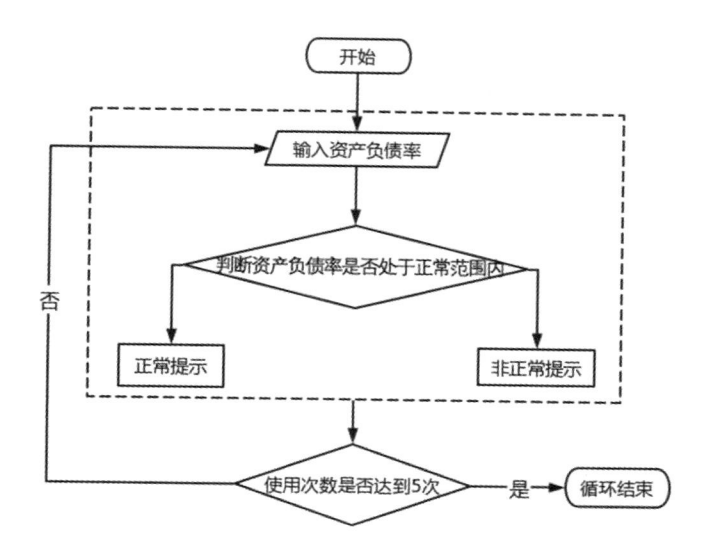

图 2-73　使用【后条件循环】活动判断 A 公司资产负债率是否处于正常范围内的业务流程

【操作步骤】

（1）新建流程。在主界面的"新建项目"列表框中选择"流程"选项，弹出"新建空白流程"对话框，在"名称"文本框中输入"实训任务五-2"，"位置"参数采用默认设置，在"说明"文本域中输入"后条件循环"，如图 2-74 所示，单击"创建"按钮，进入"设计"界面。

视频操作微课：
2-7 后条件循环

图 2-74　"新建空白流程"对话框

（2）在快捷工具栏中单击"新建"下拉按钮，在弹出的下拉列表中选择"流程图"选项，弹出"新建流程图"对话框，在"名称"文本框中输入"判断资产负债率"，"位置"参数采用默认设置，单击"创建"按钮，系统会在开发区中生成一个流程图。此处可参照实训任务四中的图 2-55。

（3）创建变量。在开发区中选中"判断资产负债率"流程图，然后选择"变量"选项卡，创建一个新变量，将"名称"设置为"i"，将"变量类型"设置为"Int32"。此处可参照实训任务五-1 中的图 2-66。

（4）在"判断资产负债率"流程图中添加一个【后条件循环】活动，在相应的属性面板中，在"条件"文本框中输入"i<5"，如图 2-75 所示。

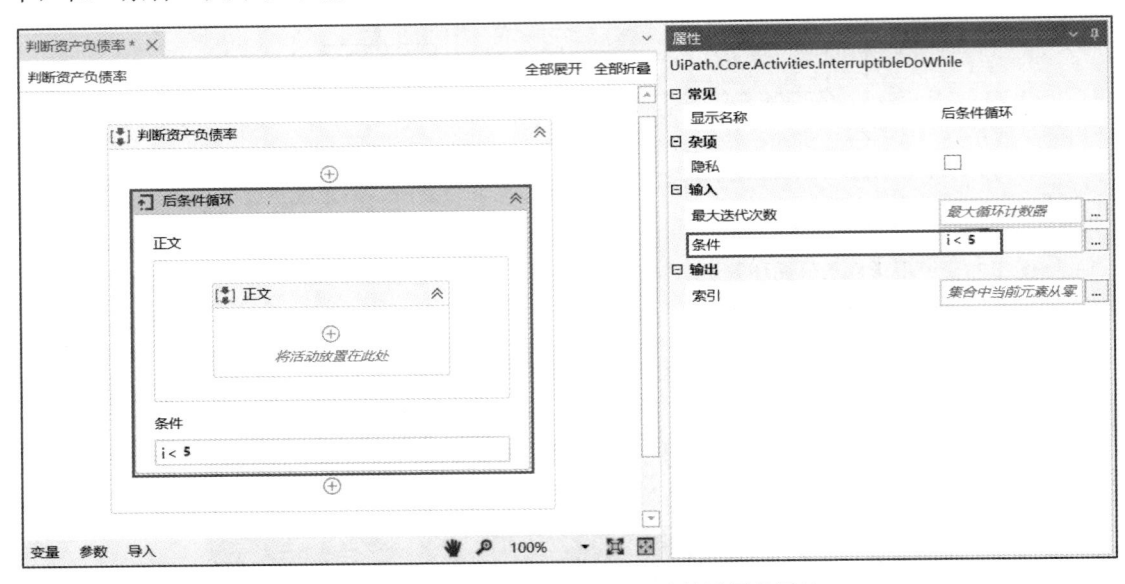

图 2-75 添加【后条件循环】活动并设置其属性

（5）再添加一个"判断资产负债率"流程图。这里可以将实训任务四中的所有工作流程复制到【后条件循环】活动的"正文"区域内，如图 2-76 所示。

（6）在【后条件循环】活动的"正文"区域内添加一个【分配】活动，将其放置于实训任务四中的工作流程下方，然后设置"i=i+1"，如图 2-77 所示。

（7）添加一个【消息框】活动，将其放置于【后条件循环】活动下方，在相应的属性面板中，在"文本"文本框中输入""5 次判断次数已经使用完毕，谢谢您的使用！""，如图 2-78 所示。至此，自动化流程设置完成，完整的工作流程如图 2-79 所示。

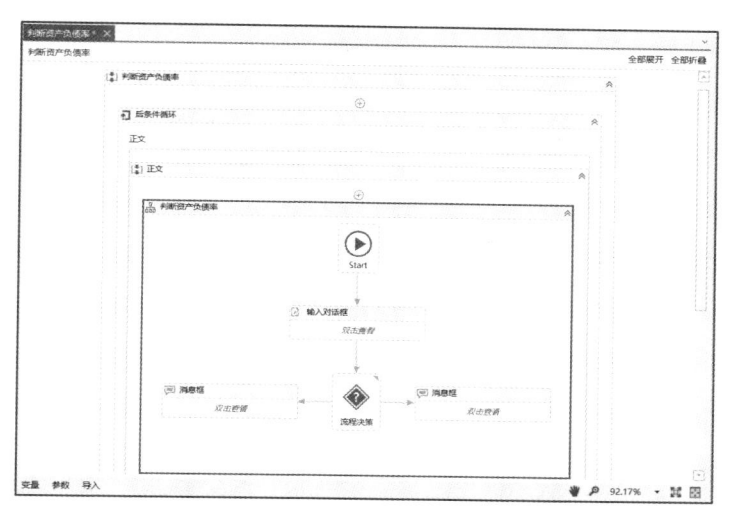

图 2-76　添加实训任务四中的工作流程

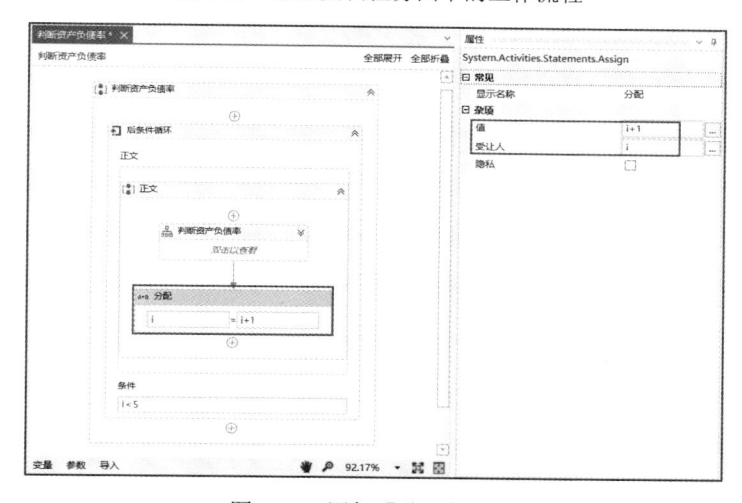

图 2-77　添加【分配】活动

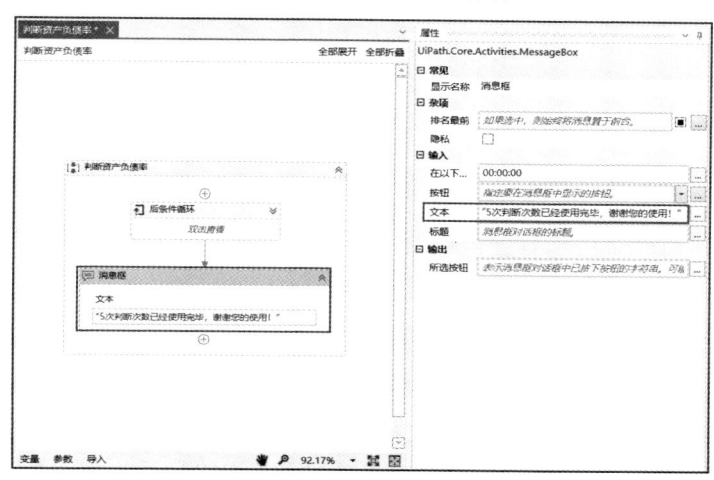

图 2-78　添加【消息框】活动并设置其属性

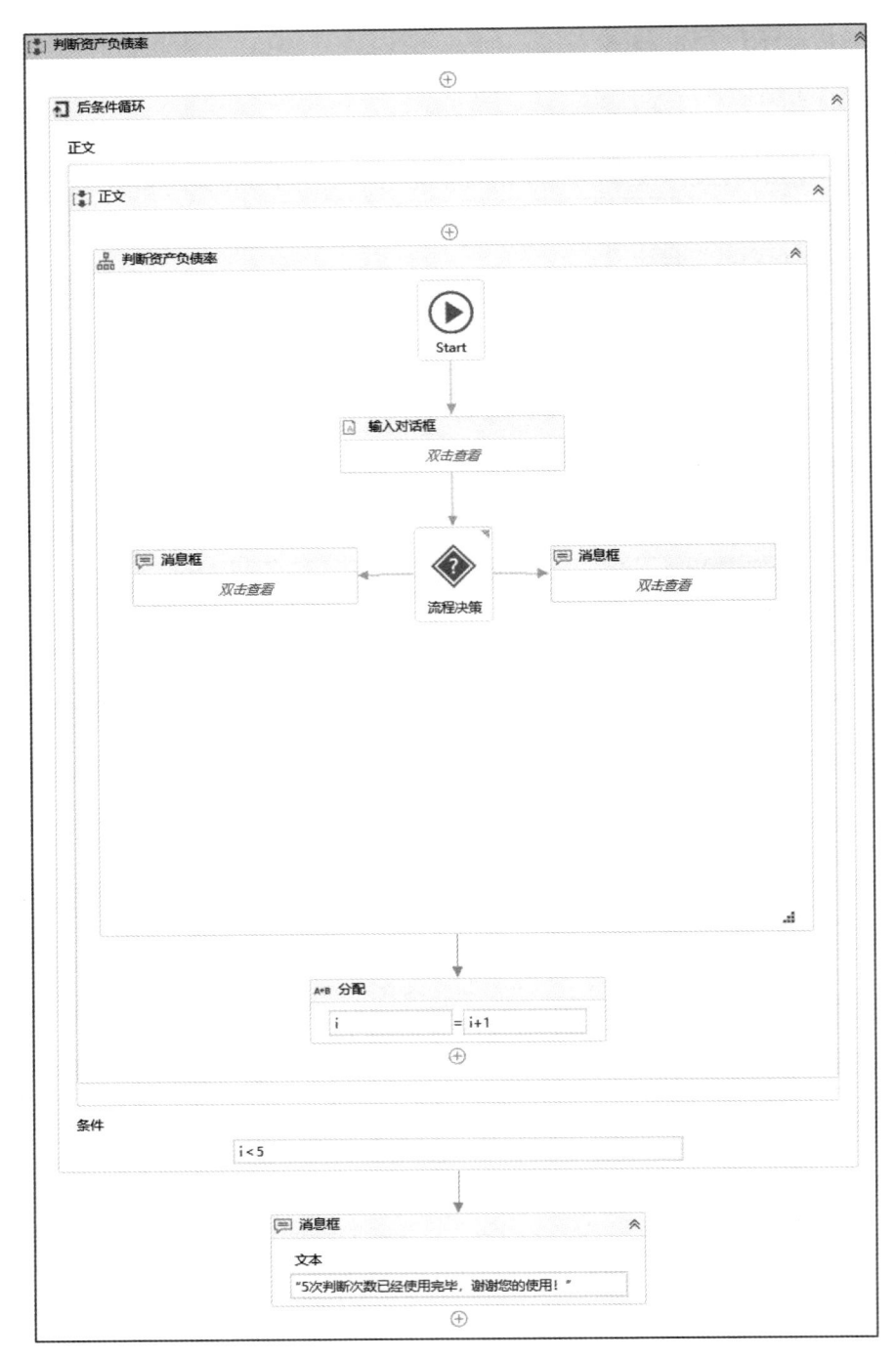

图 2-79　实训任务五-2 的完整工作流程

（8）在快捷工具栏中单击"调试文件"下拉按钮，在弹出的下拉列表中选择"运行文件"选项，弹出"请输入一个 0 到 1 的小数！"对话框，如果输入的数据在正常的资产负债率范围内，则会给出"正常"的提示；否则会给出"非正常"的提示，并且再次弹出"请输入一个 0 到 1 的小数！"对话框，在输入次数达到 5 次后结束循环，并且弹出循环结束提示框。

2. 【遍历循环】活动

【遍历循环】活动就是全部循环，主要用于循环遍历集合中的每个元素。当需要对一个集合中的每个元素都执行相同的操作时，可以使用【遍历循环】活动。

【遍历循环】活动会自动遍历集合中的每个元素，并且将其存储于如图 2-80 所示的变量"item"中，然后将对遍历的每个元素执行的相同操作写入"正文"循环体。需要注意的是，"item"变量无须声明，它只在【遍历循环】活动中有效，并且"item"变量可以根据项目的实际需要自定义名称，如姓名、年龄等。

图 2-80 【遍历循环】活动示意图

下面通过一个简单的实训任务介绍【遍历循环】活动的应用方法。

【实训任务六】【遍历循环】活动的应用方法

【任务要求】

从数组变量中读取 A 公司 2019~2021 年的资产负债率，并且输出数据。已知 2019 年—2021 年的资产负债率分别为 0.45、0.56、0.65。

【业务流程】

使用【遍历循环】活动读取 A 公司资产负债率的业务流程如图 2-81 所示。

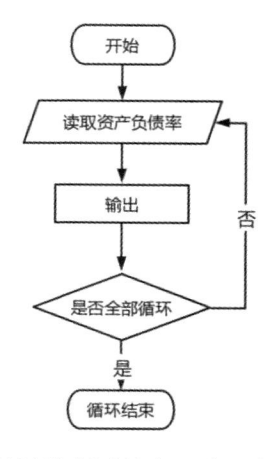

图 2-81 使用【遍历循环】活动读取 A 公司资产负债率的业务流程

【操作步骤】

（1）新建流程。在主界面的"新建项目"列表框中选择"流程"选项，弹出"新建空白流程"对话框，在"名称"文本框中输入"实训任务六"，"位置"参数采用默认设置，在"说明"文本域中输入"遍历循环"，如图 2-82 所示，单击"创建"按钮，进入"设计"界面。

视频操作微课：
2-8 遍历循环

图 2-82 "新建空白流程"对话框

（2）在快捷工具栏中单击"新建"下拉按钮，在弹出的下拉列表中选择"序列"选项，弹出"新建序列"对话框，在"名称"文本框中输入"读取资产负债率"，"位置"参数采用默认设置，如图 2-83 所示，单击"创建"按钮，系统会在开发区中生成一个序列。

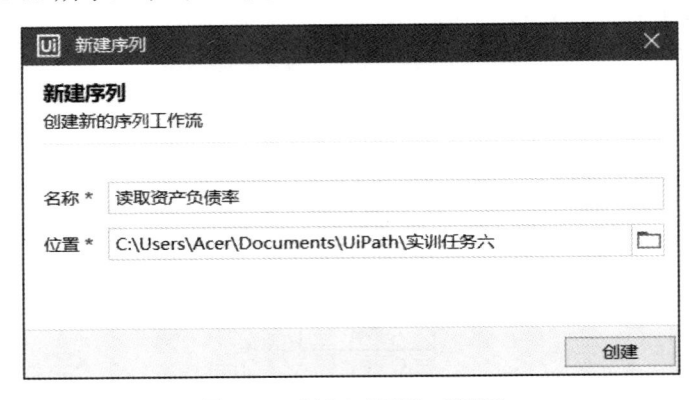

图 2-83 "新建序列"对话框

（3）创建变量。在开发区选中"读取资产负债率"序列，然后选择"变量"选项卡，创建一个新变量，将"名称"设置为"资产负债率"；单击"变量类型"下拉按钮，在弹出的下拉列表中选择"Array of [T]"选项，如图 2-84 所示，弹出"选择类型"对话框，在相应的下拉列表中选择"String"选项，如图 2-85 所示，单击"确定"按钮；将"默认值"设置为"{"0.45","0.56","0.65"}"，如图 2-86 所示。

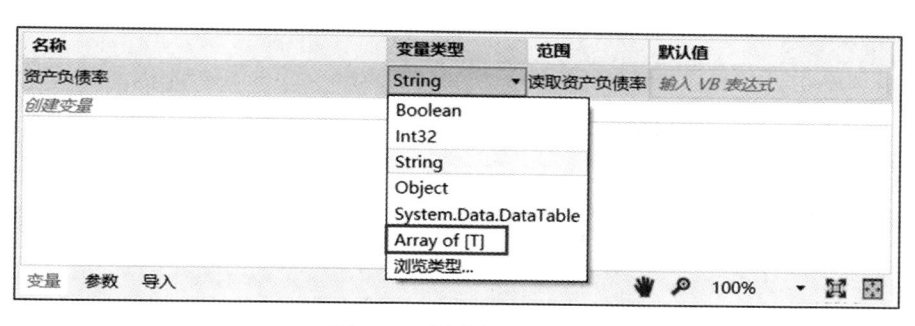

图 2-84 创建变量（1）

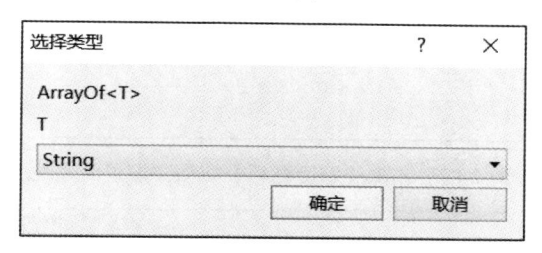

图 2-85 创建变量（2）

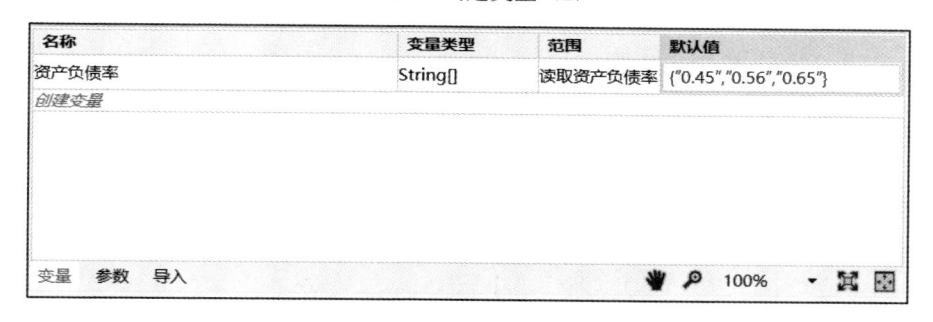

图 2-86 创建变量（3）

📁 **相关说明：**

Array 为数组类型的变量，主要用于在程序中存储相同类型的多个值。当程序中需要存储相同类型的一系列数据时，可以使用 Array 类型，如员工工资的各个组成部分、商品的各个部件等。

（4）在"读取资产负债率"序列中添加一个【遍历循环】活动，在活动面板中，在"遍历循环"文本框中输入"资产负债率"；在相应的属性面板中，在"TypeArgument"下拉列表中选择"String"选项，在"项目列表"文本框中输入变量"资产负债率"，如图 2-87 所示。

（5）在【遍历循环】活动的"正文"区域内添加一个【写入行】活动，在相应的属性面板中，在"文本"文本框中输入变量"资产负债率"，如图 2-88 所示。至此，自动化流程设置完成，完整的工作流程如图 2-89 所示。

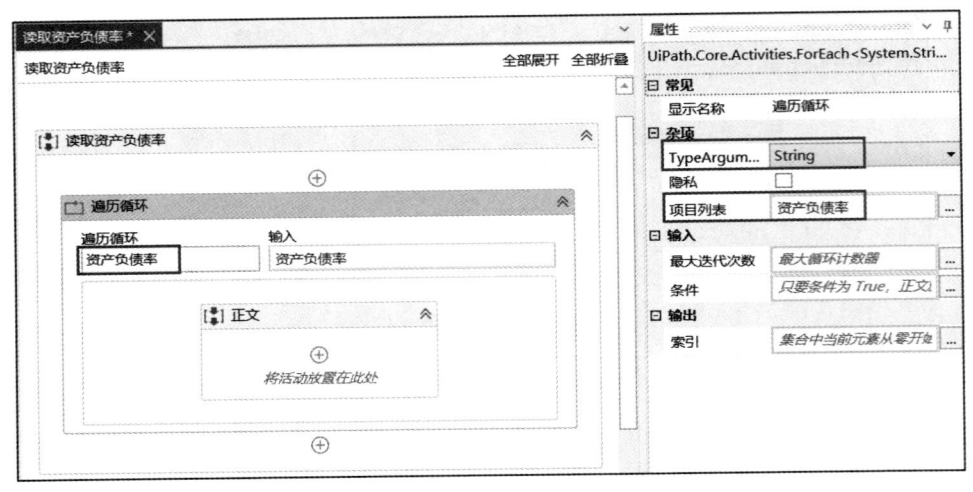

图 2-87 添加【遍历循环】活动并设置其属性

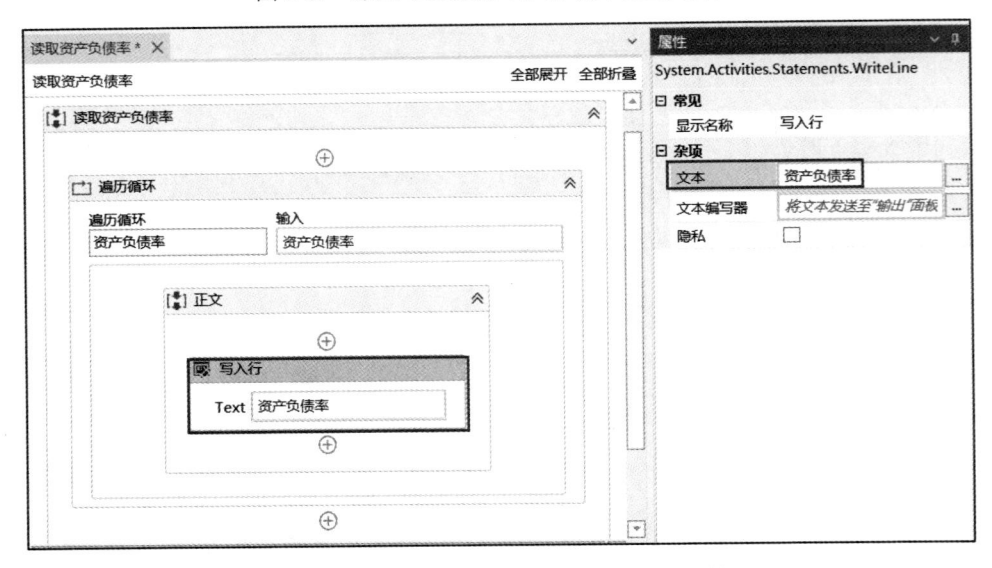

图 2-88 添加【写入行】活动并设置其属性

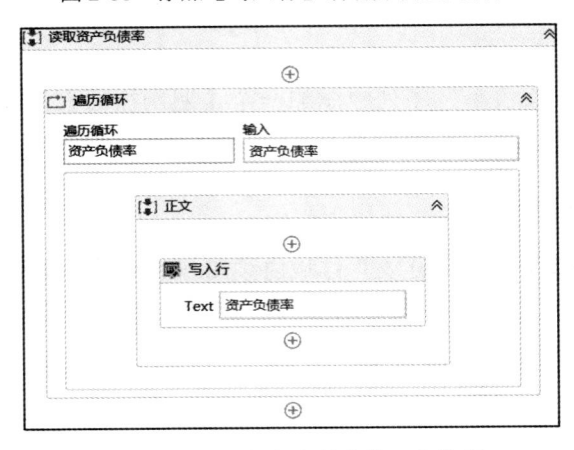

图 2-89 实训任务六的完整工作流程

（6）在快捷工具栏中单击"调试文件"下拉按钮，在弹出的下拉列表中选择"运行文件"选项，在活动区中选择"输出"选项卡，查看工作流程的运行结果，如图 2-90 所示。

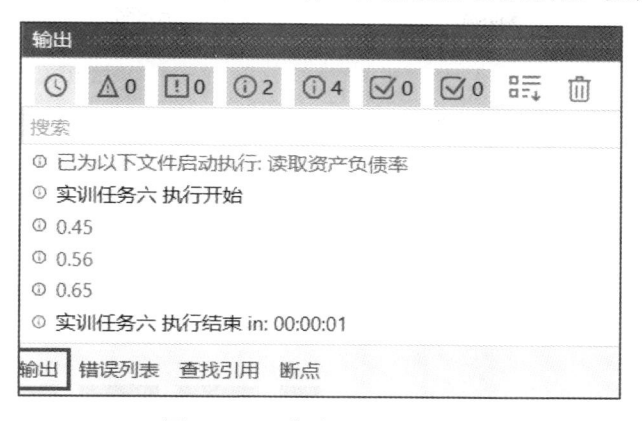

图 2-90　工作流程的运行结果

📂 **相关说明：**

- 如果要有规律地遍历一个集合中的每个元素，并且执行相同的操作，则首选【遍历循环】活动。
- 如果是无规律的循环，不知道要循环多少次，但需要重复执行同一个操作（例如，猜数字，但不知道第几次猜对；等待某个控件出现，但不知道等多久；某按钮的单击结果不稳定，需要多次尝试单击），则首选【先条件循环】活动或【后条件循环】活动。

三、自动使用计算器模拟实训

在了解了流程与常用语句后，下面演示如何实现界面自动化，首先需要了解界面自动化的核心——选取器，以及快速生成自动化流程的利器——录制器。

（一）选取器

要自动执行用户界面中的特定操作，用户需要与各种窗口、按钮、下拉列表等控件交互，大部分 RPA 产品都依靠用户界面元素在屏幕上的位置实现该功能，而这种方法并不可靠。为了解决这个问题，UiPath Studio 使用了选取器。选取器能以可扩展标记语言片段的形式存储图形用户界面元素及其父元素的属性。在通常情况下，选取器是由 UiPath Studio 自动生成的，不需要用户进一步输入，尤其在客户要自动化的应用程序具有静态用户界面的情况下。但是，某些应用程序的布局和属性节点具有易变的值，如某些 Web 应用程序。UiPath Studio 无法预测这些变化，因此，用户可能需要手动生成一些选取器。

选取器在活动的属性面板中的"输入"节点下。打开"选取器编辑器"窗口，如图 2-91 所示，其中不同的选项可以帮助用户进一步修正选取器，详细信息如表 2-1 所示。

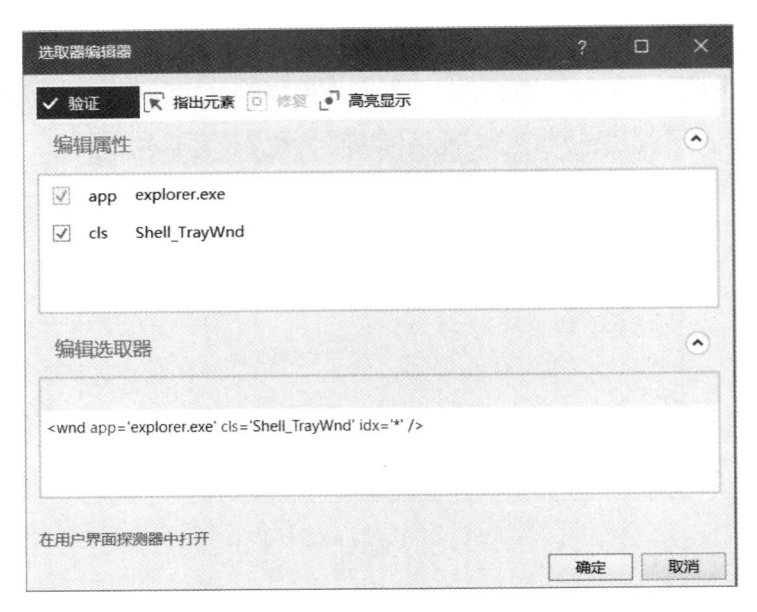

图 2-91 "选取器编辑器"窗口

表 2-1 "选取器编辑器"窗口中选项的详细信息

选　项	描　述
验证	可以显示选取器验证后的结果，绿色代表通过，灰色代表验证中，红色代表选取器不可用，黄色代表选取器需要重新验证
指出元素	可以在界面中重新选择元素，生成一个新的选取器
修复	可以选择界面中的相同元素，用于修复当前的选取器，生成的新选取器不会完全替换旧选取器。当选取器无效时，该选项可用
高亮显示	控制是否高亮显示当前元素。只有当选取器有效时，该选项才可用
编辑属性	这部分是可以编辑的，包含目标元素在当前应用程序中的所有组件
编辑选取器	这部分是可以编辑的，主要用于展示当前的选取器
在用户界面探测器中打开	运行用户探测器工具，只有当选取器有效时，该选项才可用

（二）录制器

录制器是 UiPath Studio 的重要组成部分，可以帮助用户在自动化业务流程中节省大量的时间。利用录制器，用户可以轻松地在屏幕上捕获自己的动作并将其转换为序列。从头开始构建复杂的机器人是一个复杂的过程，因此，录制器可以大幅度减少用户的工作量。

录制器共有以下 5 种类型。

- 基本：为每个活动生成一个完整的选择器，而不是生成一个容器，由此产生的自动化速度比使用容器的自动化速度慢，适用于单个活动。
- 桌面：适用于所有类型的桌面应用程序和多种操作。它比基本录制器的速度快，并且会生成一个容器（使用顶级窗口的选择器），该容器中包含活动及每个活动的部分选择器。
- 网页：在 Web 应用程序和浏览器中进行记录，生成容器并使用"模拟类型/单击"的输入方法。

- 图像：主要用于记录虚拟化环境（如 VNC、虚拟机、Citrix 等）或 SAP。它只能用于录制图像信息、文本信息和键盘活动。
- 原生 Citrix：与桌面录制器等效，但适用于通过 Citrix 技术实现虚拟化的桌面应用程序。

下面通过一个实训任务介绍录制器的应用方法。

【实训任务七】录制器的应用方法

【任务要求】

使用计算器自动计算 A 公司的资产负债率。已知 A 公司的资产总额为 400 万元，负债总额为 230 万元。

【业务流程】

使用计算器自动计算 A 公司资产负债率的业务流程如图 2-92 所示。

图 2-92 使用计算器自动计算 A 公司资产负债率的业务流程

【操作步骤】

（1）新建流程。在主界面的"新建项目"列表框中选择"流程"选项，弹出"新建空白流程"对话框，在"名称"文本框中输入"实训任务七"，"位置"参数采用默认设置，在"说明"文本域中输入"录制器"，如图 2-93 所示，单击"创建"按钮，进入"设计"界面。

视频操作微课：2-9 录制器

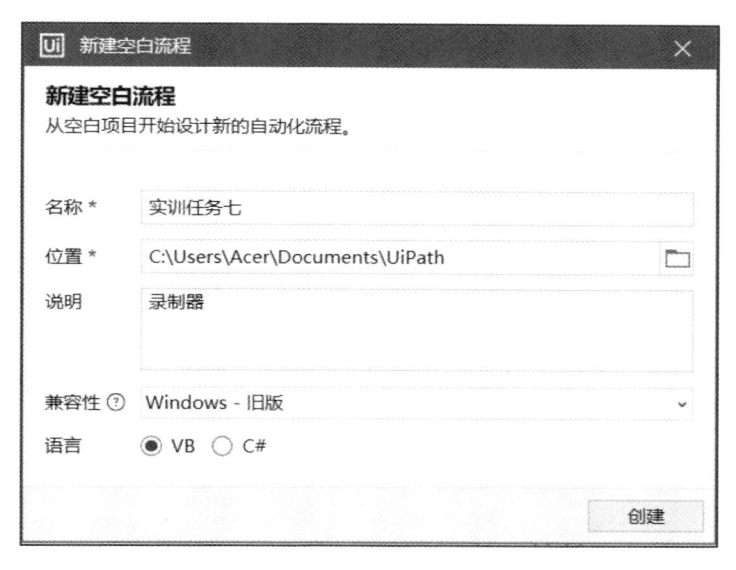

图 2-93 "新建空白流程"对话框

（2）在快捷工具栏中单击"新建"下拉按钮，在弹出的下拉列表中选择"序列"选项，弹出"新建序列"对话框，在"名称"文本框中输入"自动使用计算器"，"位置"参数采用默认设置，如图 2-94 所示，单击"创建"按钮，系统会在开发区中生成一个序列。

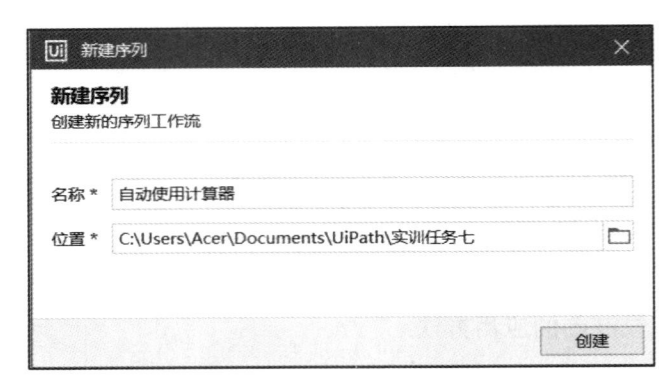

图 2-94 "新建序列"对话框

（3）在快捷工具栏中单击"录制"下拉按钮，在弹出的下拉列表中选择"桌面"选项，如图 2-95 所示，弹出"桌面录制"工具栏，如图 2-96 所示。

图 2-95 选择"桌面录制"选项

图 2-96 "桌面录制"工具栏

（4）在"桌面录制"工具栏中单击"录制"按钮，开始自动录制操作流程。在计算机桌面上双击计算器图标，弹出计算器界面，在计算器界面中单击并输入"230÷400="，如图 2-97 所示。在输入完成后，单击"关闭"按钮，结束计算器操作流程。

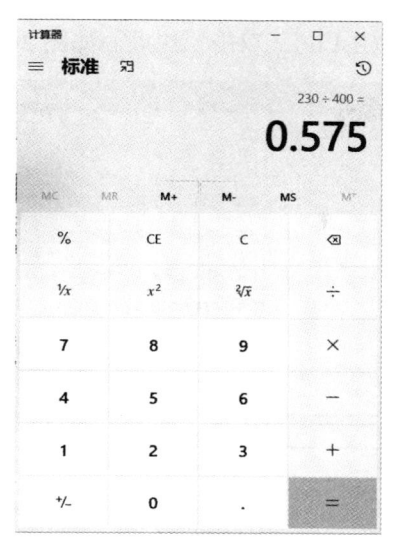

图 2-97 录制计算器的操作流程

（5）在录制完成后，右击或按 Esc 键结束录制，然后在"桌面录制"工具栏中单击"保存并退出"按钮，计算机会自动保存计算器操作流程并将其显示在流程设计面板中，如图 2-98 所示。

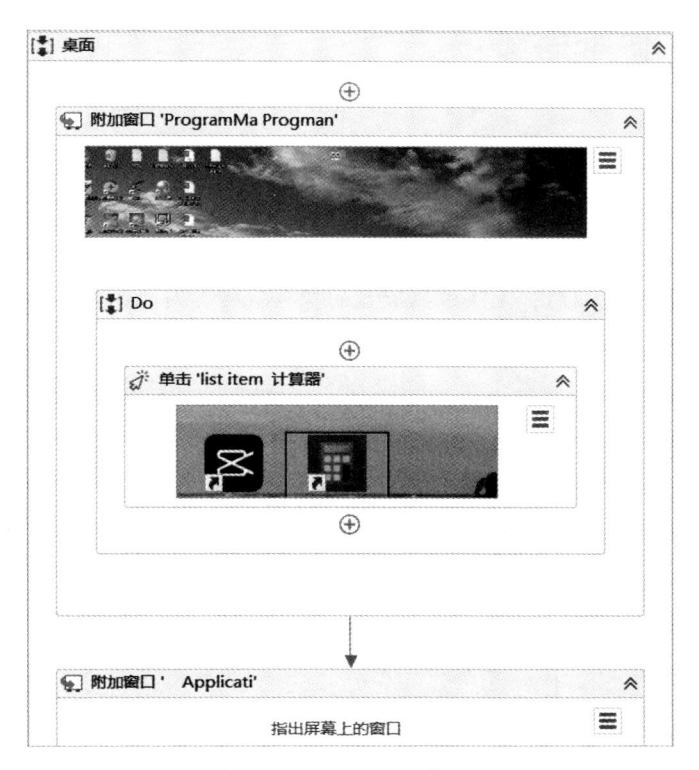

图 2-98 计算器的操作流程

（6）选中【单击'list item 计算器'】活动，在相应的属性面板中的"单击类型"下拉列表中选择"ClickType.CLICK_DOUBLE"(双击)选项,如图2-99所示。

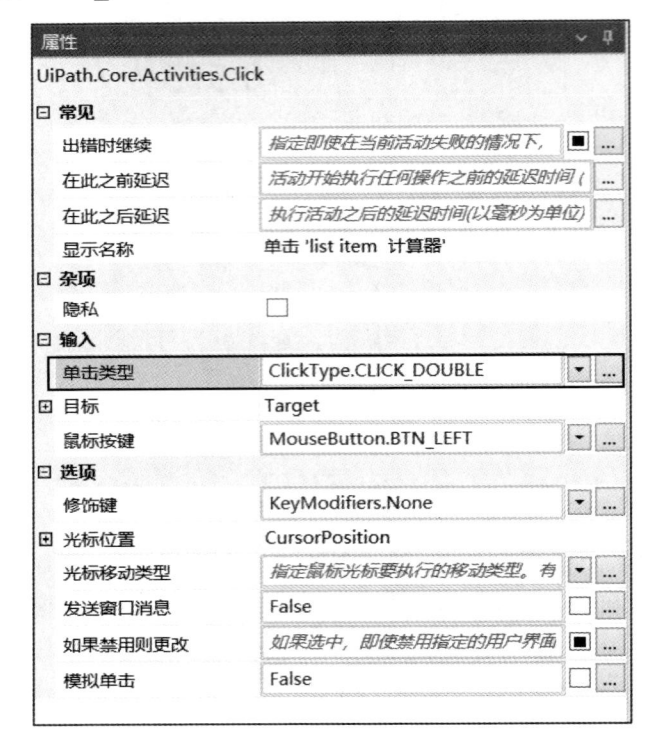

图2-99 设置【单击'list item 计算器'】活动的属性

📂 **相关说明:**

- 在自动录制操作流程时,"单击类型"默认为"CLICK SINGLE"(单击),在桌面上打开计算器程序需要双击,因此需要在属性面板中对"单击类型"进行修改。
- 在自动录制操作流程时,无法录制键盘的操作轨迹,因此在计算器界面中输入"230÷400="时,必须使用鼠标单击数字符号,不能使用键盘输入。

(7)至此,自动化流程设置完成,完整的工作流程如图2-100所示。

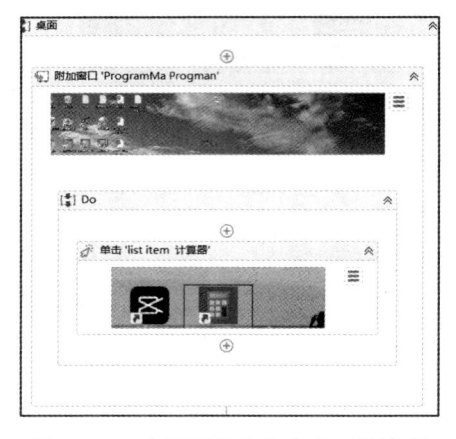

图2-100 实训任务七的完整工作流程

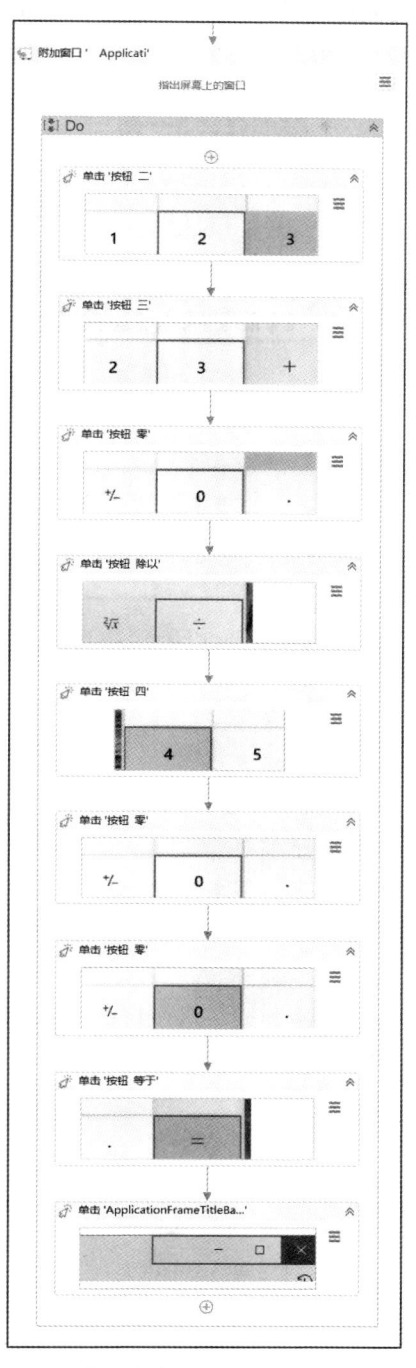

项目二　UiPath软件的安装与使用

图 2-100　实训任务七的完整工作流程（续）

任务考核评价报告

扫描二维码，可参照其制作纸质任务考核评价报告。

项目三

商务洽谈机器人

学习目标

知识目标： 了解自动读取 PDF 文本的业务流程。
了解微信秘书的业务流程。
掌握 RPA 财务机器人在自动读取 PDF 文本中的应用原理。
掌握 RPA 财务机器人在微信秘书中的应用原理。

能力目标： 能够处理自动读取 PDF 文本的工作流程。
能够处理微信秘书服务的工作流程。
能够初步运用 RPA 财务机器人对商务文本进行自动处理。

素养目标： 培养学生严谨、认真的求实精神。
帮助学生提高战略思维意识，坚持问题导向，不断提出真正解决问题的新理念、新思路、新方法。
帮助学生树立系统观念，掌握 RPA 工作流程设计中整体与局部之间的关系，提高系统思维能力。
增强学生的科技创新意识，实现科技自立自强。

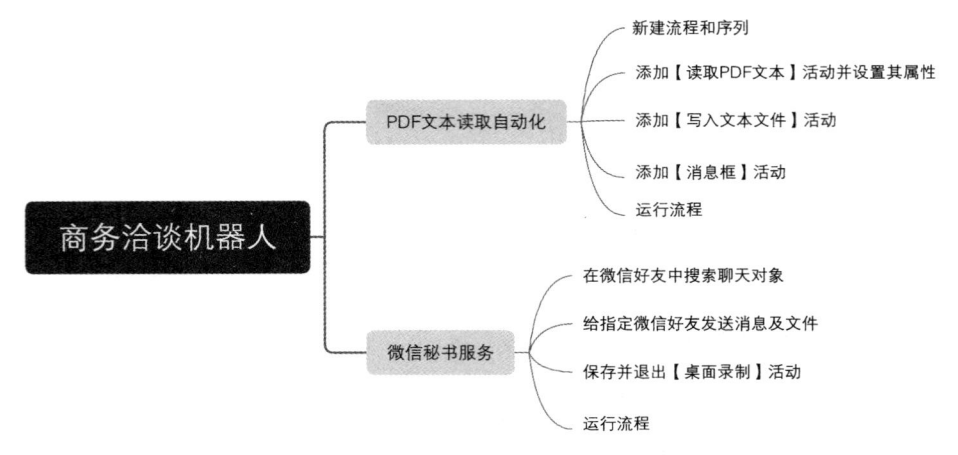

思维导图

```
                                    ┌── 新建流程和序列
                                    ├── 添加【读取PDF文本】活动并设置其属性
                    ┌─ PDF文本读取自动化 ─┼── 添加【写入文本文件】活动
                    │                │── 添加【消息框】活动
                    │                └── 运行流程
  商务洽谈机器人 ──┤
                    │                ┌── 在微信好友中搜索聊天对象
                    │                ├── 给指定微信好友发送消息及文件
                    └─ 微信秘书服务 ──┼── 保存并退出【桌面录制】活动
                                     └── 运行流程
```

项目 三　商务洽谈机器人

引导案例

一名 6 岁的女孩在跟 Amazon Echo 内置的人工智能语音助手 Alexa 聊天时，意外订下了价值 170 美元的玩具及一盒重达 4 磅的饼干。

虽然孩子的妈妈在收到一个不知从哪来的订单确认电话后立刻进行了取消操作，但该订单已经被处理了。一个跟 6 岁孩子身高几乎相同的玩偶在隔天被送来了。最后，他们无奈地决定将这个玩偶捐赠给当地儿童医院。

（资料来源：百度百家号）

案例思考：该案例给我们带来怎样的启示呢？

案例分析参考

学习指引

机器人秘书是人类设计的为自己服务的智能服务者，该款机器人能自动完成多项不同的任务，包括装订文件、开门、接电话、帮人提包等。

"你好，度秘！"，大家可以通过语音方式在手机百度中激活机器人秘书。度秘如同一个真实的秘书，用自然问答的方式可以顺利地完成订餐、预订宠物美容和购买电影票等服务。大家也可以在 QQ 群中设置机器人秘书自动定时发言。

以前，社会上只有类似企业高管等少数人才拥有秘书，而有了机器人秘书，每个人都能拥有一个功能强大的生活服务专职秘书。

本项目以商务洽谈中较为常见的两个业务应用场景（自动读取商务 PDF 文本和微信秘书报名参加培训会议）为例介绍 RPA 财务机器人（商务洽谈机器人）的应用方法。

任务一　PDF 文本读取自动化

一、任务目标

1. 掌握自动读取 PDF 文本的业务流程。
2. 掌握 UiPath 软件中 PDF 相关活动的应用方法。
3. 掌握利用 UiPath 软件自动读取 PDF 文本的工作流程和方法。

二、准备工作

1. 下载并安装 PDF 软件。
2. 将 PDF 文件 "2022 年（第三期）全国'岗课赛证'综合育人教师能力提升培训.pdf" 放置于 UiPath 软件存储本任务工作流程的文件夹中。
3. 检查 UiPath 软件中是否安装了 UiPath.PDF.Activities 程序包。

在活动区的"活动"选项卡中检索"PDF"，如果存在 PDF 的相关活动，则表示已经安装了 UiPath.PDF.Activities 程序包，如图 3-1 所示；如果不存在 PDF 的相关活动，则需要安装 UiPath.PDF.Activities 程序包。

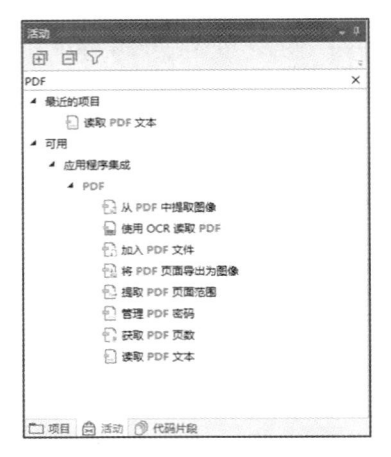

图 3-1　在"活动"选项卡中检索"PDF"

安装 UiPath.PDF.Activities 程序包的主要步骤如下。

（1）在快捷工具栏中单击"管理程序包"按钮，如图 3-2 所示。

图 3-2　单击"管理程序包"按钮

（2）打开"管理包"窗口，在左侧选择"所有包"选项，然后在中间的搜索框中搜索"PDF"，在搜索结果中找到 UiPath.PDF.Activities 程序包（注意其图标为 Ui），单击"安装"按钮。

（3）在安装成功后，"安装"按钮会变为"卸载"按钮，如图 3-3 所示，然后单击"保存"按钮。

图 3-3　安装 UiPath.PDF.Activities 程序包

三、任务引例

中联公司是国内的一家教育科技公司，主营业务为教育培训、软件开发与销售，服务对象为全国高等教育院校和职业教育院校。现在中联公司通过电子邮件向其服务的院校教师发出 PDF 文件"2022 年（第三期）全国'岗课赛证'综合育人教师能力提升培训.pdf"。××职业学院的教师收到了该培训通知的电子邮件，有意向参加此次培训，现在需要使用 RPA 财务机器人快速了解此次培训的授课形式。

四、操作过程与步骤

【业务流程】

获取 PDF 文件内容的业务流程如图 3-4 所示。

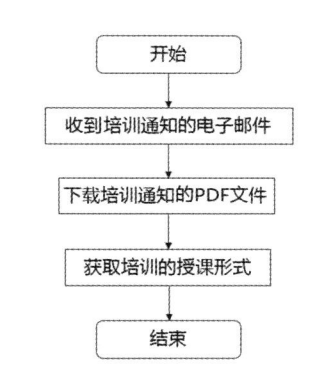

图 3-4　获取 PDF 文件内容的业务流程

【操作步骤】

1. 新建流程和序列

（1）新建流程。打开 UiPath 软件，在主界面中新建一个空白流程，将其命名为"项目三　商务洽谈机器人"。

（2）新建序列。进入"设计"界面，新建一个序列，将其命名为"商务 PDF 文本读取"，分别如图 3-5 和图 3-6 所示。

视频操作微课：
3-1 PDF 文本读取

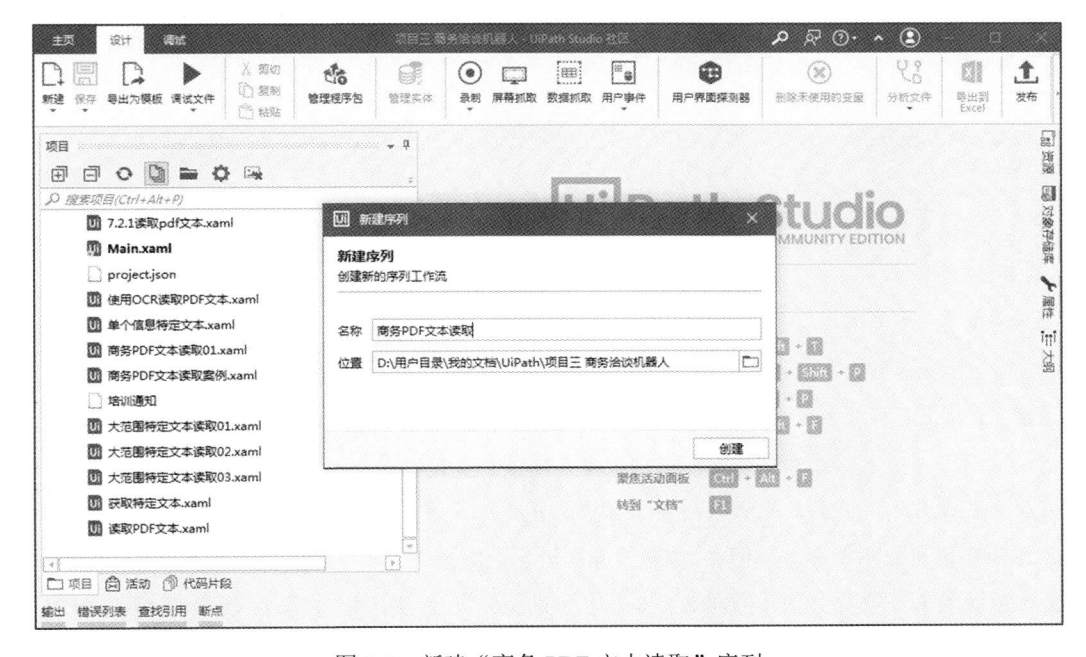

图 3-5　新建"商务 PDF 文本读取"序列

图 3-6 "商务 PDF 文本读取"序列

2. 添加【读取 PDF 文本】活动并设置其属性

(1) 添加【读取 PDF 文本】活动。在活动区中选择"活动"选项卡，搜索并选中【读取 PDF 文本】活动，将其放置于（双击或拖曳）"商务 PDF 文本读取"序列中，如图 3-7 所示。此时，开发区工作流程的右上角会出现感叹号，因为【读取 PDF 文本】活动的相关内容未输入，在输入相关内容后，感叹号会自动消失。

图 3-7 添加【读取 PDF 文本】活动

(2) 选择 PDF 文件。在开发区的【读取 PDF 文本】活动中单击"浏览文件"按钮，如图 3-8 所示，弹出"选择 PDF 文件"对话框，在指定文件夹中选择"2022 年（第三期）全国'岗课赛证'综合育人教师能力提升培训.pdf"文件，单击"打开"按钮，如图 3-9 所示。

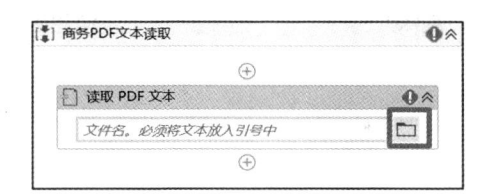

图 3-8　单击"浏览文件"按钮

图 3-9　选择要读取的 PDF 文件

（3）创建变量。在开发区中选中"商务 PDF 文本读取"序列，然后选择"变量"选项卡，创建一个新变量，将"名称"设置为"读取文本"，"变量类型"和"范围"均采用默认值，如图 3-10 所示。

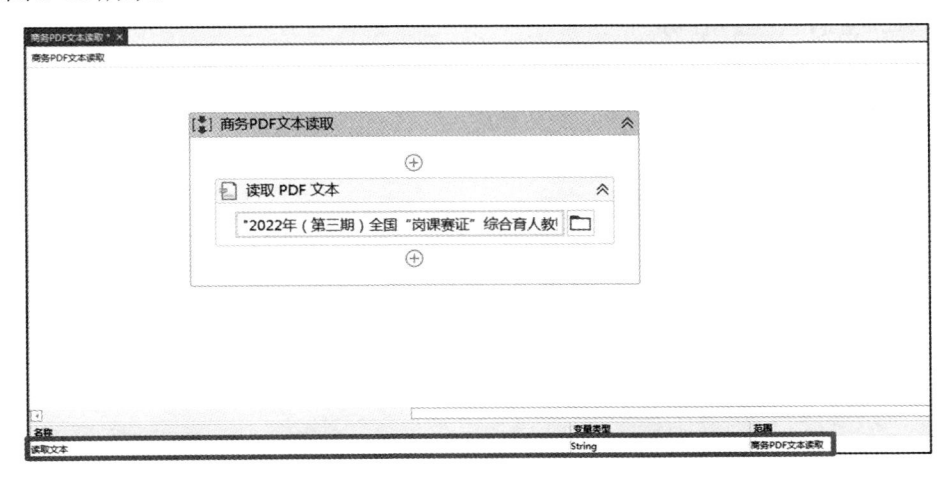

图 3-10　创建"读取文本"变量

（4）设置属性。在选择 PDF 文件后，在【读取 PDF 文本】活动的属性面板中，"文件"节点下的"文件名"自动显示为"2022 年（第三期）全国'岗课赛证'综合育人教师能力提升培训.pdf"，在"输入"节点下的"范围"文本框中将""All""修改为""2""，在"输出"节点下的"文本"文本框中输入变量"读取文本"，如图 3-11 所示。

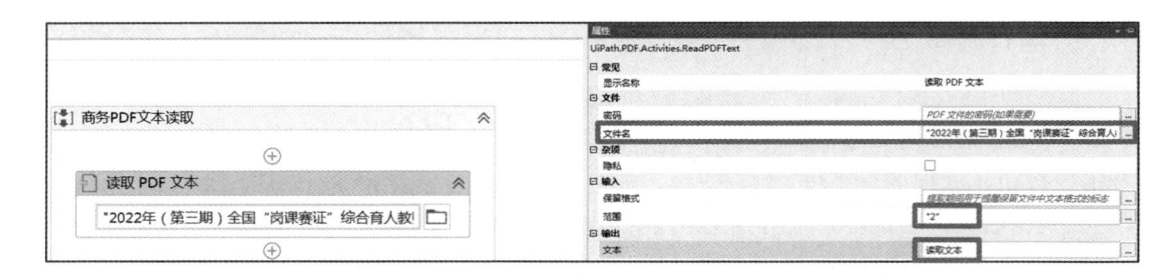

图 3-11 设置【读取 PDF 文本】活动的属性

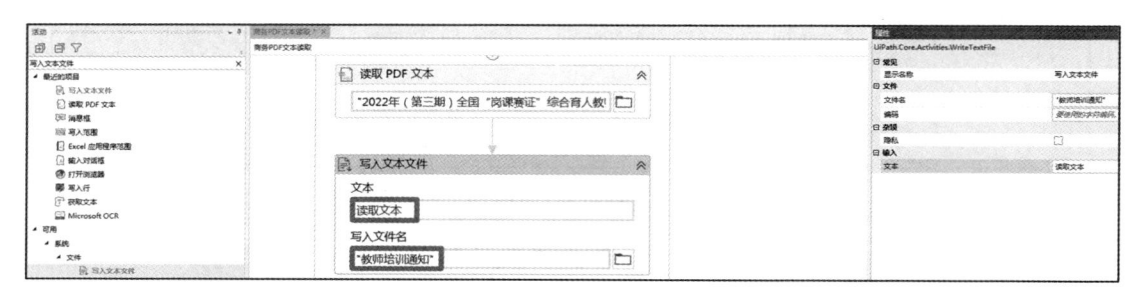

3. 添加【写入文本文件】活动

添加【写入文本文件】活动，将其放置于【读取 PDF 文本】活动下方，在"文本"文本框中输入变量"读取文本"，在"写入文件名"文本框中输入""教师培训通知""，如图 3-12 所示。

图 3-12 添加【写入文本文件】活动

4. 添加【消息框】活动

添加【消息框】活动，将其放置于【写入文本文件】活动下方，输入变量"读取文本"，如图 3-13 所示。

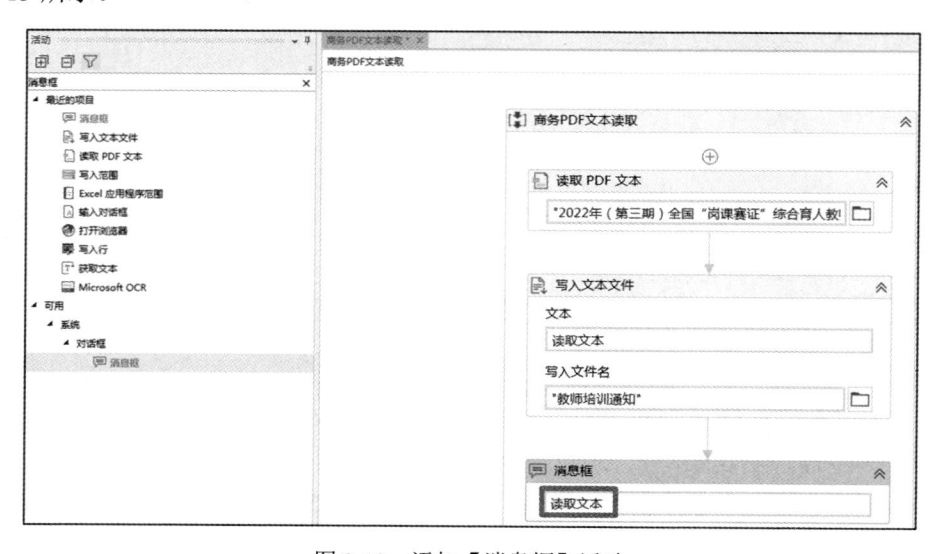

图 3-13 添加【消息框】活动

5. 运行流程

（1）在快捷工具栏中单击"调试文件"下拉按钮，在弹出的下拉列表中选择"运行文件"选项，弹出"消息框"对话框，显示 PDF 文件中第 2 页的文本内容，如图 3-14 所示，单击"确定"按钮，流程运行结束。

（2）在活动区中选择"项目"选项卡，单击"刷新"按钮，在活动区的项目文件列表中就会出现"教师培训通知.txt"文件，如图 3-15 所示；双击打开该文件，显示 PDF 文件中第 2 页的文本内容，如图 3-16 所示，据此可知授课形式为"视频直播课程+实训平台操作+在线答疑"。

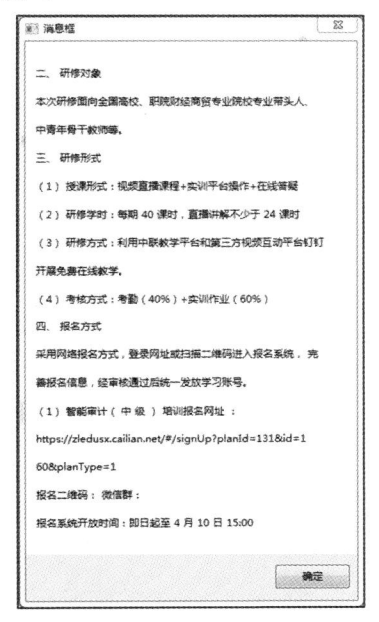

图 3-14　显示 PDF 文件中第 2 页的文本内容　　图 3-15　刷新显示"教师培训通知.txt"文件

（3）本任务的完整工作流程如图 3-17 所示。

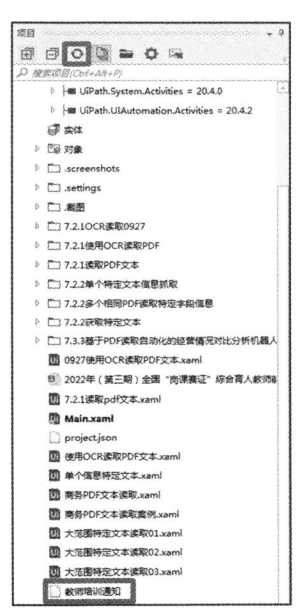

图 3-16　"教师培训通知.txt"文本文件中的内容　　图 3-17　PDF 文本读取自动化的完整工作流程

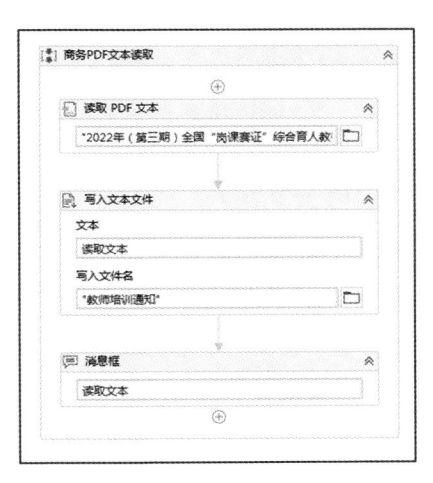

五、易错问题解析

本任务的易错问题解析如表 3-1 所示。

表 3-1　易错问题解析

问 题 出 处	问 题 描 述	问 题 解 析
准备工作	活动区中检索不到 PDF 的相关活动	检查是否安装了 UiPath.PDF.Activities 程序包，可以尝试再次安装
任务引例	在电子邮件中下载的 PDF 文件无法打开	检查 PDF 软件是否正确安装
添加【读取 PDF 文本】活动并设置其属性	在计算机的指定文件夹中找不到要读取的 PDF 文件	检查是否提前将下载的 PDF 文件存储于指定文件夹中，为了方便寻找，可以将 PDF 文件提前存储于计算机桌面上
添加【写入文本文件】活动	在"文本"文本框中输入变量"读取文本"或在"写入文件名"文本框中输入""教师培训通知""时提示错误	在"文本"文本框中输入的内容不带引号，在"写入文件名"文本框中输入的内容要用英文双引号引起来
运行流程	在运行工作流程时提示变量错误	在设置【读取 PDF 文本】活动的属性时，在"输出"节点下的"文本"文本框中直接输入变量"读取文本"，不要重复创建变量
运行流程	弹出的"消息框"对话框中的文本内容是整个 PDF 文件中的文本内容	在设置【读取 PDF 文本】活动的属性时，检查"输入"节点下的"范围"文本框中是否为""2""，检查输入内容是否带英文双引号

任务考核评价报告

扫描二维码，可参照其制作纸质任务考核评价报告。

任务二　微信秘书服务

一、任务目标

1. 掌握微信秘书报名参加培训会议的业务流程。
2. 掌握利用 UiPath 软件应用微信秘书的流程和方法。

二、准备工作

1. 熟悉 UiPath 软件的基本操作。
2. 能独立应用简单的 UiPath 工作流程。
3. 在计算机中安装微信客户端，登录个人微信账号，在微信好友中将一个人的备注设置为"中联公司客服"。
4. 将 Word 文档"附件 2 参会代表信息回执表.docx"存储于计算机桌面上。

三、任务引例

××职业学院的教师收到了中联公司培训通知的电子邮件，现在需要参加此次培训，应用微信秘书向中联公司客服报名参加培训会议。

四、操作过程与步骤

【业务流程】

微信秘书报名参加培训会议的业务流程如图 3-18 所示。

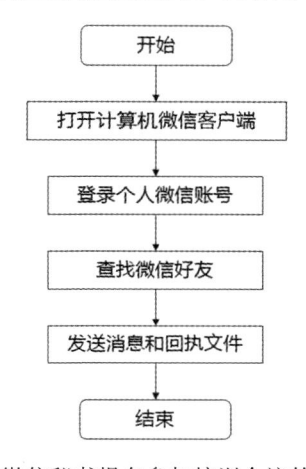

图 3-18　微信秘书报名参加培训会议的业务流程

【操作步骤】

1. 在微信好友中搜索聊天对象

（1）新建序列。打开 UiPath 软件，在"项目三 商务洽谈机器人"流程中新建一个"微信秘书服务"序列。

（2）添加【桌面录制】活动。在快捷工具栏中单击"录制"下拉按钮，在弹出的下拉列表中选择"桌面"选项，即可进入桌面录制状态，如图 3-19 所示。

图 3-19　添加【桌面录制】活动

(3)开始【桌面录制】活动。在进入桌面录制状态后,会自动弹出"桌面录制"工具栏,单击"单击"按钮,如图 3-20 所示。

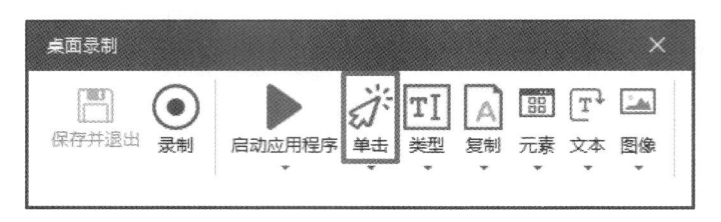

图 3-20　单击"单击"按钮

(4)在微信客户端的好友列表中搜索聊天对象。将鼠标指针移动到微信好友搜索框处,会自动出现一个黄色方框,单击确认选择的区域,如图 3-21 所示。

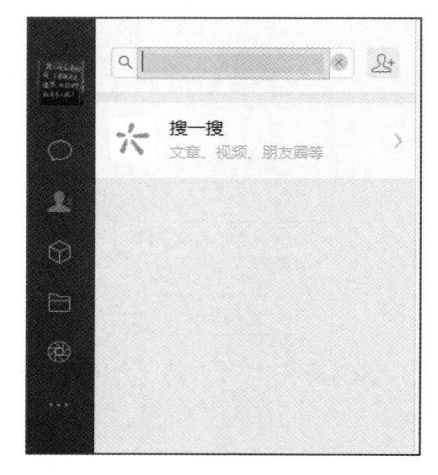

图 3-21　确认选择的区域

(5)系统自动返回"桌面录制"工具栏,单击"录制"按钮,开始录制后续的计算机桌面操作,如图 3-22 所示。

图 3-22　单击"录制"按钮

(6)通过关键词搜索微信好友。将鼠标指针移动到微信好友搜索框处并单击,弹出"输入所需值"面板,在搜索框中输入关键词"中联",并且勾选"空字段"复选框,按 Enter 键确认,如图 3-23 所示。

(7)确认需要发送消息的微信好友。通过关键词找到微信好友中的"中联公司客服",单击黄色方框确认,如图 3-24 所示。

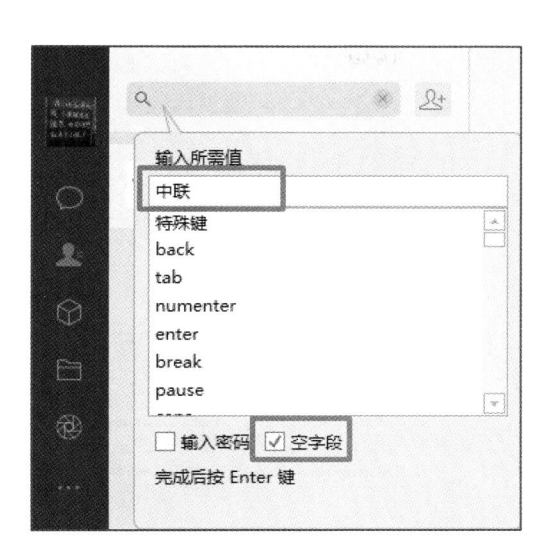

图 3-23 通过关键词搜索微信好友 　　　　图 3-24 确认需要发送消息的微信好友

2. 给指定微信好友发送消息及文件

（1）输入拟发送消息。在找到并确认好友"中联公司客服"后，打开与其聊天的对话框，将鼠标指针移动到聊天发送消息处，会出现黄色方框，如图 3-25 所示。在聊天发送消息处单击，弹出"输入所需值"面板，输入"您好，我是××职业学院的周老师，拟参加此次培训，现将培训回执发给您。"，并且勾选"空字段"复选框，按 Enter 键确认，如图 3-26 所示。

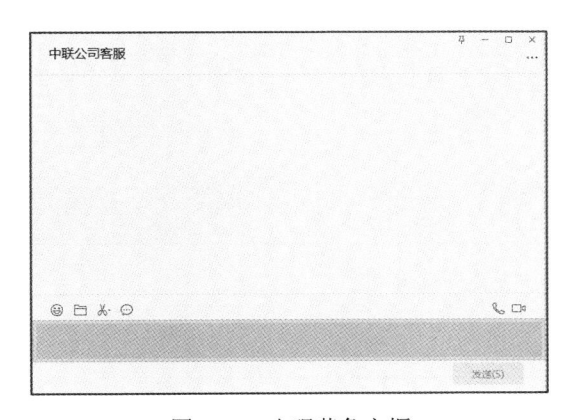

图 3-25 出现黄色方框 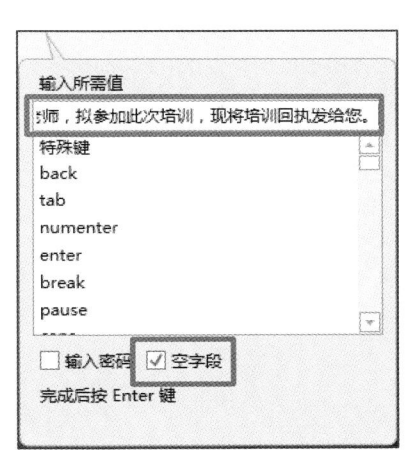　　　　图 3-26 "输入所需值"面板

（2）选择拟发送的文件。微信聊天界面的黄色方框中会显示刚输入的消息，单击"发送文件"按钮 ▣，如图 3-27 所示，弹出"打开"对话框，选择拟发送的文件，找到计算机桌面上的"附件 2 参会代表信息回执表.docx"文件，单击"打开"按钮，如图 3-28 所示。

图 3-27 单击"发送文件"按钮

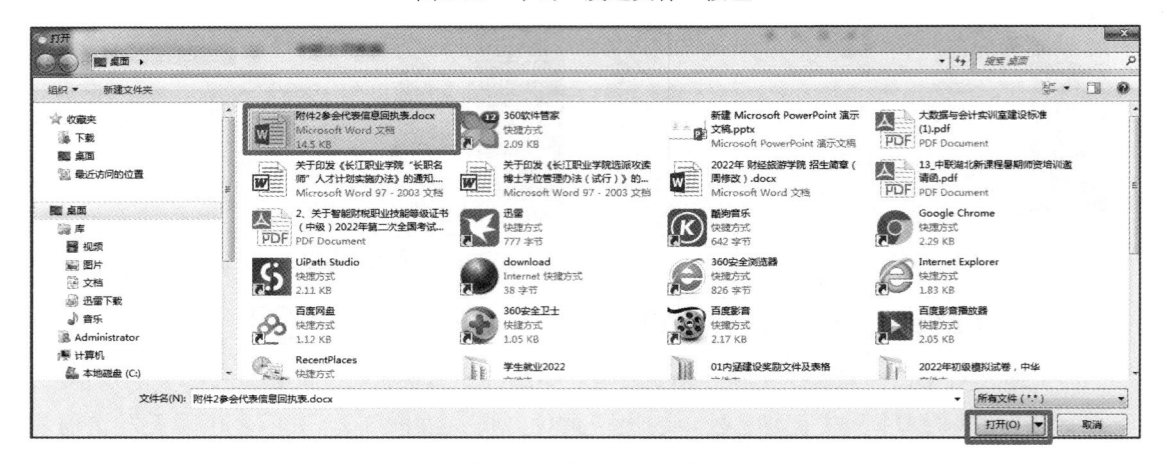

图 3-28 "打开"对话框

（3）发送消息和文件。返回微信聊天界面，拟发送消息和"附件 2 参会代表信息回执表.docx"文件均已出现在聊天发送信息处，单击"发送"按钮，如图 3-29 所示，显示消息和文件均发送成功，如图 3-30 所示。

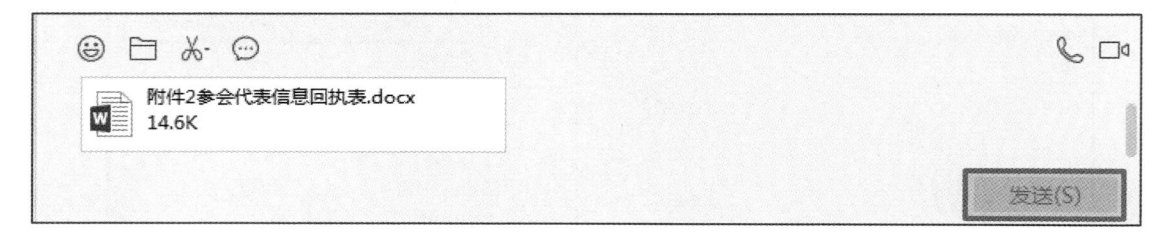

图 3-29 单击"发送"按钮

📁 **相关说明：**

在录制计算机桌面操作时，无法录制键盘的操作轨迹，因此此处必须使用鼠标单击"发送"按钮，不能通过在键盘上按 Enter 键发送。

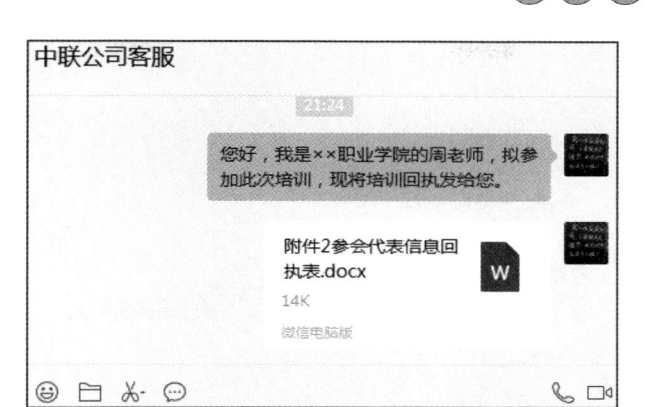

图 3-30　消息和文件均发送成功

3. 保存并退出【桌面录制】活动

按 ESC 键退出【桌面录制】活动，弹出"桌面录制"工具栏，单击"保存并退出"按钮，如图 3-31 所示。

图 3-31　单击"保存并退出"按钮

4. 运行流程

在快捷工具栏中单击"调试文件"下拉按钮，在弹出的下拉列表中选择"运行文件"选项，运行工作流程，运行结果如图 3-32 所示。本任务的完整工作流程如图 3-33 所示。

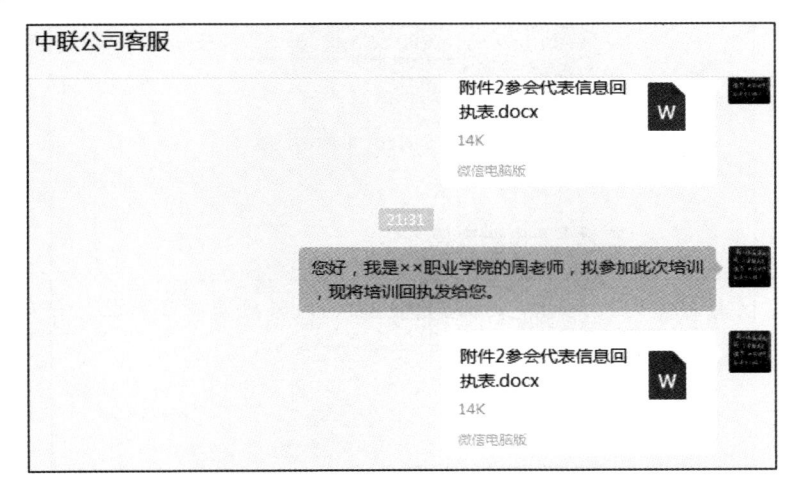

图 3-32　工作流程的运行结果

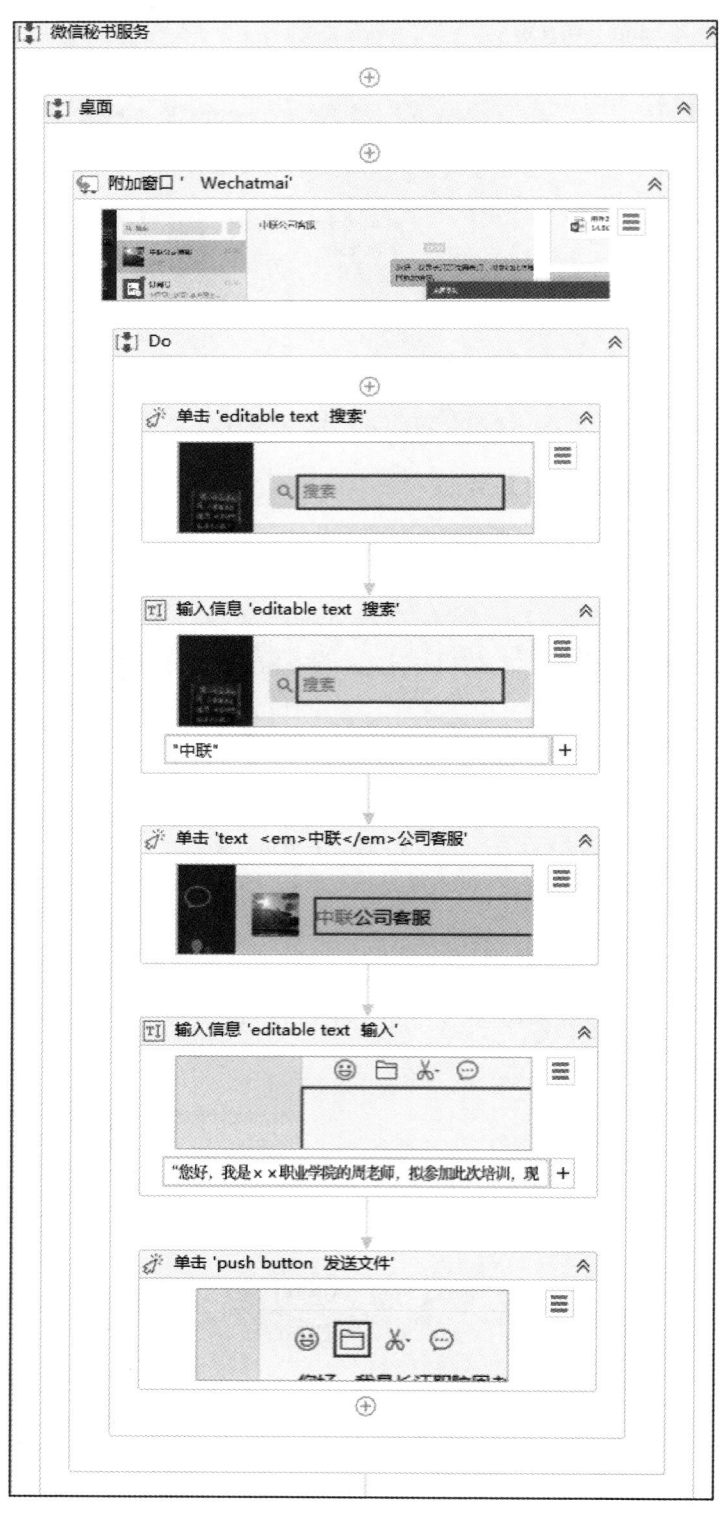

图 3-33 微信秘书服务的完整工作流程

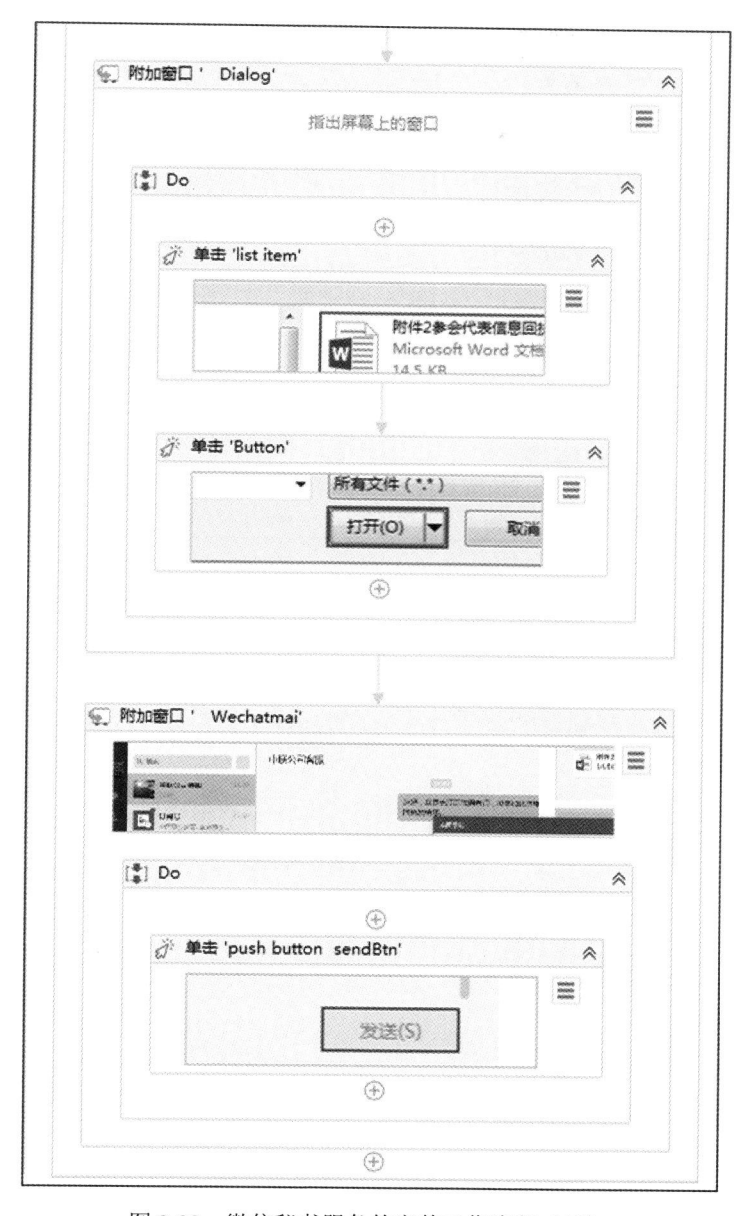

图 3-33　微信秘书服务的完整工作流程（续）

五、易错问题解析

本任务的易错问题解析如表 3-2 所示。

表 3-2　易错问题解析

问 题 出 处	问 题 描 述	问 题 解 析
在微信好友中搜索聊天对象	将"微信秘书服务"序列错误新建为项目	本任务延续任务一的操作，应在"项目三 商务洽谈机器人"流程中新建一个"微信秘书服务"序列

续表

问题出处	问题描述	问题解析
在微信好友中搜索聊天对象	在进入桌面录制状态后，无法选中微信好友搜索框	需要提前登录计算机微信客户端，并且保持在好友列表界面中，便于选中正确的位置
在微信好友中搜索聊天对象	在桌面录制过程中，当通过关键词搜索微信好友时，未弹出"输入所需值"面板而直接输入	必须将鼠标指针精准放到微信好友搜索框处并单击，在弹出"输入所需值"面板后，才可以输入关键词，如果操作不成功，则需要重新录制
给指定微信好友发送消息及文件	在选择拟发送的文件时，找不到计算机桌面上的"附件2参会代表信息回执表.docx"文件	在进行准备工作时，未将"附件2参会代表信息回执表.docx"文件提前存储于计算机桌面上
给指定微信好友发送消息及文件	在桌面录制过程中，发送消息及文件成功；在运行工作流程时，发送消息及文件不成功	在微信中，习惯通过按Enter键发送消息及文件，但【桌面录制】活动无法录制键盘的操作轨迹，必须用鼠标单击"发送"按钮
保存并退出【桌面录制】活动	桌面录制不顺利，需要重新录制，但按ESC键退出了录制	当桌面录制不顺利，需要重新录制时，直接连续按两次ESC键，即可重新进入桌面录制状态

任务考核评价报告

扫描二维码，可参照其制作纸质任务考核评价报告。

项目四

财务报告邮件处理机器人

学习目标

知识目标： 了解财务报告邮件处理机器人的基础知识。

掌握 RPA 财务机器人进行邮件的自动读取和发送的原理。

能力目标： 能够应用 RPA 财务机器人处理财务报告邮件。

素质目标： 培养学生的团队协作能力。

帮助学生树立系统观念，掌握 RPA 工作流程设计中特殊和一般之间的关系，提高创新思维能力。

培养学生独立自主探索和实践的精神。

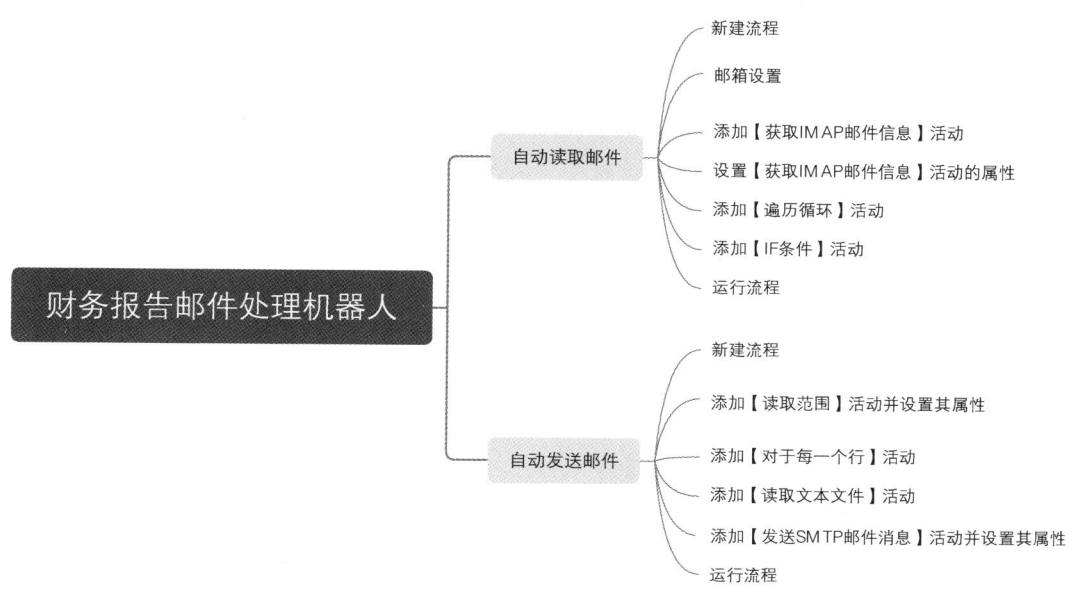

思维导图

财务报告邮件处理机器人
- 自动读取邮件
  - 新建流程
  - 邮箱设置
  - 添加【获取IMAP邮件信息】活动
  - 设置【获取IMAP邮件信息】活动的属性
  - 添加【遍历循环】活动
  - 添加【IF条件】活动
  - 运行流程
- 自动发送邮件
  - 新建流程
  - 添加【读取范围】活动并设置其属性
  - 添加【对于每一个行】活动
  - 添加【读取文本文件】活动
  - 添加【发送SMTP邮件消息】活动并设置其属性
  - 运行流程

> **RPA** 财务机器人应用——基于 UiPath

📖 引导案例

九好集团的主要业务是为供应商及客户搭建一个整合平台，为客户量身提供餐饮、物业等后勤托管服务。从 2015 年开始，九好集团开始谋求上市，其通过各种虚假手段实施财务报告造假，虚增 2013 年到 2015 年服务费收入 2.65 亿元，虚增 2015 年贸易收入 57 万余元，虚构银行存款 3 亿元。为了掩饰资金缺口，九好集团借款购买理财持平产品或定期存单，并且立即为借款方、关联方公司质押担保。2016 年，九好集团被立案调查。

对于九好集团的违法行为，证监会将其定性为涉案金额巨大、手段极其恶劣、违法情节特别严重。

（资料来源：上市公司财务造假稽查典型案例剖析.爱研究的厚德信.知乎）

案例思考：该案例给我们带来怎样的启示呢？

案例分析参考

📖 学习指引

电子邮件（E-mail）是一种进行信息交换的通信方式，是一种应用广泛的互联网服务。通过基于互联网的电子邮件系统，用户可以用非常低廉的价格、非常快捷的方式，与世界上的任意一个网络用户联系。常用的 E-mail 工具有 QQ 邮箱、Outlook、Gmail、Hotmail 等。作为日常生活和工作中的重要交流工具，很多事务都是由 E-mail 触发的，因此，我们需要经常读取邮件、下载邮件附件和发送邮件。

常见的 E-mail 协议有 SMTP（简单邮件传输协议）、POP3（邮局协议版本 3）、IMAP（互联网邮件访问协议），这几种协议都是由 TCP/IP 协议定义的。在机器人流程自动化时代，自动化读取、下载和发送 E-mail 成为最重要的 RPA 应用之一，它能够为用户节省时间、提高效率。本项目以 QQ 邮箱为工具进行讲解。

任务一　自动读取邮件

一、任务目标

1. 能够应用 RPA 财务机器人自动读取邮件。
2. 能够综合运用 RPA 财务机器人的各项功能实现财务报告邮件的自动筛选、下载和存储。

二、准备工作

1. 安装的 UiPath 软件符合操作要求。
2. 了解邮件读取自动化的基本功能。
3. 注册一个 QQ 邮箱，并且了解其使用方法。
4. 在 D 盘新建一个名称为"uipath—data"的文件夹，用于存储数据。

三、任务引例

在 QQ 邮箱的收件箱中自动读取最近 20 封邮件，搜索主题中包含"资金收支计划表"的邮件，下载其附件，并且将其存储于 D 盘的"uipath—data"文件夹中。

四、操作过程与步骤

【业务流程】

自动读取邮件的业务流程如图 4-1 所示。

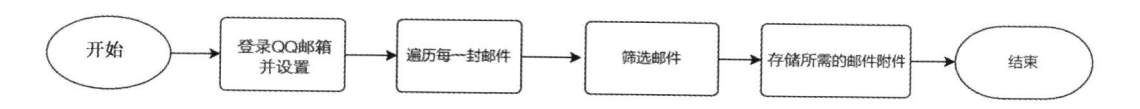

开始 → 登录QQ邮箱并设置 → 遍历每一封邮件 → 筛选邮件 → 存储所需的邮件附件 → 结束

图 4-1 自动读取邮件的业务流程

【操作步骤】

1. 新建流程

打开 UiPath 软件，在主界面的"新建项目"列表框中选择"流程"选项，弹出"新建空白流程"对话框，在"名称"文本框中输入"邮件处理机器人_任务 1"，"位置"参数采用默认设置，单击"创建"按钮，如图 4-2 所示。

视频操作微课：
4-1 邮箱的配置

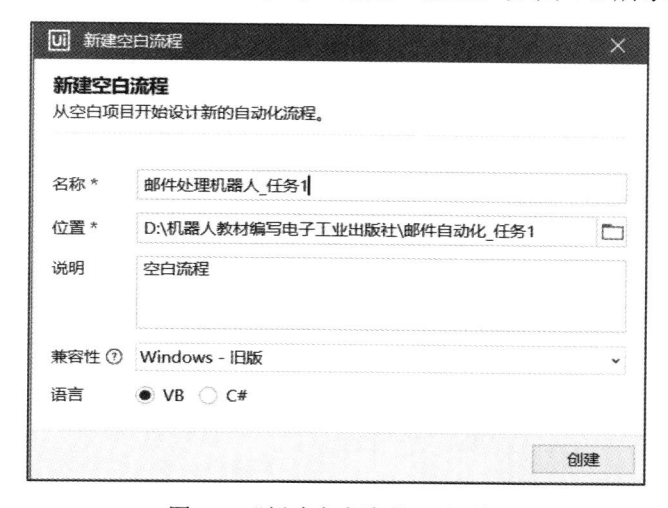

图 4-2 "新建空白流程"对话框

2. 邮箱设置

登录 QQ 邮箱，进入邮箱设置界面，选择"帐户"[①]选项卡，在"POP3/IMAP/SMTP/Exchange/CardDAV/CalDAV 服务"选区中开启 IMAP/SMTP 服务，如图 4-3 所示。弹出"验

---

① "帐户"的正确写法为"账户"。

证密保"对话框，按照该对话框中的操作提示发送验证短信，然后单击"我已发送"按钮，系统会生成授权码，保存该授权码，以后可以在 UiPath 软件中使用该授权码登录邮箱。

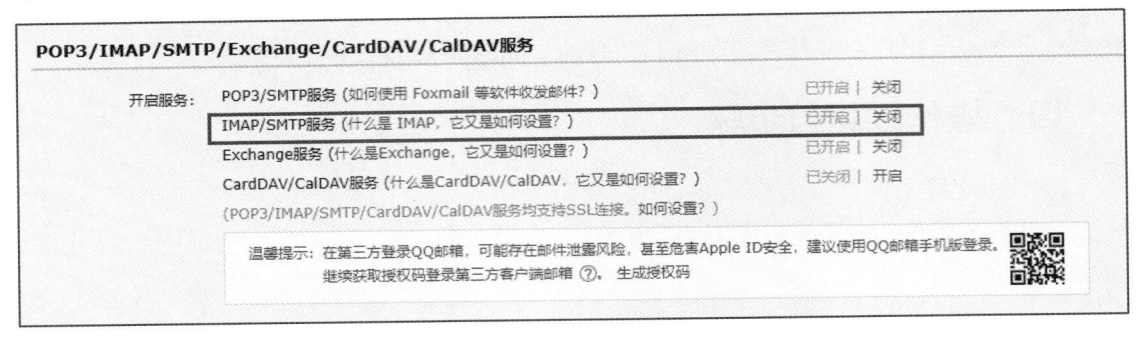

图 4-3 开启 IMAP/SMTP 服务

3. 添加【获取 IMAP 邮件信息】活动

新建一个序列，将其命名为"邮件自动化处理_任务 1"，在活动区中选择"活动"选项卡，搜索"邮件"，在搜索结果中选中【获取 IMAP 邮件信息】活动并将其拖曳至"邮件自动化处理_任务 1"序列中，如图 4-4 所示。

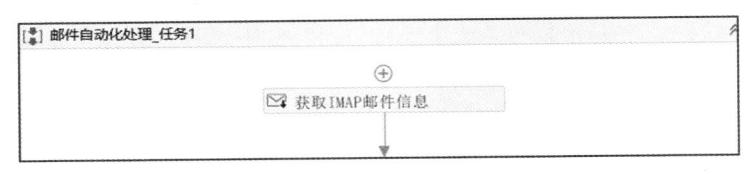

图 4-4 添加【获取 IMAP 邮件信息】活动

4. 设置【获取 IMAP 邮件信息】活动的属性

单击【获取 IMAP 邮件信息】活动，进行以下 4 部分的属性设置。

（1）"主机"设置。将"服务器"设置为""imap.qq.com""，将"端口"设置为"993"，如图 4-5 所示。

（2）"登录"设置。将"电子邮件"设置为邮箱地址，将"密码"设置为前述步骤收到的授权码，如图 4-6 所示。

视频操作微课：
4-2 读取邮件及附件下载

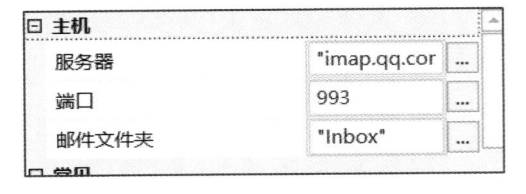

图 4-5 "主机"设置

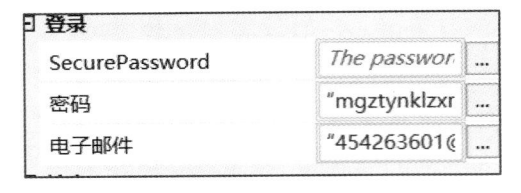

图 4-6 "登录"设置

> **相关说明：**
>
> 图 4-6 中的邮箱为演示用邮箱，读者在进行实训时需要根据实际情况填写邮箱地址。

（3）"选项"设置。"删除消息"是指删除已读邮件，本任务不勾选该复选框；"标记为已读"是指标记所读邮件，本任务勾选该复选框；"仅限未读消息"是指只处理未读邮件，本任务勾选该复选框；"顶部"是指只处理最近的邮件数，本任务将其设置为"20"，如图 4-7 所示。

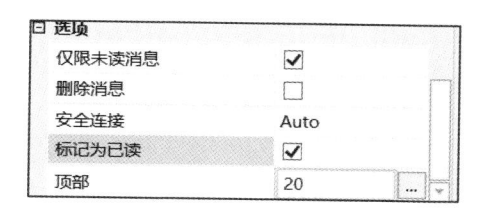

图 4-7 "选项"设置

（4）"输出"设置。"消息"属性主要用于设置读取邮件的变量，便于未来调用。按快捷键"Ctrl+K"创建变量"收取到的邮件"，将"变量类型"设置为"System.Collection.Generic.List<System.Net.Mail.MailMessage>"，如图 4-8 所示。

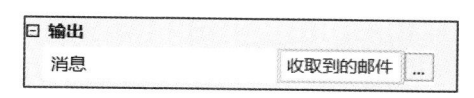

图 4-8 "输出"设置

5．添加【遍历循环】活动

在活动区中选择"活动"选项卡，搜索"遍历"，在搜索结果中选中【遍历循环】活动并将其拖曳至【获取 IMAP 邮件信息】活动下方。

对【遍历循环】活动进行设置，以便读取每一封未读邮件。设置"遍历循环"为"邮件"，设置"输入"为前面创建的变量"收取到的邮件"，如图 4-9 所示。

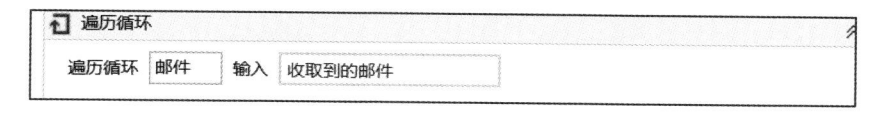

图 4-9 设置【遍历循环】活动

6．添加【IF 条件】活动

用【IF 条件】活动对邮件进行筛选。在活动区中选择"活动"选项卡，搜索"IF 条件"，在搜索结果中选中【IF 条件】活动并将其拖曳至【遍历循环】活动的"正文"区域内。

（1）设置"条件"区域。在本任务中，我们需要自动读取最近 20 封邮件，下载主题中包含"资金收支计划表"的邮件的附件，并且将其存储于 D 盘的"uipath—data"文件夹中。我们将"条件"设置为邮件主题中包含"资金收支计划表"，即"邮件.Subject.Contains("资金收支计划表")"。

📁 **相关说明：**

本任务使用的是演示用邮件主题，读者在进行实训时需要根据实际情况选择邮件主题关键词。

（2）设置"Then"区域。在活动区中选择"活动"选项卡，搜索"保存附件"，在搜索结果中选中【保存附件】活动并将其拖曳至"Then"区域内。对【保存附件】活动进行设置，设置"邮件信息"为"邮件"，设置保存附件的路径为""D:\uipath—data""，如图 4-10 所示。

图 4-10　设置【IF 条件】活动

7. 运行流程

在快捷工具栏中单击"调试文件"下拉按钮，在弹出的下拉列表中选择"运行文件"选项，运行工作流程，运行结果如图 4-11 所示，可以看到，主题中包含"资金收支计划表"的邮件的附件已经被成功下载至"D:\uipath—data"文件夹中。本任务的完整工作流程如图 4-12 所示。

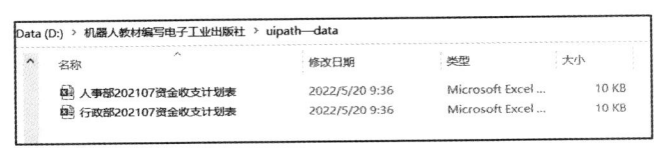

图 4-11　工作流程的运行结果

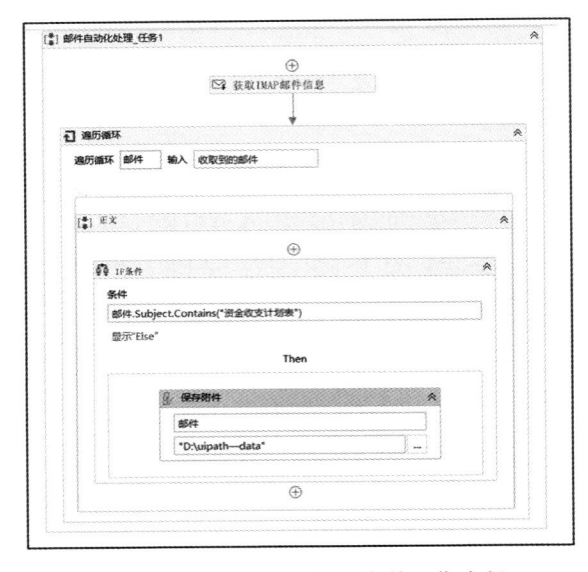

图 4-12　自动读取邮件的完整工作流程

五、易错问题解析

本任务的易错问题解析如表 4-1 所示。

表 4-1　易错问题解析

问题出处	问题描述	问题解析
设置【获取 IMAP 邮件信息】活动的属性	在运行工作流程时，提示邮箱密码报错	在进行"登录"设置时，登录邮箱中的密码不是 QQ 邮箱的密码，而是收到的授权码，授权码较长，在输入时务必保证准确
设置【获取 IMAP 邮件信息】活动的属性	在运行工作流程时，提示读者自己使用的邮箱有问题	在进行"登录"设置时，读者使用的邮箱服务器地址要与"主机"设置的服务器地址保持一致，本任务中为 QQ 邮箱地址
设置【获取 IMAP 邮件信息】活动的属性	在运行工作流程时，提示邮箱服务器地址有问题	在进行"主机"设置时，邮箱服务器地址应为 imap.qq.com，端口号应为 993
设置【获取 IMAP 邮件信息】活动的属性	在运行工作流程时，提示变量报错	在进行"输出"设置时，检查变量"收取到的邮件"的类型是否为 System.Collection.Generic.List<System.Net.Mail.MailMessage>，不要重复创建变量

任务考核评价报告

扫描二维码，可参照其制作纸质任务考核评价报告。

任务二　自动发送邮件

一、任务目标

1．掌握运用 RPA 财务机器人自动发送邮件的方法。
2．掌握 Format 函数的使用方法。

二、准备工作

1．安装的 UiPath 软件符合操作要求。
2．了解邮件自动化的基本功能。
3．注册一个 QQ 邮箱，并且了解其使用方法。
4．在 D 盘中新建一个名称为"uipath—data"的文件夹，用于存储数据。

三、任务引例

使用 QQ 邮箱向员工邮箱发送相应的工资条信息。邮件格式模板如下。
尊敬的张三：
　　您 12 月的基础工资是 4000 元，岗位工资是 1200 元，应发工资是 5200 元。
　　祝好！
员工的工资条信息如表 4-2 所示（注意：在测试流程时，要使用具体的邮箱地址）。

表 4-2 员工的工资条信息

姓　名	月　份	基础工资/元	岗位工资/元	应发工资/元	邮　　　箱
张三	12	4000	1200	5200	读者自己的邮箱
李四	12	3500	1000	4500	读者自己的邮箱
王五	12	3600	1100	4700	读者自己的邮箱
赵六	12	4200	1500	5700	读者自己的邮箱

四、操作过程与步骤

【业务流程】

自动发送邮件的业务流程如图 4-13 所示。

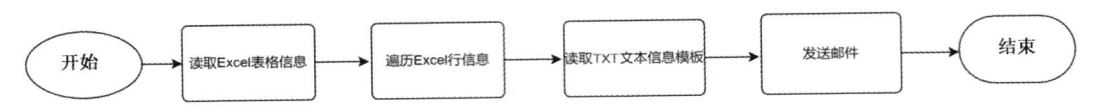

开始 → 读取Excel表格信息 → 遍历Excel行信息 → 读取TXT文本信息模板 → 发送邮件 → 结束

图 4-13 自动发送邮件的业务流程

【操作步骤】

1. 新建流程

新建一个空白流程，将其命名为"邮件处理机器人_任务 2"。

2. 添加【读取范围】活动并设置其属性

新建一个序列，将其命名为"邮件自动化处理_任务 2"，然后添加工作簿中的【读取范围】活动，单击【读取范围】活动中的"浏览文件"按钮，选择要读取的文件"工资.xlsx"，完成打开文件路径的设置，如图 4-14 所示。

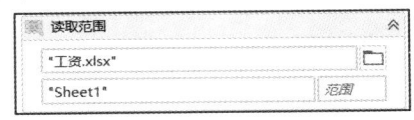

图 4-14 添加【读取范围】活动

在【读取范围】活动的属性面板中，"工作表名称"采用默认的工作表名称""Sheet1""，勾选"添加标头"复选框，如图 4-15 所示。在"数据表"文本框中使用快捷键"Ctrl+K"创建一个变量"工资数据"，设置"变量类型"为"DataTable"、"范围"为"邮件自动化处理_任务 2"，如图 4-16 所示。

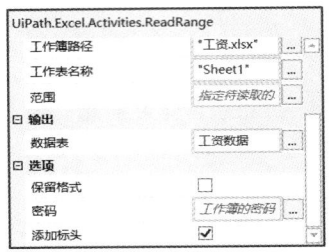

图 4-15 设置【读取范围】活动的属性

视频操作微课：
4-3 发送工资条

名称	变量类型	范围	默认值
工资数据	DataTable	邮件自动化处理_任务2	输入 VB 表达式

图 4-16　创建变量"工资数据"

3. 添加【对于每一个行】活动

在【读取范围】活动下方添加一个【对于每一个行】活动，在"输入"文本框中输入前述步骤创建的变量"工资数据"，如图 4-17 所示。

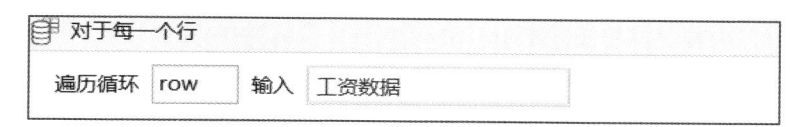

图 4-17　添加【对于每一个行】活动

4. 添加【读取文本文件】活动

在【对于每一个行】活动的"正文"区域内添加一个【读取文本文件】活动，单击"浏览文件"按钮，选择要读取的文件"工资文本.txt"，完成打开文件路径的设置，如图 4-18 所示。同时，使用快捷键"Ctrl+K"创建变量"工资文本"，如图 4-19 所示。

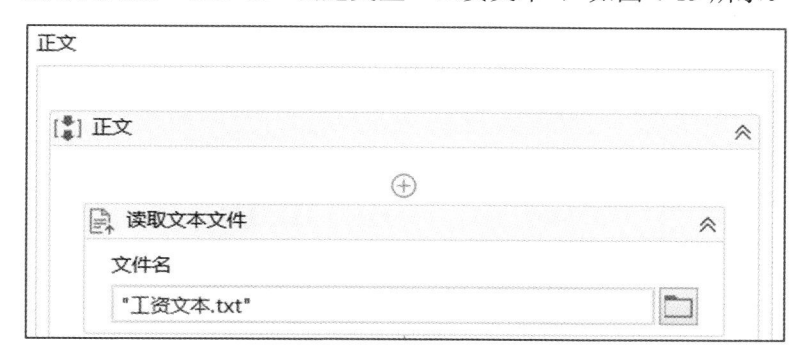

图 4-18　添加【读取文本文件】活动

名称	变量类型	范围	默认值
工资文本	String	邮件自动化处理_任务2	输入 VB 表达式

图 4-19　创建变量"工资文本"

📁 **相关说明：**

事先应将发送工资邮件的内容编写为"工资文本.txt"文件内容的模板，程序在依次遍历每一行 Excel 内容后，会自动替换花括号中的相关内容，编写内容如图 4-20 所示。

> 尊敬的{0}，
> 　　您{1}月的基础工资是{2}元，岗位工资是{3}元，应发工资是{4}元。
> 　　祝好！

图 4-20　"工资文本.txt"文件内容的模板

其中，将{0}替换为对应的"姓名"信息，将{1}替换为对应的"月份"信息，将{2}替换为对应的"基础工资"信息，将{3}替换为对应的"岗位工资"信息，将{4}替换为对应的"应发工资"信息。

5. 添加【发送 SMTP 邮件消息】活动并设置其属性

在活动栏区中选择"活动"选项卡，搜索"邮件"，在搜索结果中选中【发送 SMTP 邮件消息】活动并将其拖曳至【读取文本文件】活动下方。【发送 SMTP 邮件消息】活动的属性设置可以参照"任务一"中【获取 IMAP 邮件消息】活动的属性设置。需要注意的是，邮箱服务器地址和端口号要进行相应的修改，在"服务器"文本框中输入""smtp.qq.com""，在"端口号"文本框中输入"465"或"587"。

具体操作如下：单击【发送 SMTP 邮件消息】活动，"目标"是指收件人，即表 4-2 的第 6 列中的邮箱地址，因为 row()函数的序号从 0 开始计数，所以在该文本框中输入"row(5).ToString"；"主题"是指邮件标题，即"×月工资"，具体月份为表 4-2 的第 2 列中的月份，所以在该文本框中输入"row(1).ToString+"月工资""；"正文"是指邮件正文，按照前面设置好的模板，在该文本框中输入"String.Format(工资文本,row("姓名").ToString,row("月份").ToString,row("基础工资").ToString,row("岗位工资").ToString,row("应发工资").ToString)"，如图 4-21 所示。

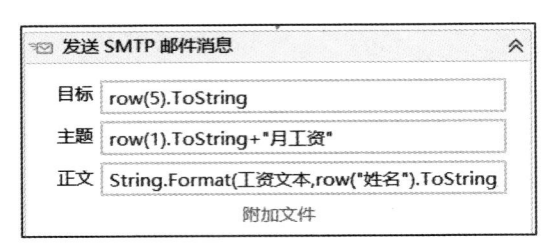

图 4-21　设置【发送 SMTP 邮件消息】活动

6. 运行流程

在快捷工具栏中单击"调试文件"下拉按钮，在弹出的下拉列表中选择"运行文件"选项，运行工作流程，运行结果如图 4-22 所示。本任务的完整工作流程如图 4-23 所示。

图 4-22　工作流程的运行结果

图 4-23 自动发送邮件的完整工作流程

五、易错问题解析

本任务的易错问题解析如表 4-3 所示。

表 4-3 易错问题解析

问题出处	问题描述	问题解析
添加【发送 SMTP 邮件消息】活动并设置其属性	在运行工作流程时，提示邮件正文有问题	检查在【发送 SMTP 邮件消息】活动中，"正文"文本框中的函数是否正确，要注意 Format()函数的使用方法，String.Format()函数的规范格式为 String.Format("{0}is{1}",VarName1,VarName2)
添加【发送 SMTP 邮件消息】活动并设置其属性	在运行工作流程时，提示邮箱服务器地址有问题	在进行"主机"设置时，邮箱服务器地址为 smtp.qq.com，端口号为 465 或 587

任务考核评价报告

扫描二维码，可参照其制作纸质任务考核评价报告。

项目五

Excel 财务数据处理机器人

学习目标

知识目标： 熟悉处理 Excel 文件的基本方法。
熟悉 RPA 财务机器人对 Excel 文件进行操作的主要功能模块。

能力目标： 能够使用 RPA 财务机器人对 Excel 文件进行读取和写入操作。
能够对 Excel 文件进行自动化处理。

素养目标： 培养学生探索专业问题的兴趣，增强学生的问题意识。
培养学生执着专注、精益求精的工匠精神。
强化学生的目标导向意识，提高学生的创新思维能力。

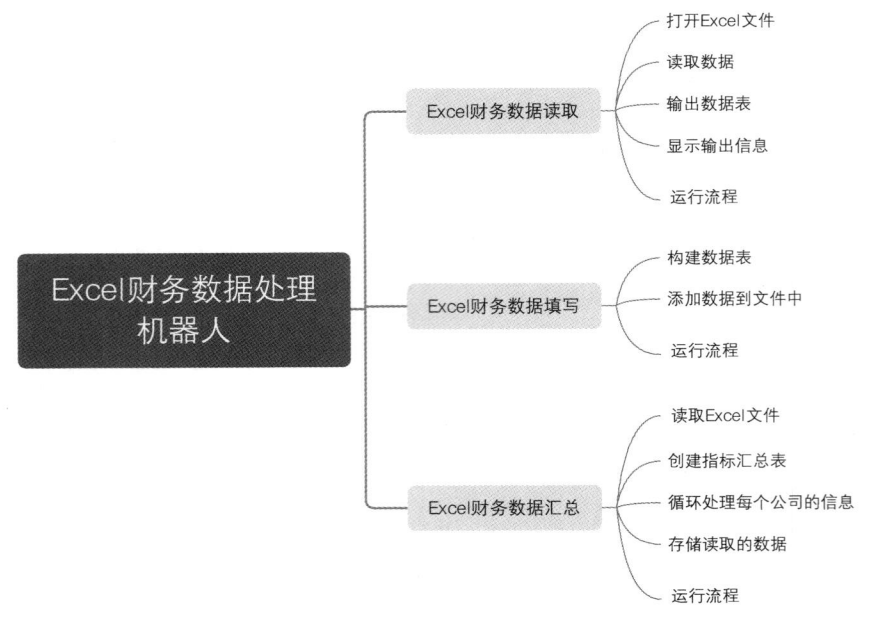

思维导图

- Excel 财务数据处理机器人
  - Excel 财务数据读取
    - 打开 Excel 文件
    - 读取数据
    - 输出数据表
    - 显示输出信息
    - 运行流程
  - Excel 财务数据填写
    - 构建数据表
    - 添加数据到文件中
    - 运行流程
  - Excel 财务数据汇总
    - 读取 Excel 文件
    - 创建指标汇总表
    - 循环处理每个公司的信息
    - 存储读取的数据
    - 运行流程

引导案例

2010年至2017年9月，抚顺特钢通过伪造、变造原始凭证及记账凭证，修改物供系统、成本核算系统、财务系统数据等方式调整存货中"返回钢"的数量、金额，虚增涉案期间各定期报告期末存货。2010年至2017年9月，抚顺特钢累计虚增存货1 989 340 046.30元，其中2010年虚增存货71 002 264.30元，虚增存货金额占当年报告期末总资产的1.11%；2011年虚增存货487 921 246.00元，虚增存货金额占当年报告期末总资产的6.22%；2012年虚增存货559 851 922.00元，虚增存货金额占当年报告期末总资产的5.56%；2013年虚增存货184 446 258.00元，虚增存货金额占当年报告期末总资产的1.60%；2014年虚增存货185 060 636.00元，虚增存货金额占当年报告期末总资产的1.59%；2015年虚增存货163 090 290.00元，虚增存货金额占当年报告期末总资产的1.26%；2016年虚增存货186 675 886.00元，虚增存货金额占当年报告期末总资产的1.51%；2017年1月至9月虚增存货151 291 544.00元，2017年1月至9月虚增存货金额占2017年第三季度报告期末总资产的1.20%。

同时，抚顺特钢在2010年至2017年连续多年存在信息披露有虚假记载的违法行为，其违法行为具有连续性、一贯性，并且持续时间长、手段恶劣、涉案数额巨大，严重扰乱了市场秩序，造成了严重的社会影响，使投资者利益遭受了非常严重的损害。

（资料来源：抚顺特钢：专业造假八年整.投行小兵.搜狐新闻）

案例思考：该案例给我们带来怎样的启示呢？

学习指引

UiPath软件可以帮助企业实现Excel财务数据处理自动化，可以从单元格、列、行或范围中读取数据，向其他电子表格或工作簿中写入数据，帮助财务人员提高工作效率、减少工作量。在原则上，Excel自动化操作的所有活动必须在Excel应用程序范围内才能运行。

在实务中，有的集团公司下设几百家子公司，每个月都需要从几百个财务报告的资产负债表、利润表及现金流量表中提取出某些财务指标数据，然后将其汇总到集团总部表格中，因为数据量大，并且经常重复操作，所以人工处理起来非常繁杂。使用RPA财务机器人对这些数据进行汇总，可以省时、省力，并且效果立竿见影。

本项目以Excel财务数据读取、Excel财务数据填写、Excel财务数据汇总共3个具体业务应用场景为例，介绍Excel财务数据处理机器人的工作流程。

任务一　Excel 财务数据读取

一、任务目标

1. 掌握【Excel 应用程序范围】活动的应用方法。
2. 掌握【读取范围】活动的应用方法。
3. 掌握【输出数据表】活动的应用方法。

二、准备工作

1. 安装 Excel 插件。
2. 准备本任务的素材——Excel 文件"任务一.xlsx",并且将其放置于计算机桌面上的"机器人"文件夹中。

三、任务引例

长江公司是国内一家科创板上市的互联网高科技股份有限公司,公司出纳员小徐拟用 RPA 财务机器人随时自动显示每位员工的工资数据,以供公司张总经理查看。

四、操作过程与步骤

【业务流程】

Excel 财务数据读取的业务流程如图 5-1 所示。

```
开始
  ↓
打开Excel文件
  ↓
读取数据
  ↓
输出数据表
  ↓
显示输出信息
  ↓
结束
```

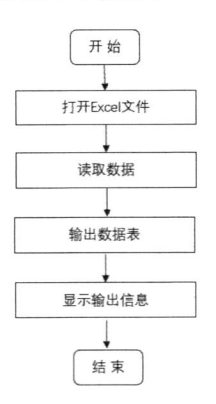

图 5-1　Excel 财务数据读取的业务流程

【操作步骤】

1. 打开 Excel 文件

打开 UiPath 软件,新建一个空白流程,将其命名为"项目五 Excel 财务数据处理机器人"。在"设计"界面中新建一个序列,在其中添加一个【Excel 应用程序范围】活动,单击"浏览文件"按钮▢,在指定文件夹中选择 Excel

视频操作微课:
5-1 Excel 财务数据读取

文件"任务一.xlsx",如图 5-2 所示。

图 5-2　添加【Excel 应用程序范围】活动

2. 读取数据

在【Excel 应用程序范围】活动的"执行"区域内添加【读取范围】活动。在【读取范围】活动的属性面板中,在"输入"节点下的"工作表名称"文本框中输入""银行发放表"",在"输入"节点下的"范围"文本框中输入""A1:D14"",在"输出"节点下的"数据表"文本框中创建变量"YHFFB",其具体类型和范围如图 5-3 所示。

图 5-3　读取文件数据

📁 **相关说明:**

变量"YHFFB"是"银行发放表"的简称,当变量为英文字母时不区分大小写。"银行发放表"是 Excel 文件"任务一.xlsx"中的工作表。

3. 输出数据表

在【Excel 应用程序范围】活动下方添加一个【输出数据表】活动,用于将数据表类型的数据转换成字符型数据,如图 5-4 所示。在【输出数据表】活动的属性面板中,在"输入"节点下的"数据表"文本框中输入变量"YHFFB",在"输出"节点下的"文本"文本框中创建变量"JG",如图 5-5 所示。

图 5-4　添加【输出数据表】活动

图 5-5　配置属性

📁 **相关说明:**

变量"JG"是"结果"的简称,用于存储转换后的数据。

4. 显示输出信息

在【输出数据表】活动下方添加一个【消息框】活动,输入变量"JG"。

5. 运行流程

在快捷工具栏中单击"调试文件"下拉按钮,在弹出的下拉列表中选择"运行文件"选项,运行工作流程,运行结果如图 5-6 所示。本任务的完整工作流程如图 5-7 所示。

图 5-6　工作流程的运行结果

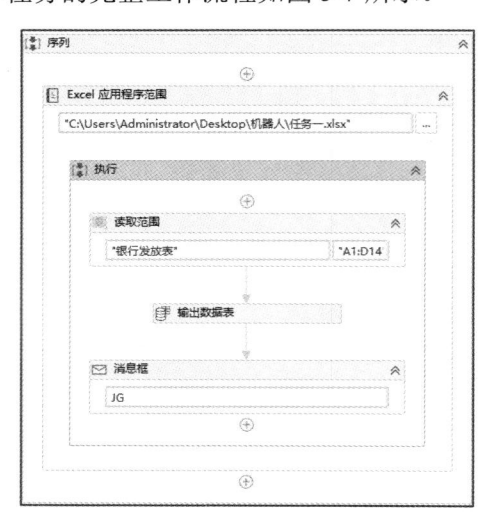

图 5-7　Excel 财务数据读取的完整工作流程

五、易错问题解析

本任务的易错问题解析如表 5-1 所示。

表 5-1　易错问题解析

问题出处	问题描述	问题解析
读取数据	在【输出数据表】活动的属性面板中输入变量"YHFFB"时提示错误	检查【读取范围】活动中是否创建了变量"YHFFB"；或者已创建变量"YHFFB"，但变量范围有误（变量范围太小）

任务考核评价报告

扫描二维码，可参照其制作纸质任务考核评价报告。

任务二　Excel 财务数据填写

一、任务目标

1. 掌握【Excel 应用程序范围】活动的应用方法。
2. 掌握【附加范围】活动的应用方法。
3. 掌握【构建数据表】活动的应用方法。

二、准备工作

1. 安装 Excel 插件。
2. 准备任务一中已有的 Excel 文件"任务一.xlsx"，本任务需要继续使用该文件。

三、任务引例

长江公司出纳员小徐需要通过使用 RPA 财务机器人在"任务一.xlsx"文件的银行发放表中自动增加两名员工的工资数据，如表 5-2 所示。

表 5-2　新增两名员工的工资数据

员工编号	姓名	工资/元	银行卡号
5001	张三	7589	87654303010
5002	李四	8957	87654303011

四、操作过程与步骤

【业务流程】
Excel 财务数据填写的业务流程如图 5-8 所示。

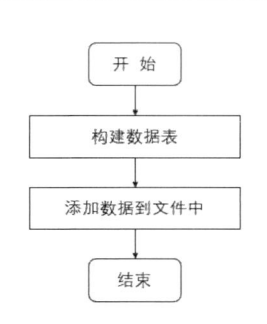

图 5-8　Excel 财务数据填写的业务流程

【操作步骤】

1. 构建数据表

在"项目五　Excel财务数据处理机器人"流程中新建一个序列，在序列中添加一个【构建数据表】活动，如图5-9所示；单击"数据表"按钮，打开"构建数据表"窗口，根据银行发放表中的标题名称在"构建数据表"窗口中输入相应的内容，并且新增两名员工的工资数据，如图5-10所示；单击"确定"按钮，即可新建一个数据表。

视频操作微课：
5-2 Excel财务数据填写

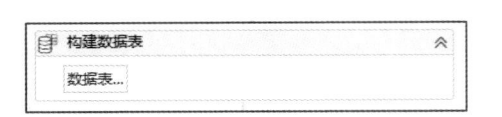

图5-9　添加【构建数据表】活动

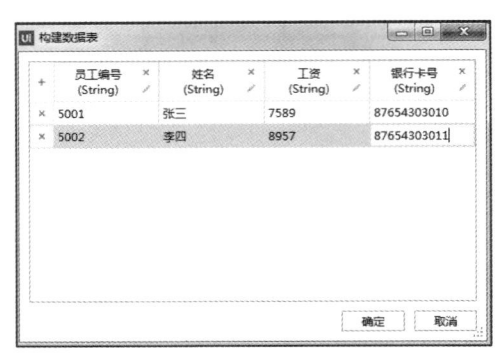

图5-10　"构建数据表"窗口

在【构建数据表】活动的属性面板中，在"输出"节点下的"数据表"文本框中创建变量"NEWDT"。

📂 相关说明：

变量"NEWDT"是"新数据表"的简称，主要用于存储数据表。

2. 添加数据到文件中

在【构建数据表】活动下方添加一个【Excel应用程序范围】活动，单击"浏览文件"按钮 🗀，选择待操作对象"任务一.xlsx"文件。在【Excel应用程序范围】活动的"执行"区域内添加一个【附加范围】活动，在第1个文本框中输入待写入的表格文件名称""银行发放表""，在第2个文本框中输入待写入的数据变量"NEWDT"，如图5-11所示。

图5-11　添加【附加范围】活动

3. 运行流程

在快捷工具栏中单击"调试文件"下拉按钮，在弹出的下拉列表中选择"运行文件"选项，即可在"银行发放表"文件中自动增加两名员工的工资数据。本任务的完整工作流程如图 5-12 所示。

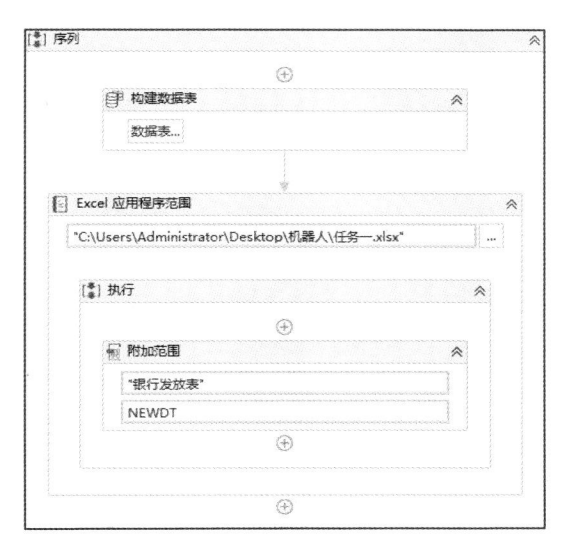

图 5-12　Excel 财务数据填写的完整工作流程

五、易错问题解析

本任务的易错问题解析如表 5-3 所示。

表 5-3　易错问题解析

问 题 出 处	问 题 描 述	问 题 解 析
构建数据表	提示【构建数据表】活动中添加的数据不正确	数据表的标头需要与要填写的表格标题保持一致
构建数据表	在【附加范围】活动中无法读取数据	检查【构建数据表】活动中是否创建了变量"NEWDT"，或者扩大该变量的范围

任务考核评价报告

扫描二维码，可参照其制作纸质任务考核评价报告。

任务三　Excel 财务数据汇总

一、任务目标

1．掌握【构建数据表】活动的应用方法。

2．掌握【对于每一个行】活动的应用方法。

3．掌握【添加数据行】活动的应用方法。

二、准备工作

1．收集 5 家分公司的财务报表"武汉分公司.xlsx"、"长沙分公司.xlsx"、"北京分公司.xlsx"、"上海分公司.xlsx"和"重庆分公司.xlsx"。

2．创建以公司名称为内容的文件"公司名称汇总表.xlsx"。

3．创建存储汇总数据的文件"分公司指标汇总表.xlsx"。

三、任务引例

长江公司旗下有 5 家分公司，总公司龚会计每个月都需要从 5 家分公司的财务报告中的资产负债表、利润表及现金流量表中提取出营业收入、净利润、总资产、净资产及现金流量净额共 5 项数据，然后将其汇总到"分公司指标汇总表.xlsx"文件中。

四、操作过程与步骤

【业务流程】

Excel 财务数据汇总的业务流程如图 5-13 所示。

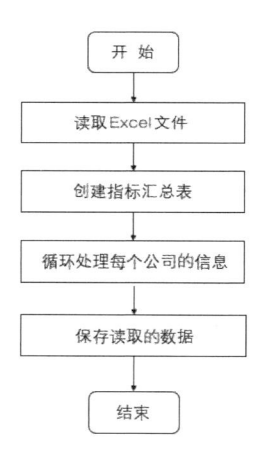

图 5-13　Excel 财务数据汇总的业务流程

【操作步骤】

1．读取 Excel 文件

（1）在"项目五 Excel 财务数据处理机器人"流程中新建一个序列，在该序列中添加一个【Excel 应用程序范围】活动，单击"浏览文件"按钮，在指定文件夹中选择 Excel 文件"公司名称汇总表.xlsx"；在该活动的属性面板中，在"输出"节点下的"工作簿"文本框中创建变量"gsmc"，如图 5-14 所示。

视频操作微课：
5-3 财务报告数据的汇总

图 5-14　添加【Excel 应用程序范围】活动并设置其属性

📂 **相关说明：**

变量"gsmc"是"公司名称"的简称。

（2）创建数据表。在【Excel 应用程序范围】活动的"执行"区域内添加一个【读取范围】活动，在相应的属性面板中，在"输出"节点下的"数据表"文本框中创建变量"gshzb"，如图 5-15 所示。

图 5-15　添加【读取范围】活动并设置其属性

📂 **相关说明：**

变量"gshzb"是"公司汇总表"的简称，主要用于存储从 Excel 文件中读取的公司名称列表。

（3）关闭工作簿。在【读取范围】活动下方添加一个【关闭工作簿】活动，在文本框中输入前面创建的变量"gsmc"，用于关闭已打开的"公司名称汇总表.xlsx"文件，如图 5-16 所示。

图 5-16　添加【关闭工作簿】活动

2. 创建指标汇总表

(1) 添加【构建数据表】活动。在【Excel 应用程序范围】活动下方添加一个【构建数据表】活动，在相应的属性面板中，在"输出"节点下的"数据表"文本框中创建变量"zbhzb"，如图 5-17 所示。

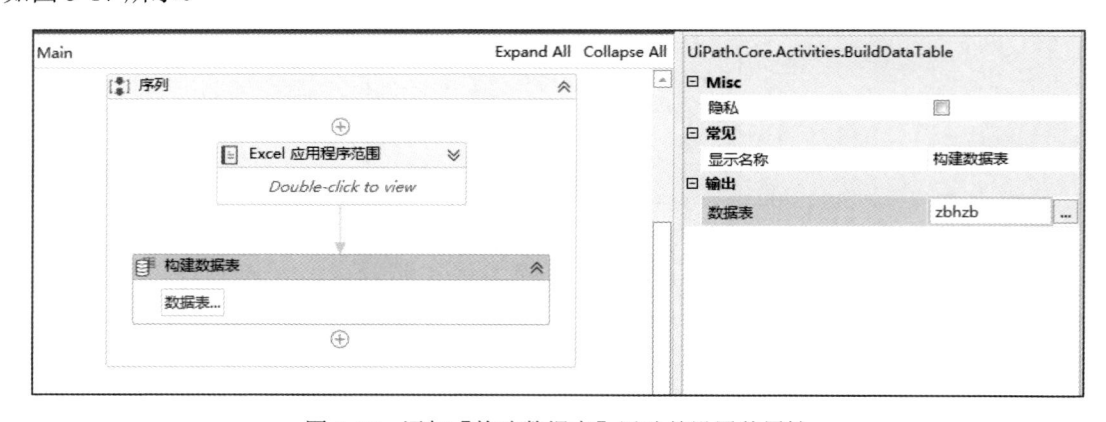

图 5-17　添加【构建数据表】活动并设置其属性

📁 **相关说明：**

变量"zbhzb"是"指标汇总表"的简称。

(2) 编辑指标汇总表。在【构建数据表】活动中单击"数据表"按钮，打开"构建数据表"窗口，根据需要输出的指标汇总表格式，分别输入"公司名称""营业收入""净利润""总资产""净资产""现金流量净额"，用于创建指标汇总表的标题；单击第 2 行的"×"图标，用于删除该空白行，如图 5-18 所示；单击"确定"按钮，即可创建指标汇总表。

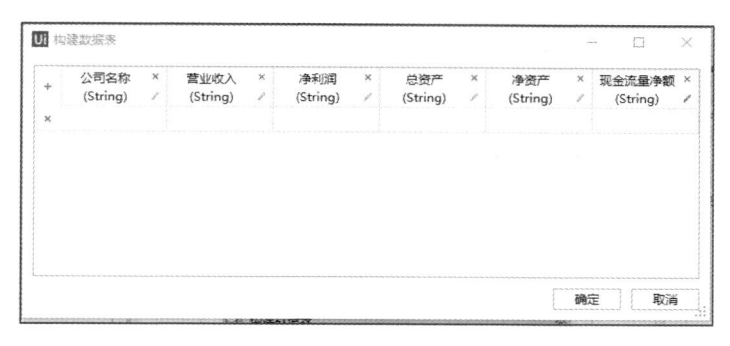

图 5-18 "构建数据表"窗口

3. 循环处理每个公司的信息

（1）添加【对于每一个行】活动。在【构建数据表】活动下方添加一个【对于每一个行】活动，在"输入"文本框中输入前面创建的变量"gshzb"，如图 5-19 所示。

图 5-19 添加【对于每一个行】活动

（2）分配文件名称。在【对于每一个行】活动的【正文】区域内添加一个【A←B 多重分配】活动，用于分配公司名称及文件名称。首先创建变量"gsmcm"，将其值设置为"row("公司名称").ToString"，表示读取公司汇总表中"公司名称"列的值；然后创建变量"wjmcm"，将其值设置为"gsmcm+".xlsx""，表示读取变量"gsmcm"对应的文件名，如图 5-20 所示。

图 5-20 添加【A←B 多重分配】活动

📁 **相关说明：**

变量"gsmcm"是"公司名称名"的简称，变量"wjmcm"是"文件名称名"的简称。

（3）读取文件数据。在【A←B 多重分配】活动下方添加一个【Excel 应用程序范围】活动，单击"浏览文件"按钮 📁，选择报表所在位置，如图 5-21 所示。

图 5-21 选择报表所在位置

（4）读取单元格数据。在【Excel 应用程序范围】活动的"执行"区域内添加【读取单元格】活动，用于读取对应工作表中需要查询的数据。在【读取单元格】活动的文本框中分别输入""利润表""和""B8""；在相应的属性面板中，在"输出"节点下的"结果"文本框中创建变量"YYSR"，在"变量"选项卡中，设置变量"YYSR"的类型为"Double"、"范围"为"序列"，如图 5-22 所示。

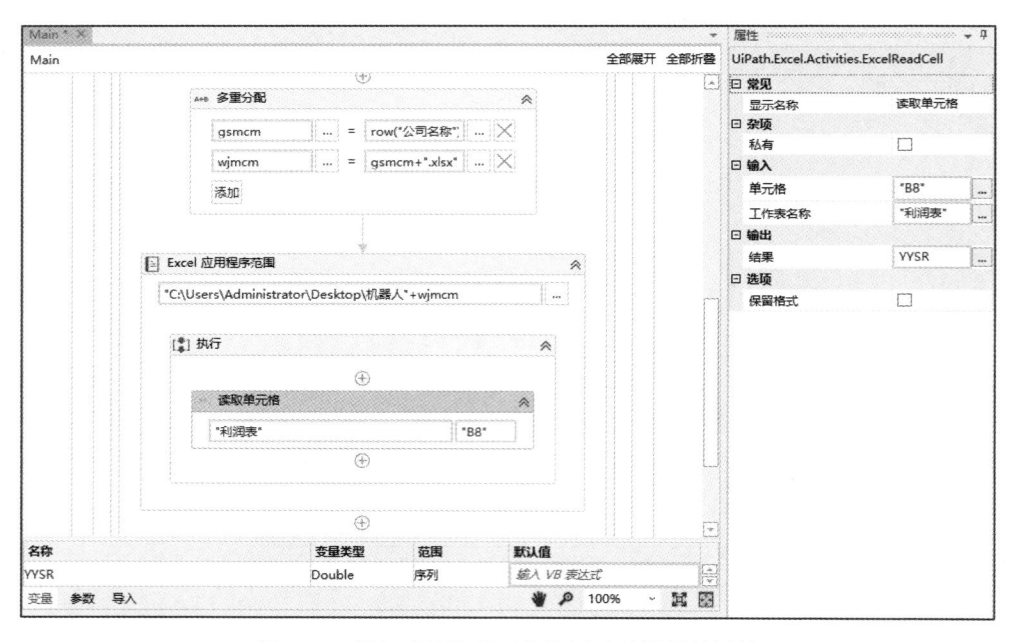

图 5-22 添加【读取单元格】活动并设置其属性

重复以上操作步骤，读取其他 4 个指标的值。读取利润表的 B27 单元格中的数据，并且将其输出到新建变量"JLR"中；读取资产负债表的 B49 单元格中的数据，并且将其输出到新建变量"ZZC"中；读取资产负债表的 F48 单元格中的数据，并且将其输出到新建变量"JZC"中；读取现金流量表的 F69 单元格中的数据，并且将其输出到新建变量"XJJLL"中，如图 5-23 所示。

图 5-23 创建变量

📁 **相关说明：**

变量"YYSR""JLR""ZZC""JZC""XJJLL"分别是"营业收入""净利润""总资产""净资产""现金净流量"的简称。

（5）汇总读取数据。折叠【Excel 应用程序范围】活动，并且在其下方添加一个【添加数据行】活动，将读取的公司名称、营业收入、净利润、总资产、净资产及现金净流量输入准备工作中创建的"分公司指标汇总表.xlsx"文件；在相应的属性面板中，在"输入"节点下的"数据表"文本框中输入前面创建的变量"zbhzb"，按照数据表标头顺序，在"数组行"文本框中输入相关变量，输入内容为"{gsmcm,YYSR,JLR,ZZC,JZC,XJJLL}"（注意：输入的是花括号），如图 5-24 所示。

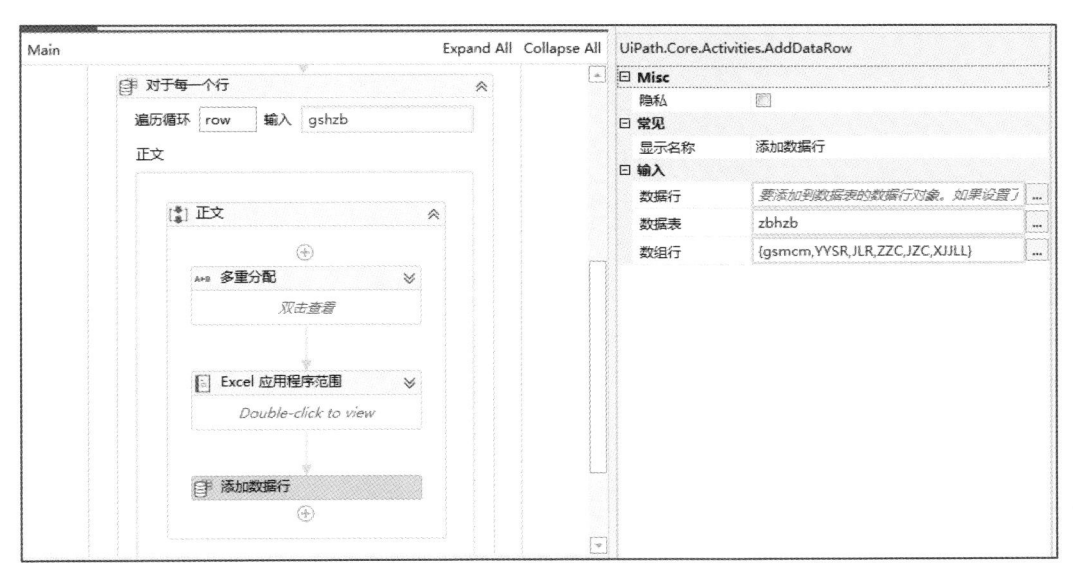

图 5-24 添加【添加数据行】活动并设置其属性

4. 存储读取的数据

折叠【对于每一个行】活动，并且在其下方添加一个【Excel 应用程序范围】活动，单击"浏览文件"按钮📁，选择"分公司指标汇总表.xlsx"文件的地址。在【Excel 应用程序范围】活动的"执行"区域内添加一个【写入范围】活动，在相应的属性面板中，在"目标"节点下，在"工作表名称"文本框中输入""汇总表""，在"起始单元格"文本框中输入""A1""；在"输入"节点下的"数据表"文本框中输入变量"zbhzb"，如图 5-25 所示。

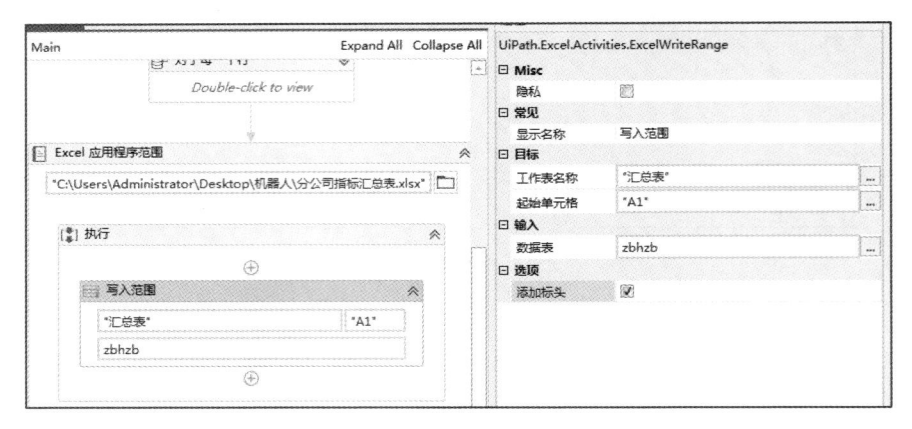

图 5-25 添加【写入范围】活动并设置其属性

本步骤主要用于将上一步读取的数据表变量"zbhzb"中的数据写入"分公司指标汇总表.xlsx"文件中的"汇总表"工作表,并且从 A1 单元格开始写入。

5. 运行流程

在快捷工具栏中单击"调试文件"下拉按钮,在弹出的下拉列表中选择"运行文件"选项,在工作流程运行结束后,打开"分公司指标汇总表.xlsx"文件,即可显示指标自动写入后的结果,如图 5-26 所示。本任务的完整工作流程如图 5-27 所示。

图 5-26 指标自动写入后的结果

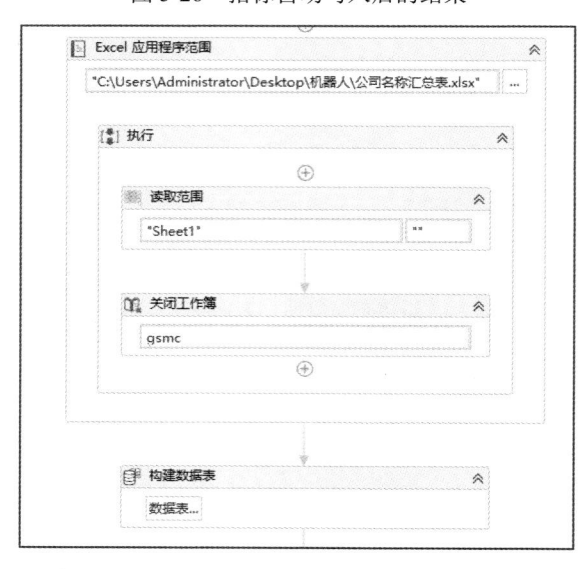

图 5-27 Excel 财务数据汇总的完整工作流程

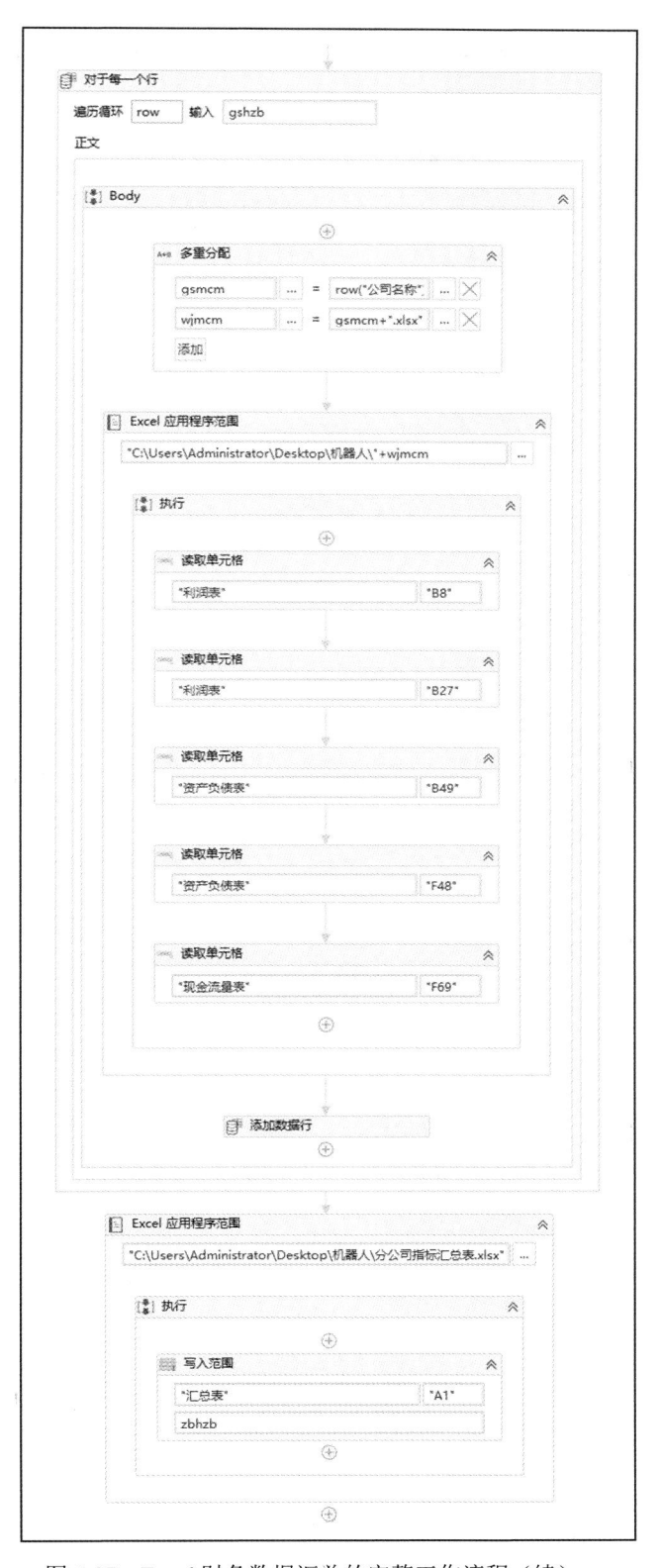

图 5-27 Excel 财务数据汇总的完整工作流程（续）

五、易错问题解析

本任务的易错问题解析如表 5-4 所示。

表 5-4　易错问题解析

问题出处	问题描述	问题解析
循环处理每个公司的信息	无法自动识别并打开文件	检查【A←B 多重分配】活动中是否创建了变量，变量赋值是否正确
循环处理每个公司信息	读取数据出错	在【添加数据行】活动的属性面板中，检查"输入"节点下的"数组行"文本框中的变量名称是否正确

任务考核评价报告

扫描二维码，可参照其制作纸质任务考核评价报告。

项目六

费用报销机器人

学习目标

知识目标： 熟悉财务票据识别的基本方法。

熟悉 RPA 财务机器人对 PDF 文件的识别功能。

能力目标： 能够使用 RPA 财务机器人对财务票据信息进行读取和识别。

能够对账务票据信息进行自动化处理。

素养目标： 培养学生诚实守信、依法纳税的职业操守。

帮助学生坚持守正创新，激发学生以满腔热忱对待一切新生事物的态度，不断拓展学生认知的广度和深度。

强化学生遵纪守法的底线思维。

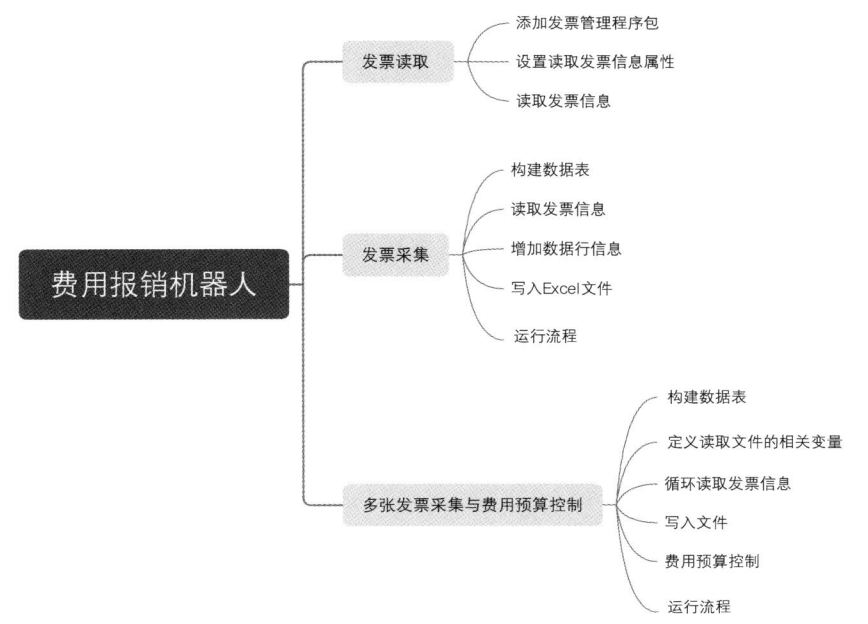

思维导图

- 费用报销机器人
  - 发票读取
    - 添加发票管理程序包
    - 设置读取发票信息属性
    - 读取发票信息
  - 发票采集
    - 构建数据表
    - 读取发票信息
    - 增加数据行信息
    - 写入Excel文件
    - 运行流程
  - 多张发票采集与费用预算控制
    - 构建数据表
    - 定义读取文件的相关变量
    - 循环读取发票信息
    - 写入文件
    - 费用预算控制
    - 运行流程

引导案例

一家市政工程建筑公司的驾驶员姚某，月薪3000元，为何能在7年内更换3部轿车？原来姚某利用公司老板对他的信任，擅自篡改发票、虚报假账，侵占公司财产500万元。2015年9月8日，姚某被青浦区检察院以职务侵占罪批准逮捕。

2007年，姚某到青浦区一家市政工程建筑公司上班。因为头脑灵活、工作勤快，老板对他非常信任。老板除了让姚某当驾驶员，还让他做些其他事，如购买礼品等。2007年的某一天，老板让姚某买一些礼品，共计900元。姚某拿填写好的报销单去找老板，老板在上面签字盖章后，姚某悄悄折回办公室，拿笔在"900"前小心翼翼地加了一个"4"，金额变成了"4900"，合计大写上也加了一个"肆仟"。姚某将平时开好备用的发票凑够4900元，然后将其交到财务室报销，领取了4900元现金。在第一次作案成功后，姚某窃喜不已。此后，他每月报销2至3次，每次都在报销单金额栏中事先预留的空白处添加一个"4"或"5"，每次侵占公司财产4000元到5000元不等。2015年7月的一天，姚某拿着一堆发票请老板签字，总额1520元。老板在签字后，姚某照例在发票上添加数字，这次他在"1"前面加了一个"9"，金额变成了"91520"元，一下子凭空多出9万元。他去找财务报销，财务室因没有这么多现金，便让他等一会儿。正好会计向老板汇报工作，顺便提到姚某报销的9万多元发票，老板感到事情不对，遂将发票拿来审查，一看吓了一跳，除了一千多元发票是真实公司所用，其余的发票全是姚某东拼西凑来的。从2007年到2015年，姚某通过篡改发票的方式共侵占公司财产近500万元。翻看篡改发票的清单，其2007年犯罪数额维持在几千元一笔，到了2015年，每笔都是上万元。

（资料来源：公司司机篡改发票侵占公司500万7年换3部轿车.新闻晨报.搜狐新闻）

案例思考：该案例给我们带来怎样的启示呢？

案例分析参考

学习指引

UiPath软件可以帮助企业利用视觉和模式识别技术，通过扫描发票、购物小票、车票等原始凭证形成图片，自动识别凭证图片或电子票据上的详细信息，包括金额、消费日期等内容，然后对其进行会计处理。

本项目我们将以发票读取、发票采集、费用预算控制共3个具体业务应用场景为例，讲解RPA财务机器人的工作流程。

任务一　发票读取

一、任务目标

1. 掌握发票管理程序包的安装方法。
2. 掌握发票信息识别的属性设置方法。

二、准备工作

1. 安装 PDF 插件。
2. 准备样例发票的 PDF 文件。

三、任务引例

长河公司是国内一家人力资源科技有限公司，公司出纳员小徐准备用 RPA 财务机器人自动识别读取样例发票中的发票号码、购买方等信息。

四、操作过程与步骤

【业务流程】

发票读取的业务流程如图 6-1 所示。

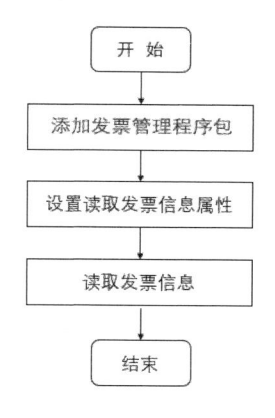

图 6-1　发票读取的业务流程

【操作步骤】

1. 添加发票管理程序包

在快捷工具栏中单击"管理程序包"按钮，打开"管理程序包"窗口，在左侧选择"所有程序包"选项，在中间的搜索框中搜索 ChineseInvoiceHandler 程序包并安装，如图 6-2 所示。

视频操作微课：
6-1 发票信息读取

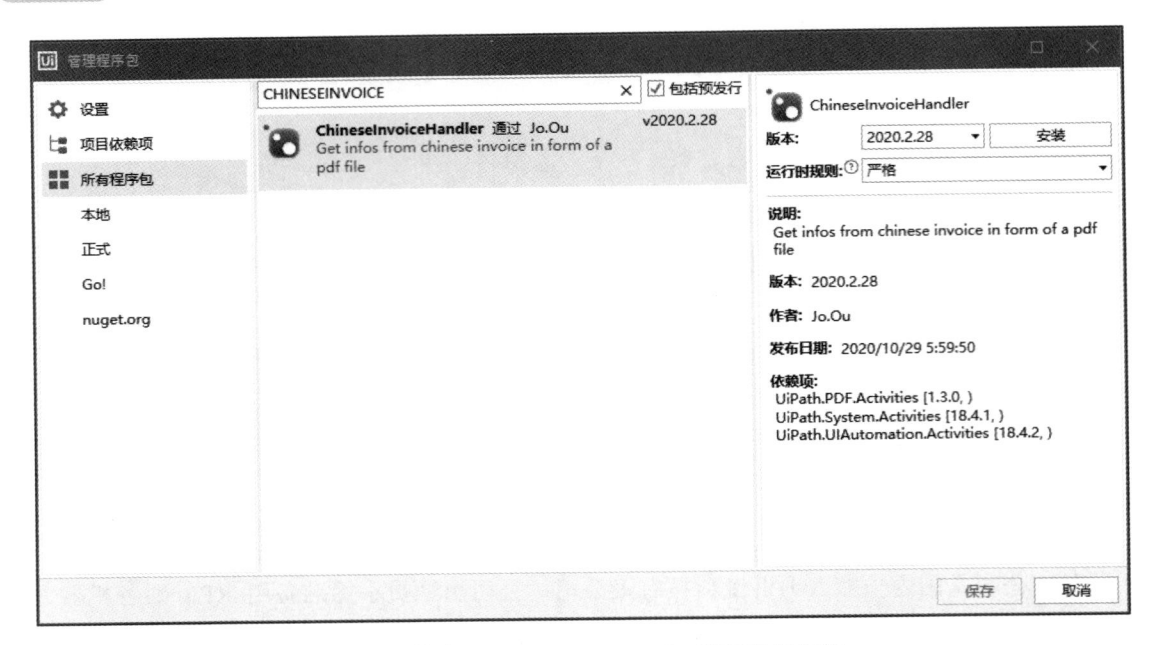

图 6-2 搜索 ChineseInvoiceHandler 程序包并安装

2. 设置读取发票信息属性

新建一个空白流程，将其命名为"发票读取"。在"设计"界面中新建一个序列，然后在该序列中添加【ChineseInvoiceActivity】活动，如图 6-3 所示；在相应的属性面板中，在"Input"节点下的"InvoicePdfFile"文本框中输入需要读取的发票文件地址，为了方便输入，可以单击文本框右侧的 ··· 图标，在弹出的"表达式编辑器"对话框中填写完整的发票文件地址，如图 6-4 所示；在"Output"节点下的"InvoiceNumber"文本框中创建变量"FPHM"，在"PurchaserInfo"文本框中创建变量"GMF"，如图 6-5 所示。

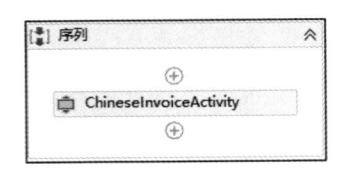

图 6-3 添加【ChineseInvoiceActivity】活动　　　　图 6-4 输入发票文件地址

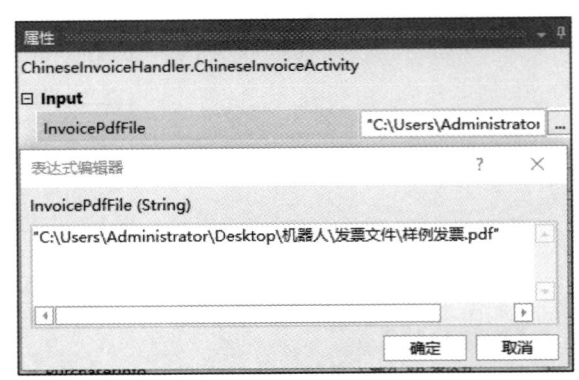

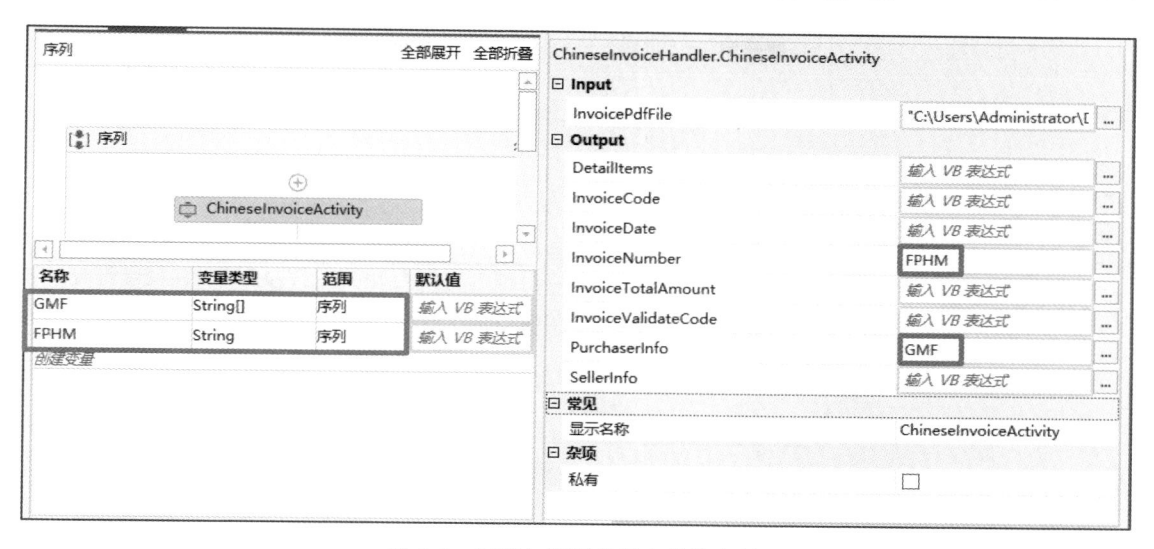

图 6-5　创建与发票信息有关的变量

📁 **相关说明：**

变量"FPHM"是"发票号码"的简称，变量"GMF"是"购买方"的简称。

3. 读取发票信息

在【ChineseInvoiceActivity】活动下方添加一个【消息框】活动，输入变量"FPHM"。在快捷工具栏中单击"调试文件"下拉按钮，在弹出的下拉列表中选择"运行文件"选项，运行工作流程，运行结果中会显示"发票号码"信息，如图 6-6 所示。

在【消息框】活动下方再添加一个【消息框】活动，输入分行读取变量"GMF"的内容，如图 6-7 所示。再次运行工作流程，运行结果中会分别显示"发票号码"信息和"购买方"信息，显示的"购买方"信息如图 6-8 所示。本任务的完整工作流程如图 6-9 所示。

图 6-6　显示"发票号码"信息

图 6-7　输入【消息框】活动中的内容　　图 6-8　显示"购买方"信息

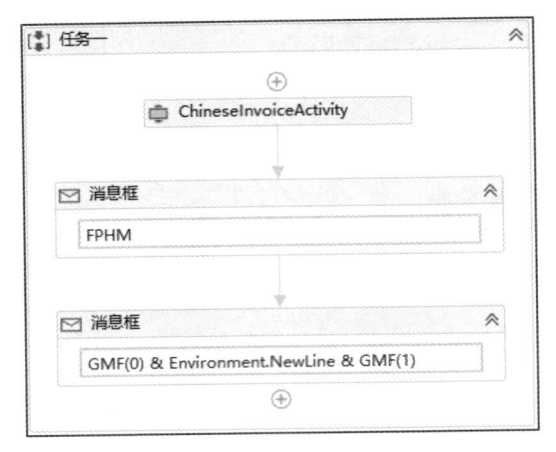

图 6-9　发票读取的完整工作流程

五、易错问题解析

本任务的易错问题解析如表 6-1 所示。

表 6-1　易错问题解析

问 题 出 处	问 题 描 述	问 题 解 析
添加发票管理程序包	无法安装 ChineseInvoiceHandler 程序包	检查是否安装了 UiPath.PDF.Activities 程序包
添加发票管理程序包	找不到 ChineseInvoiceHandler 程序包	需要在"所有程序包"选项卡中寻找

任务考核评价报告

扫描二维码，可参照其制作纸质任务考核评价报告。

任务二　发票采集

一、任务目标

1．掌握【ChineseInvoiceActivity】活动的应用方法。
2．掌握【构建数据表】活动的应用方法。
3．掌握【添加数据行】活动的应用方法。

二、准备工作

1．安装发票管理程序包。
2．熟悉发票的基本构成要素。
3．准备样例发票的 PDF 文档。

三、任务引例

长河公司出纳员小徐需要使用 RPA 财务机器人读取样例发票中的发票代码、开票日期、发票号码、发票金额、校验码等信息，并且将其采集到"发票信息.xlsx"文件中。

四、操作过程与步骤

【业务流程】

发票采集的业务流程如图 6-10 所示。

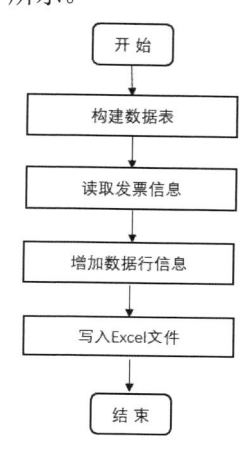

图 6-10 发票采集的业务流程

【操作步骤】

1. 构建数据表

新建一个"空白流程"，将其命名为"发票采集"，在"设计"界面中新建一个序列，在其中添加【构建数据表】活动。在【构建数据表】活动中单击"数据表"按钮，打开"构建数据表"窗口，分别输入"发票代码""开票日期""发票号码""发票金额""校验码"等内容，然后单击第 2 行的"×"图标，用于删除该空白行，如图 6-11 所示。

视频操作微课：
6-2 发票信息采集

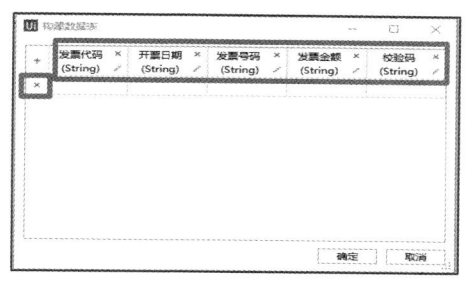

图 6-11 "构建数据表"窗口

在【构建数据表】活动的属性面板中，在"输出"节点下的"数据表"文本框中创建变量"FPXXBG"。

📂 **相关说明：**

变量"FPXXBG"是"发票信息表格"的简称，主要用于存储数据表。

2. 读取发票信息

在【构建数据表】活动下方添加一个【ChineseInvoiceActivity】活动，如图6-12所示。接下来的操作与任务一中的相关操作类似。在【ChineseInvoiceActivity】活动的属性面板中，在"Input"节点下的"InvoicePdfFile"文本框中输入需要读取的发票文件地址；然后在"Output"节点下的"InvoiceCode"、"InvoiceDate"、"InvoiceNumber"、"InvoiceTotalAmount"和"InvoiceValidateCode"文本框中分别创建对应的变量"FPDM"、"KPRQ"、"FPHM"、"FPJE"和"JYM"，如图6-13所示。

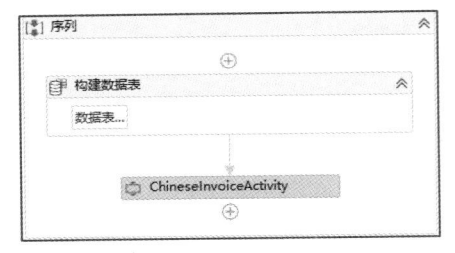

图6-12 添加【ChineseInvoiceActivity】活动　　图6-13 设置【ChineseInvoiceActivity】活动的属性

📂 **相关说明：**

变量"FPDM""KPRQ""FPHM""FPJE""JYM"分别是"发票代码""开票日期""发票号码""发票金额""校验码"的简称。

3. 增加数据行信息

在【ChineseInvoiceActivity】活动下方添加一个【添加数据行】活动，在相应的属性面板中，在"输入"节点下，在"数据表"文本框中输入"FPXXBG"，在"数组行"文本框中输入"{FPDM,KPRQ,FPHM,FPJE,JYM}"，为了方便输入，可以单击图标 ，在弹出的"表达式编辑器"对话框中输入相应的信息，如图6-14所示。

4. 写入Excel文件

在【添加数据行】活动下方添加一个【Excel应用程序范围】活动，在其"工作簿路径"文本框中输入""发票信息.xlsx""；然后在【Excel应用程序范围】活动的"执行"区域内添加一个【写入范围】活动，在相应的属性面板中，在"输入"节点下的"数据表"文本框中输入变量"FPXXBG"，如图6-15所示。

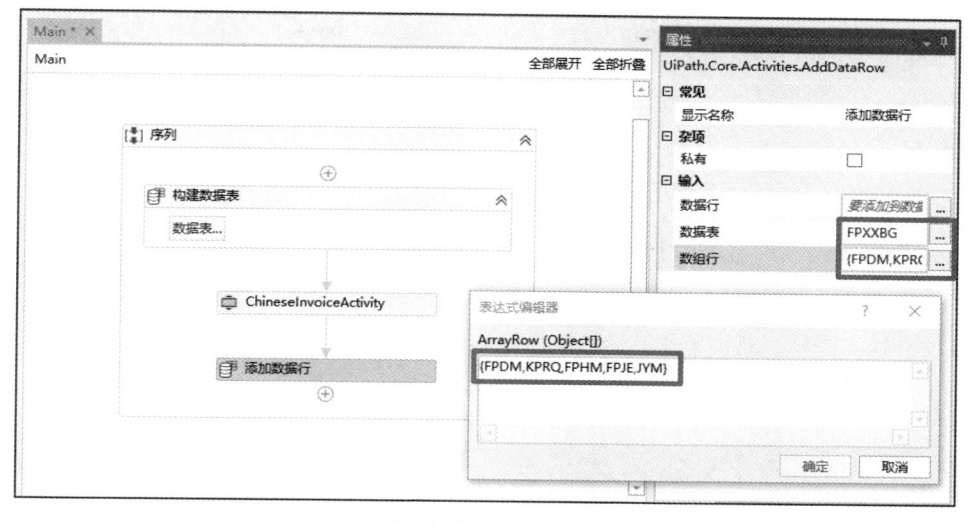

图 6-14 添加【添加数据行】活动并设置其属性

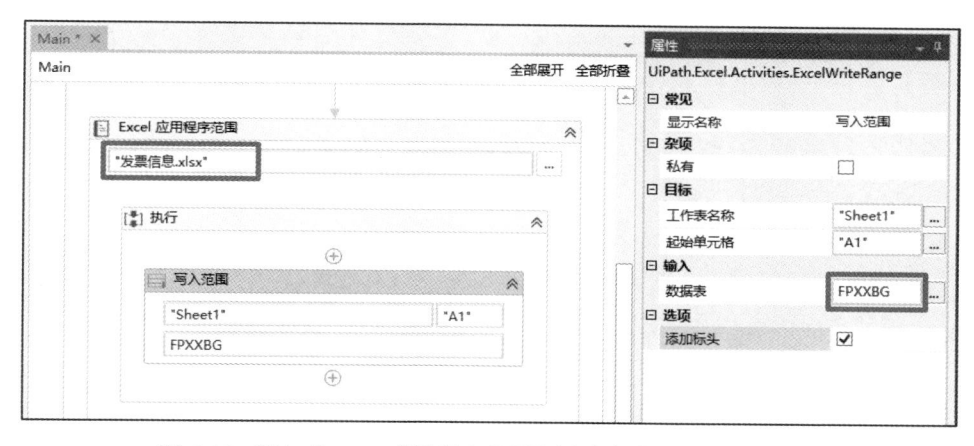

图 6-15 添加【Excel 应用程序范围】活动和【写入范围】活动

📂 **相关说明：**

- 在"工作簿路径"文本框中输入""发票信息.xlsx""（.xlsx 后缀名可以省略），该操作表示 UiPath 程序会自动新建一个名称为"发票信息"的 Excel 文件，并且默认将其存储于本任务中的"发票采集"流程文件夹中。
- 添加的【写入范围】活动是 Excel 中的【写入范围】活动，不是工作簿中的【写入范围】活动。

5. 运行流程

在快捷工具栏中单击"调试文件"下拉按钮，在弹出的下拉列表中选择"运行文件"选项，在工作流程运行结束后，打开"发票信息.xlsx"文件，即可显示发票采集的结果，如图 6-16 所示。本任务的完整工作流程如图 6-17 所示。

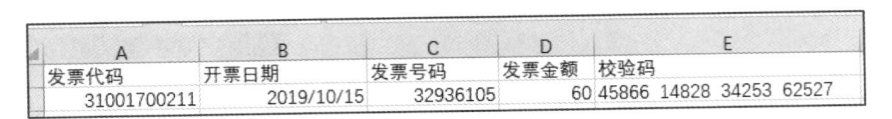

A	B	C	D	E
发票代码	开票日期	发票号码	发票金额	校验码
31001700211	2019/10/15	32936105	60	45866 14828 34253 62527

图 6-16　发票采集的结果

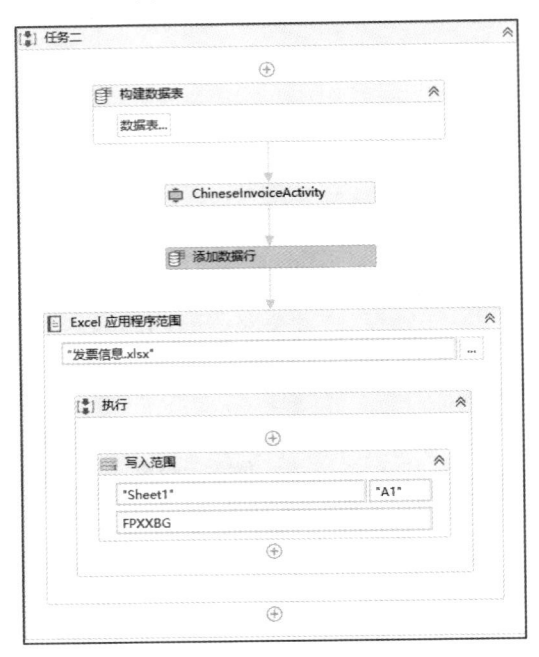

图 6-17　发票采集的完整工作流程

📂 **相关说明：**

在图 6-16 所示的发票信息采集结果中，发票号码缺失了开头的第 1 位数字"0"。如果需要在 Excel 表格中完整地显示以 0 开头的一串数字，则需要对该数字进行文本处理，将单元格格式设置为"文本型"。

五、易错问题解析

本任务的易错问题解析如表 6-2 所示。

表 6-2　易错问题解析

问题出处	问题描述	问题解析
增加数据行信息	显示的发票采集结果有误	检查在【添加数据行】活动的属性面板中输入的发票信息变量是否有误
增加数据行信息	找不到对应的变量	检查变量范围是否合适

任务考核评价报告

扫描二维码，可参照其制作纸质任务考核评价报告。

任务三　多张发票采集与费用预算控制

一、任务目标

1．掌握【后条件循环】活动的应用方法。
2．掌握【IF 条件】活动的应用方法。
3．掌握循环读取文件地址的设置方法。

二、准备工作

1．准备 5 张发票的 PDF 文档，分别以数字 1～5 编号。
2．新建名称为"费用预算控制"的 Excel 文件，其内容如图 6-18 所示。

编号	发票号码	发票金额
1		
2		
3		
4		
5		
合计		0

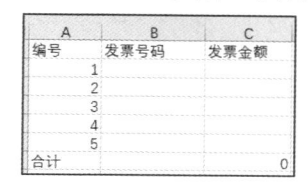

图 6-18　"费用预算控制"文件中的内容

三、任务引例

本月公司销售员小李有 5 张发票尚未报销，其个人费用月报销额度为 3000 元，需要计算并分析其本月是否还有报销额度，如果有，那么还剩多少余额？

四、操作过程与步骤

【业务流程】

多张发票采集与费用预算控制的业务流程如图 6-19 所示。

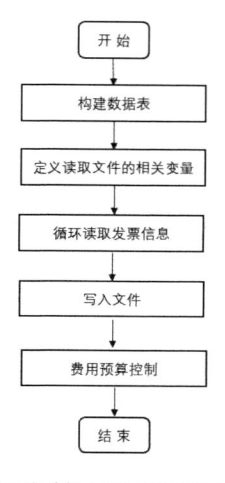

图 6-19　多张发票采集与费用预算控制的业务流程

【操作步骤】

1. 构建数据表

新建一个空白流程，将其命名为"费用预算控制"，在"设计"界面中新建一个序列，在其中添加一个【构建数据表】活动。在【构建数据表】活动中单击"数据表"按钮，打开"构建数据表"窗口，分别输入"发票号码""发票金额"等内容，然后单击第 2 行的"×"图标，用于删掉该空白行。在相应的属性面板中，在"输出"节点下的"数据表"文本框中创建变量"FPXX"。

2. 定义读取文件的相关变量

在【构建数据表】活动下方添加一个【A←B 多重分配】活动。在【A←B 多重分配】活动中，在第 1 行左侧的"To"文本框中创建变量"NUM"，将"变量类型"设置为"Int32"，将"范围"设置为整个序列，在右侧的"输入 VB 表达式"文本框中输入"1"；在第 2 行左侧的"To"文本框中创建变量"NUMDT"，将"变量类型"设置为"Int32"，将"范围"设置为整个序列，在右侧的"输入 VB 表达式"文本框中输入"5"，如图 6-20 所示。

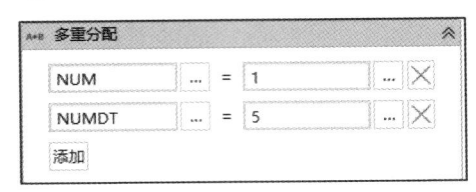

图 6-20 添加【A←B 多重分配】活动

📁 相关说明：

变量"NUM"代表需要读取发票 PDF 文件的次数，变量"NUMDT"代表需要读取发票 PDF 文档的张数。

3. 循环读取发票信息

（1）添加【后条件循环】活动。在【A←B 多重分配】活动下方添加一个【后条件循环】活动，在其"正文"（又称为 body）区域内添加一个【ChineseInvoiceActivity】活动。接下来的操作与任务二中的相关操作类似。在相应的属性面板中，在"Input"节点下的"InvoicePdfFile"文本框中输入需要循环读取的发票文件地址，如图 6-21 所示；在"Output"节点下，在"InvoiceNumber"（发票号码）文本框中创建变量"FPHM"，在"InvoiceTotalAmount"（发票金额）文本框中创建变量"FPJE"。变量"FPHM"和"FPJE"代表的含义与任务二中的相同。

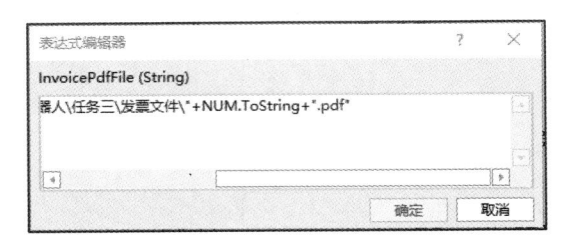

图 6-21 读取的发票文件地址

（2）在【ChineseInvoiceActivity】活动下方添加一个【添加数据行】活动，在相应的属性面板中，在"输入"节点下，在"数据表"文本框中输入"FPXX"，在"数组行"文本框中输入"{FPHM,FPJE}"。

（3）在【添加数据行】活动下方添加一个【A←B分配】活动，将变量"NUM"赋值为"NUM+1"。

（4）在【后条件循环】活动的"条件"文本框中输入条件公式"NUM<=NUMDT"。

以上4个步骤的操作结果如图6-22所示。

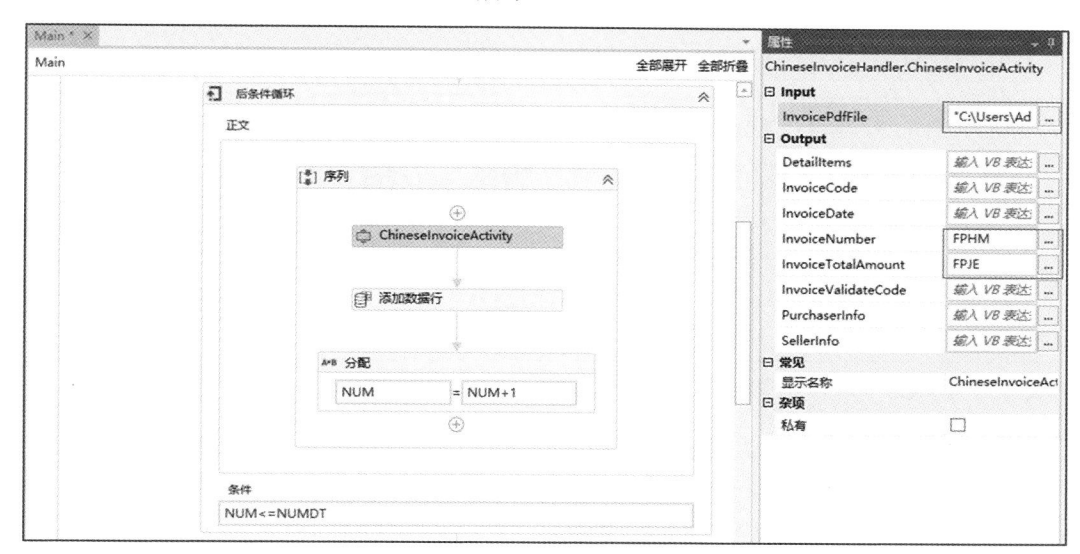

图6-22　步骤（1）～（4）的操作结果

4．写入文件

在【后条件循环】活动下方添加一个【Excel应用程序范围】活动，单击"浏览文件"按钮，在项目文件夹中选择准备工作中创建的"费用预算控制.xlsx"文件。

在【Excel应用程序范围】活动的"执行"区域内添加一个Excel中的【写入范围】活动，在相应的属性面板中，在"输入"节点下的"数据表"文本框中输入变量"FPXX"。

在【写入范围】活动下方添加一个【读取单元格】活动，将读取的起始单元格设置为""C7""，如图6-23所示。这是因为在"费用预算控制.xlsx"文件中，发票金额合计所在的单元格为C7单元格，参考图6-18。在【读取单元格】活动的属性面板中，在"输出"节点下的"结果"文本框中创建变量"FY"，将"变量类型"设置为"Double"，将"范围"设置为整个序列。

5．费用预算控制

（1）添加【A←B分配】活动。在【Excel应用程序范围】活动下方添加一个【A←B分配】活动，在左侧的To文本框中创建变量"YSKZ"，并且将该变量赋值为"3000-FY"，如图6-24所示。设置变量"YSKZ"的"变量类型"为"Double"、"范围"为整个序列，如图6-25所示。

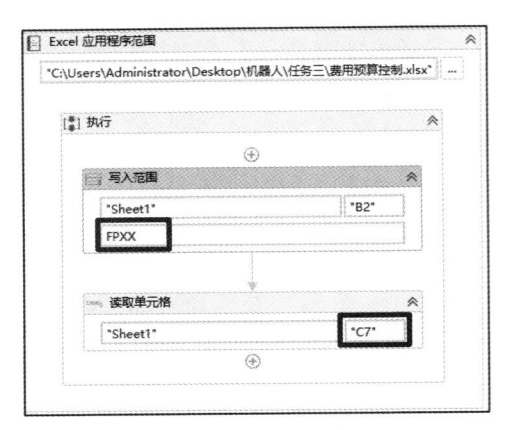

图 6-23 读取计算数据

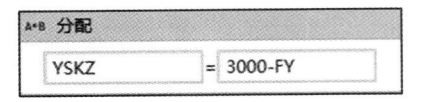

图 6-24 添加【A←B 分配】活动

图 6-25 创建变量

📁 **相关说明：**

变量"YSKZ"是"预算控制"的简称。

（2）添加【IF 条件】活动。在【A←B 分配】活动下方添加一个【IF 条件】活动，在其"条件"文本框中输入"YSKZ<0"，在"Then"区域和"Else"区域内分别添加一个【消息框】活动，并且输入相应的信息，如图 6-26 所示。

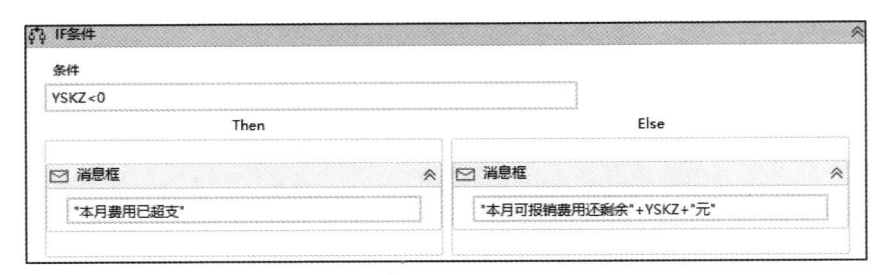

图 6-26 添加【IF 条件】活动

📁 **相关说明：**

在图 6-26 中，在"Else"区域的【消息框】活动中输入的信息为""本月可报销费用还剩余"+YSKZ+"元""。

6. 运行流程

在快捷工具栏中单击"调试文件"下拉按钮，在弹出的下拉列表中选择"运行文件"选项，运行工作流程，运行结果如图 6-27 所示。本任务的完整工作流程如图 6-28 所示。

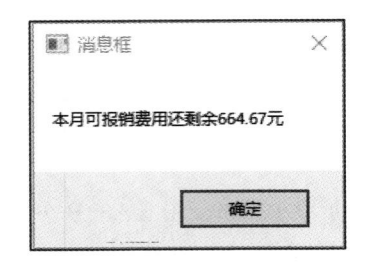

图 6-27 工作流程的运行结果

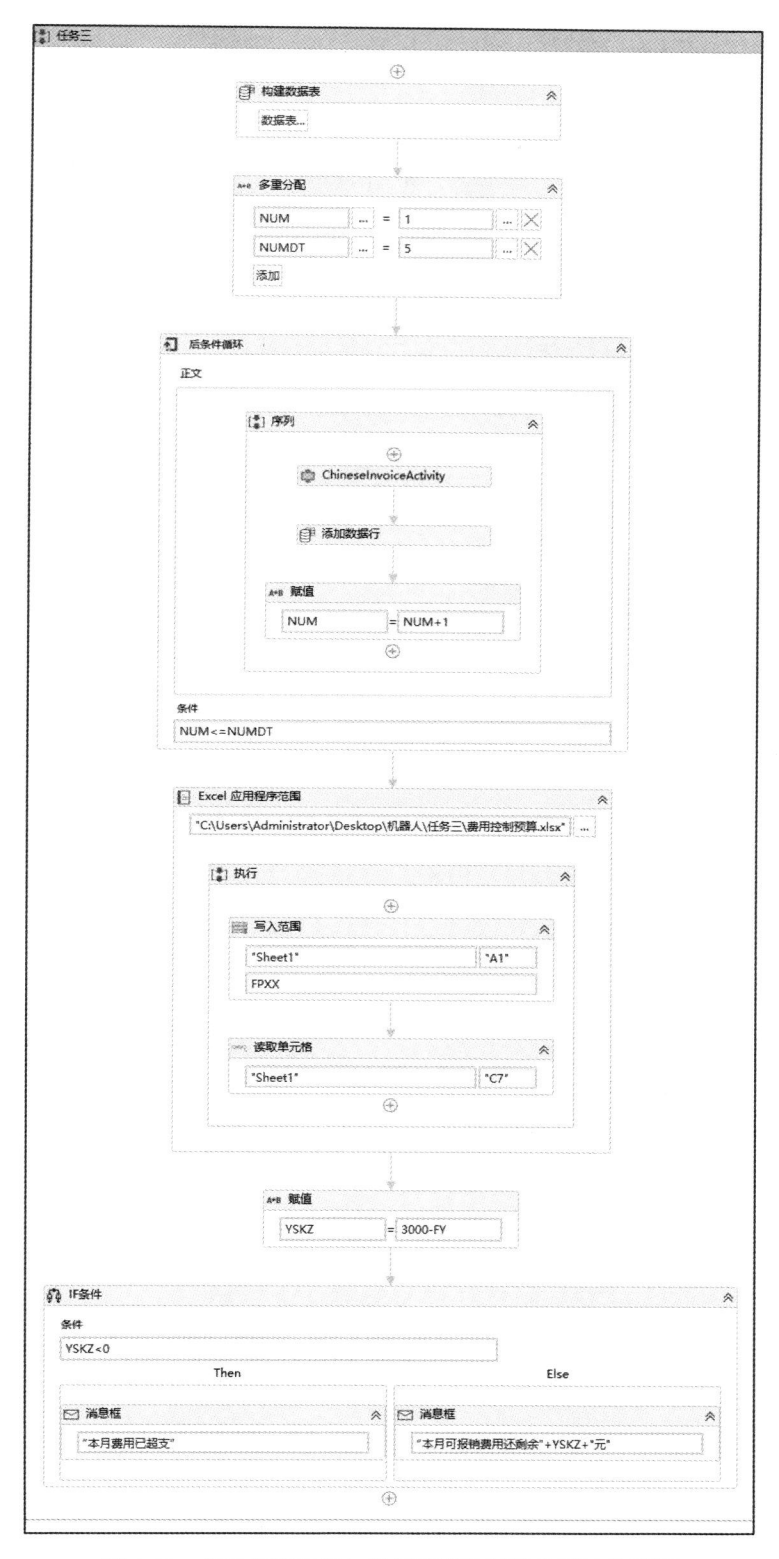

图 6-28 多张发票采集与费用预算控制的完整工作流程

五、易错问题解析

本任务的易错问题解析如表 6-3 所示。

表 6-3 易错问题解析

问 题 出 处	问 题 描 述	问 题 解 析
循环读取发票信息	无法循环读取每一张发票中的信息	检查读取的发票文件地址是否正确
费用预算控制	【A←B 分配】活动的赋值操作提示错误	检查变量设置是否合适

任务考核评价报告

扫描二维码,可参照其制作纸质任务考核评价报告。

项目七

采购预算审核机器人

学习目标

知识目标： 了解网络抓取商品信息自动化的业务流程。
了解采购预算控制的业务流程。
掌握 RPA 财务机器人在网络抓取商品信息自动化过程中的应用原理。
掌握 RPA 财务机器人在采购预算控制中的应用原理。

能力目标： 能够应用 RPA 财务机器人进行网络抓取商品信息自动化工作。
能够应用 RPA 财务机器人进行采购预算控制工作。
能够初步运用 RPA 财务机器人对网络抓取商品信息自动化进行创新应用。

素养目标： 培养学生一丝不苟、精益求精的工匠精神。
帮助学生集聚力量进行科技攻关。
帮助学生坚定文化自信、坚持守正创新。

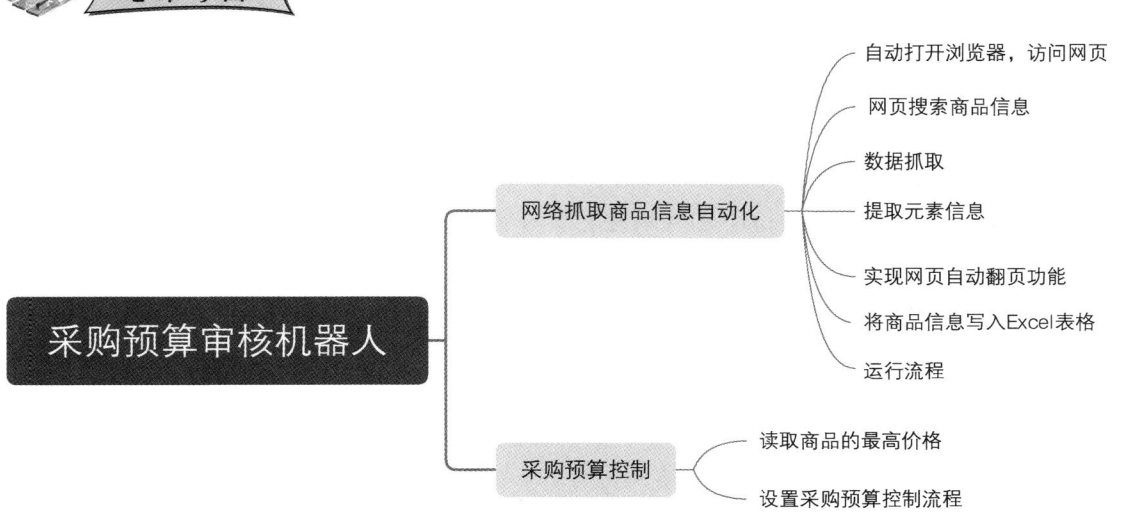

思维导图

采购预算审核机器人
- 网络抓取商品信息自动化
  - 自动打开浏览器，访问网页
  - 网页搜索商品信息
  - 数据抓取
  - 提取元素信息
  - 实现网页自动翻页功能
  - 将商品信息写入Excel表格
  - 运行流程
- 采购预算控制
  - 读取商品的最高价格
  - 设置采购预算控制流程

引导案例

某地产公司的一个楼盘共有6套样板房,需要对其进行软装设计,于是公司采购了大量样板房内的装饰摆设。该软装的采购工作由营销中心主导,装饰摆设的采购共花费500万元,平均每套样板房的软装花费80余万元。

审计人员调取了软装清单和报价单,对其中价值高的物品(如沙发、厨卫用品)进行了市场比价,这些物品的价格与市场价相比没有太大的差别。审计人员继续进行摸索,发现壁画、吊灯、地毯、摆件的数量较多,价值共计150万元。审计人员根据清单对现场进行了盘点,发现壁画、摆件的数量短缺。审计人员做好了相关盘点记录并由相关人员签字确认,然后对这些物品进行了市场比价,发现其价格均高于同档次物品的市场价格。根据职业嗅觉,审计人员判断这是一起舞弊事件,可能存在"吃回扣"现象。

然而审计人员在对相关的合同进行审查,并且将合同后附的供货清单与相关货物验收记录进行比对时,并没有发现太大的问题。

审计人员控制了相关人员,对涉及采购的人员和进行案场布置的人员分组进行面谈,分别让约谈人员对已查实的价格问题及数量问题进行解释。在逐个突破后,涉事人员陈某等人交代了其与供应商串通"吃回扣"的问题。

(资料来源:采购舞弊审计案例分析.九派新闻)

案例思考:该案例给我们带来怎样的启示?

案例分析参考

学习指引

企业采购预算是采购部门在一定的计划期间(年度、季度或月度)制订的采购用款计划。企业负责采购预算控制的人员需要审核拟采购商品的价格是否超出采购预算。

比质比价是审核采购预算执行的原则之一,但在采购预算的执行过程中,通过网络进行大量商品的比价成了常见的重复性事项。一方面,人工收集价格信息比对条目繁杂,逐条比对数据费时费力,容易出现差错;另一方面,价格信息随市场实时波动,要保证采购预算执行的实时性,可能会增加采购方重复询价比对的人工成本。比价和审核采购预算执行情况的工作通常是重复性的,如果通过RPA财务机器人完成,则可以起到事半功倍的效果。

本项目主要通过网络抓取商品信息自动化(又称为Web应用程序自动化)和采购预算控制共两个应用场景,讲解采购预算审核机器人的工作流程。

任务一　网络抓取商品信息自动化

一、任务目标

1. 掌握网络抓取商品信息自动化的业务流程。
2. 掌握 Excel 组件的应用方法。
3. 掌握利用 UiPath 软件自动在网络上抓取商品信息的工作流程和方法。

二、准备工作

1. 下载并安装谷歌浏览器。
2. 熟悉网上商城比价的基本操作，本任务以在京东网站进行购物比价为例。
3. 由于本任务中的 UiPath 软件需要使用谷歌浏览器，因此需要确保在执行程序前，已经在"工具"选项卡中安装了谷歌浏览器的加载项，具体如图 7-1 所示。

视频操作微课：
7-1 运行结果和浏览器设置

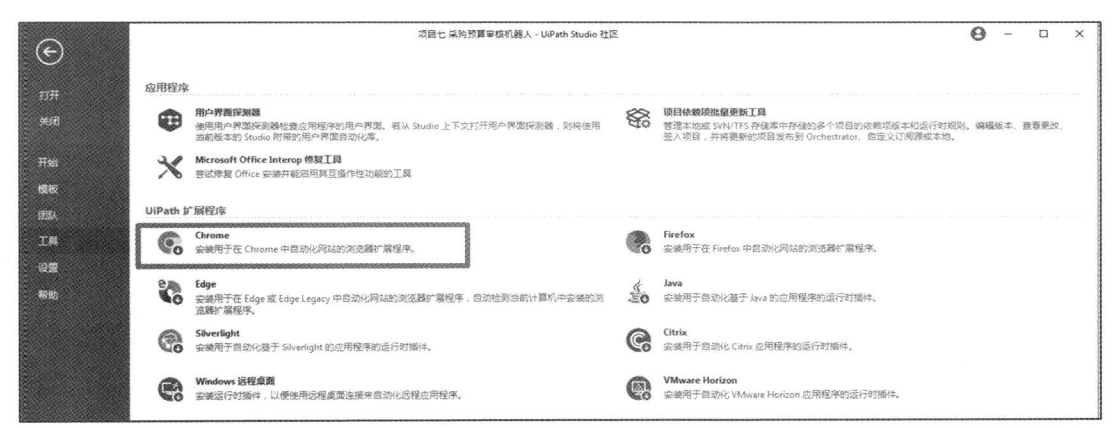

图 7-1　在"工具"选项卡中安装谷歌浏览器的加载项

三、任务引例

红海公司是一家商业贸易公司，主营业务为在国内销售电子产品，电子产品主要来自国内批发商。现在红海公司需要使用 RPA 财务机器人从网络上快速采集一些电子产品的型号、价格、网店名称等信息，为制定科学的电子产品采购方案奠定良好的基础。本任务主要完成"华为手机"产品信息的自动化采集工作。

四、操作过程与步骤

【业务流程】

网络抓取商品信息自动化的业务流程如图 7-2 所示。

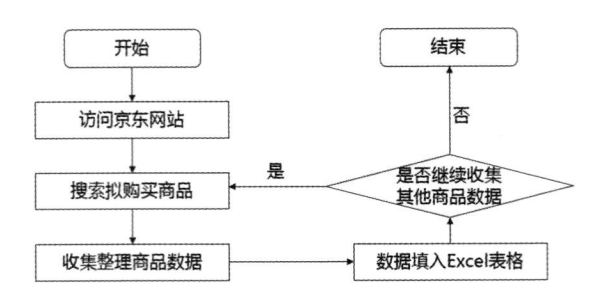

图 7-2 网络抓取商品信息自动化的业务流程

【操作步骤】

1. 自动打开浏览器，访问网页

（1）新建序列。打开 UiPath 软件，新建一个空白流程，将其命名为"采购预算审核机器人"；然后新建一个序列，将其命名为"上网抓取商品信息案例"。

（2）添加【打开浏览器】活动。在活动区中选择"活动"选项卡，搜索并选中【打开浏览器】活动，将其放置于（双击或拖曳）"上网抓取商品信息案例"序列中，在该活动的地址栏中输入网址""www.jd.com""（网址用英文双引号引起来），如图 7-3 所示。

图 7-3　添加【打开浏览器】活动

也可以打开【打开浏览器】活动的属性面板，在"输入"节点下的"URL"文本框中输入该网址，然后设置"浏览器类型"，默认为 IE 浏览器，这里选择谷歌浏览器（Google Chrome），如图 7-4 所示。此时运行工作流程，可以实现 RPA 财务机器人自动在谷歌浏览器上打开京东网站的效果。

图 7-4 设置"浏览器类型"

2. 网页搜索商品信息

（1）添加【网页录制】活动。在"设计"界面的快捷工具栏中单击"录制"下拉按钮，在弹出的下拉列表中选择"网页"选项，即可进入网页录制的状态，如图 7-5 所示。

视频操作微课：
7-2 打开浏览器和网页搜索拟采购商品

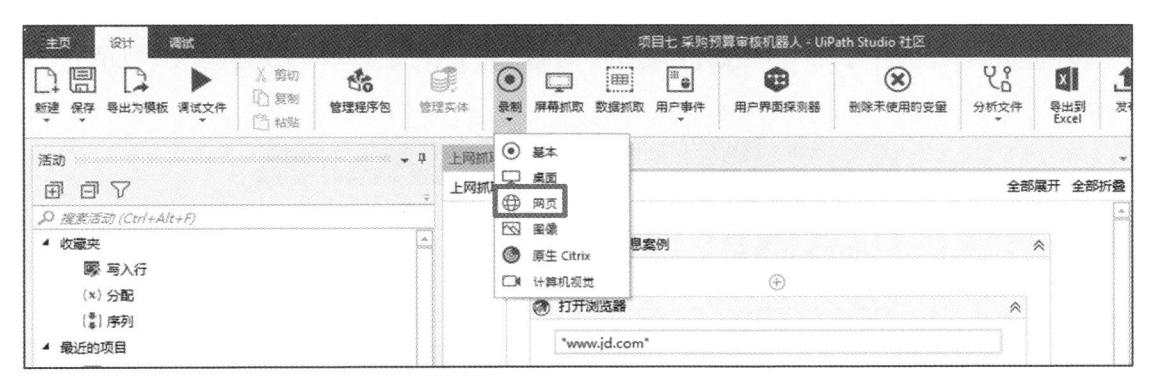

图 7-5 添加【网页录制】活动

（2）开始【网页录制】活动。在弹出来的"网页录制"工具栏中单击"录制"按钮，如图 7-6 所示，即可录制后续访问网页的操作过程。

图 7-6 单击"录制"按钮

（3）搜索商品信息。在京东网站的搜索框上单击，打开"输入所需值"面板，如图 7-7 所示；在该面板中输入"华为手机"，按 Enter 键，如图 7-8 所示；在鼠标指针变成小手图标后，单击"搜索"按钮 🔍，如图 7-9 所示；在完成搜索后，即可在网页中显示商品信息搜索结果。

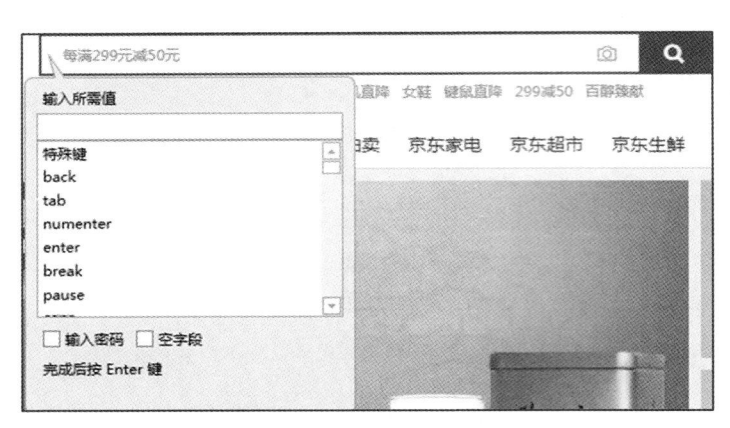

图 7-7　"输入所需值"面板　　　　　　图 7-8　输入"华为手机"

图 7-9　单击"搜索"按钮

（4）结束【网页录制】活动。在商品信息搜索完毕后，在键盘上按 Esc 键，此时再次弹出"网页录制"工具栏，单击"保存并退出"按钮，即可结束【网页录制】活动，如图 7-10 所示。

图 7-10　单击"保存并退出"按钮

（5）观察网页录制的工作流程。在网页录制完毕后，会自动在工作流程中添加一个"网页"序列，该序列中包含【附加浏览器】活动，并且自动在【输入信息'INPUT key'】活动中填入了""华为手机""，表示在浏览器中输入的搜索关键字为"华为手机"，如图 7-11 所示。

（6）添加【输入对话框】活动。为实现操作人员采购询价不同商品的功能，可以添加人机对话环节，即添加【输入对话框】活动。在【附加浏览器】活动上方添加一个【输入对话框】活动。在【输入对话框】活动的两个文本框中分别输入""输入商品""和""请输入您想采购询价的商品""，如图 7-12 所示。

项目七 采购预算审核机器人

图 7-11 网页录制的工作流程

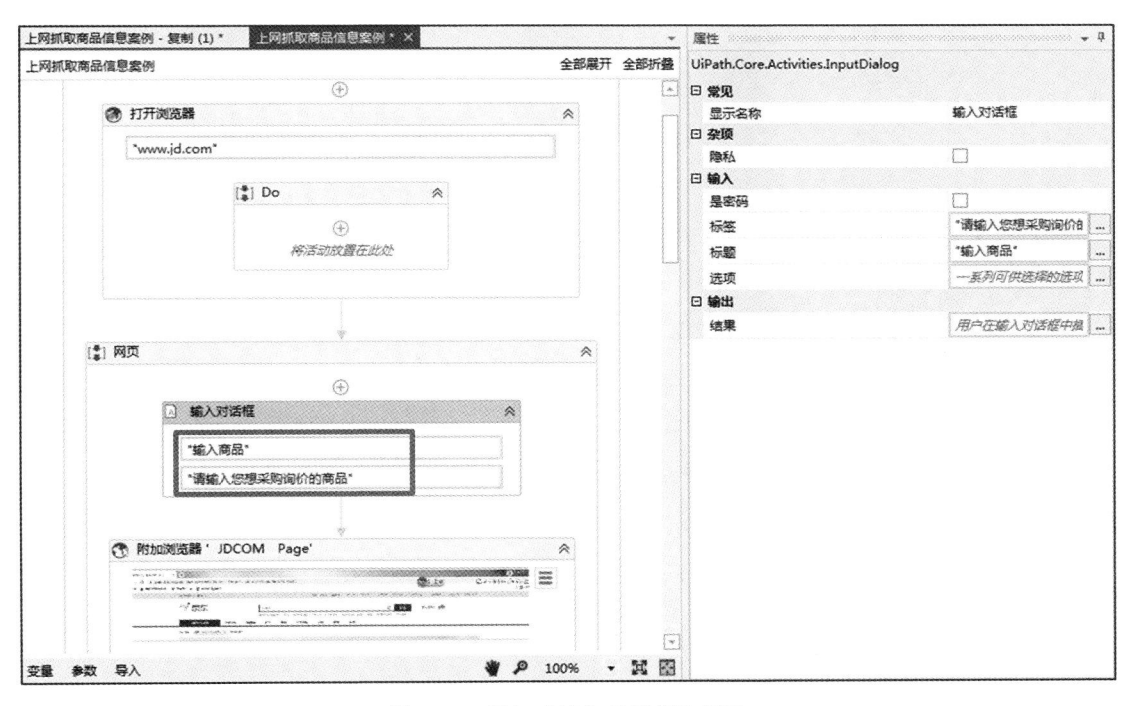

图 7-12 添加【输入对话框】活动

141

（7）创建变量。在开发区中选中"上网抓取商品信息案例"序列，然后选择"变量"选项卡，创建一个新变量，将"名称"设置为"商品名称"，将"变量类型"设置为"String"，将"范围"设置为"上网抓取商品信息案例"。如图7-13所示。打开【输入对话框】活动的属性面板，在"输出"节点下的"结果"文本框中输入变量"商品名称"，如图7-14所示。

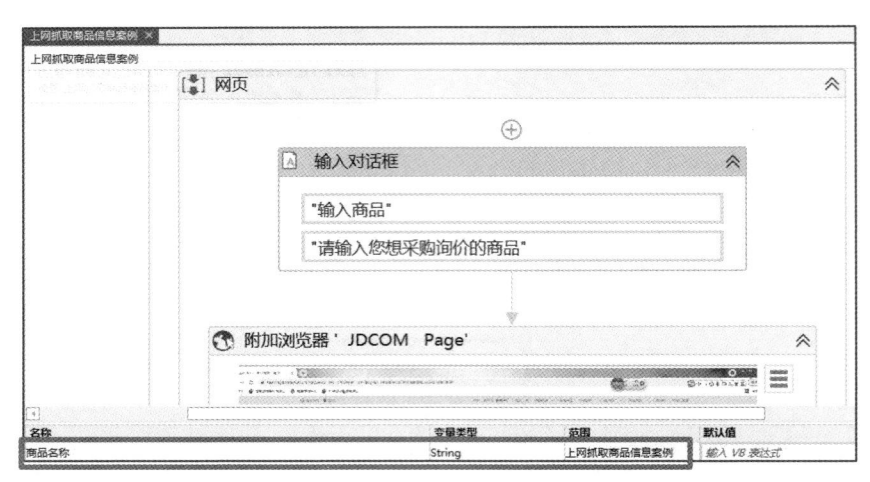

图 7-13　创建变量"商品名称"

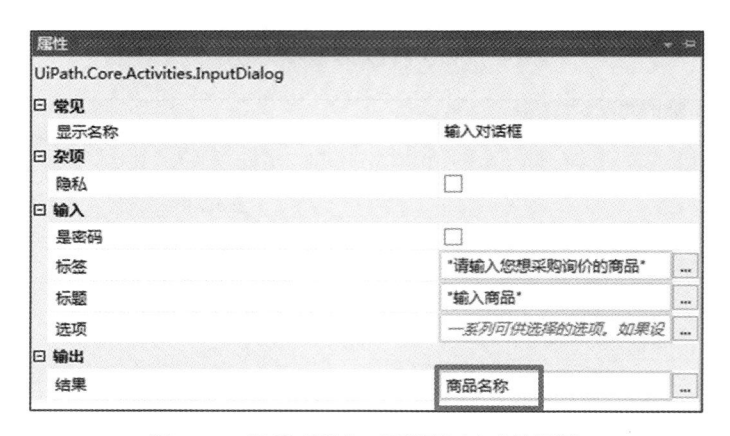

图 7-14　设置【输入对话框】活动的属性

（8）重命名【网页录制】活动中相关活动的名称。为了提升工作流程的可理解性，可以对【网页录制】活动中的一些活动进行重命名。在【附加浏览器】活动中，将序列"Do"重命名为"搜索商品信息"，将【输入信息'INPUT key'】活动重命名为"输入商品名称信息"，将【单击'BUTTON'】活动重命名为"单击搜索"，重命名前、后的【附加浏览器】活动分别如图7-15和图7-16所示。

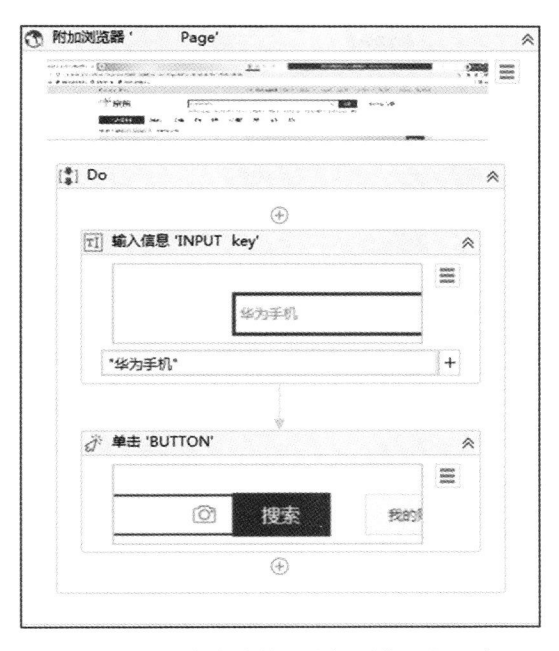

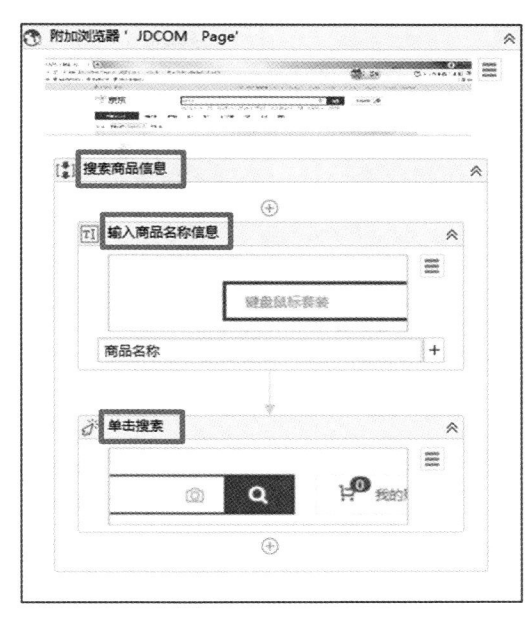

图 7-15　重命名前的【附加浏览器】活动　　　　图 7-16　重命名后的【附加浏览器】活动

（9）修改【输入商品名称信息】活动中的文本信息。在【输入商品名称信息】活动中，将""华为手机""修改为变量"商品名称"，如图 7-17 所示。

图 7-17　将"华为手机"修改为变量"商品名称"

（10）运行流程，检验自动搜索的效果。运行工作流程，在弹出的对话框中输入商品名称时，可以尝试换一种商品名称。例如，输入"小米扫地机器人"，会自动搜索并显示"小米扫地机器人"的相关商品信息，如图 7-18 所示。如果网页无法成功显示"小米扫地机器人"的相关商品信息，那么建议认真检查变量的设置是否正确。

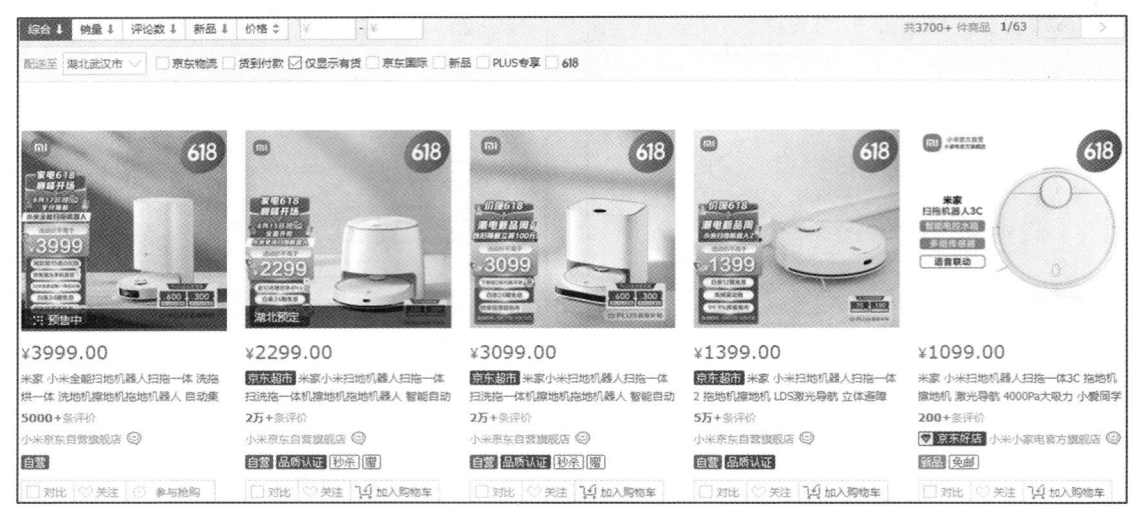

图 7-18 自动搜索并显示"小米扫地机器人"的相关商品信息

3. 数据抓取

添加【数据抓取】活动。以图 7-18 中的"小米扫地机器人"相关商品信息网页为背景,在"设计"界面的快捷工具栏中单击"数据抓取"按钮,如图 7-19 所示。

视频操作微课:
7-3 抓取结构化数据信息

图 7-19 单击"数据抓取"按钮

4. 提取元素信息

(1)提取商品型号信息。

① 在单击快捷工具栏中的"数据抓取"按钮后,弹出"提取向导"对话框,提示用户"选择元素",如图 7-20 所示,单击"下一步"按钮。

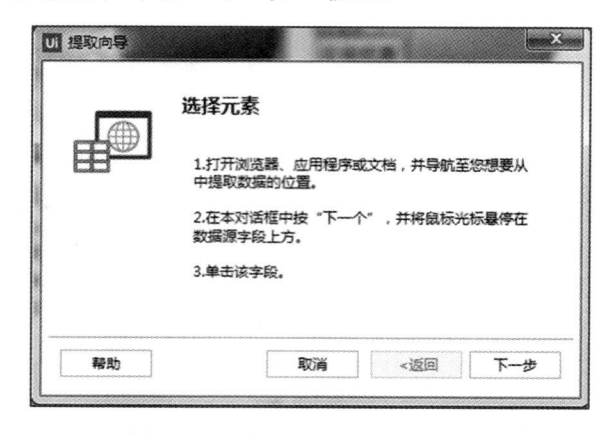

图 7-20 "提取向导"对话框(1)

② 将鼠标指针移动到网页中第 1 件商品的型号处，会显示一个黄色方框，在确认框选内容为需要选择的目标元素后单击，如图 7-21 所示。

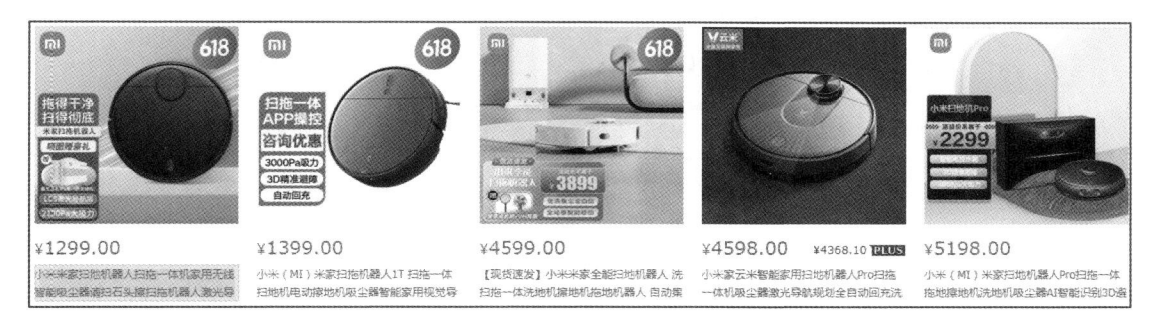

图 7-21 提取第 1 件商品的型号信息

③ 再次弹出"提取向导"对话框，提示用户"选择第二个元素"，如图 7-22 所示，单击"下一步"按钮。

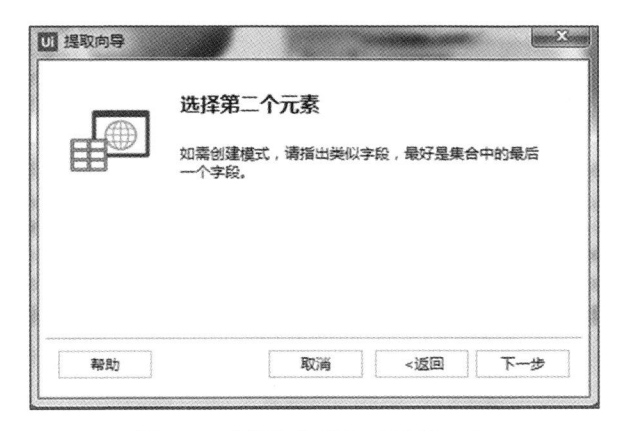

图 7-22 "提取向导"对话框（2）

④ 将鼠标指针移动到网页中第 2 件商品的型号处，依然会显示一个黄色方框，在确认框选内容为需要选择的目标元素后单击，如图 7-23 所示。

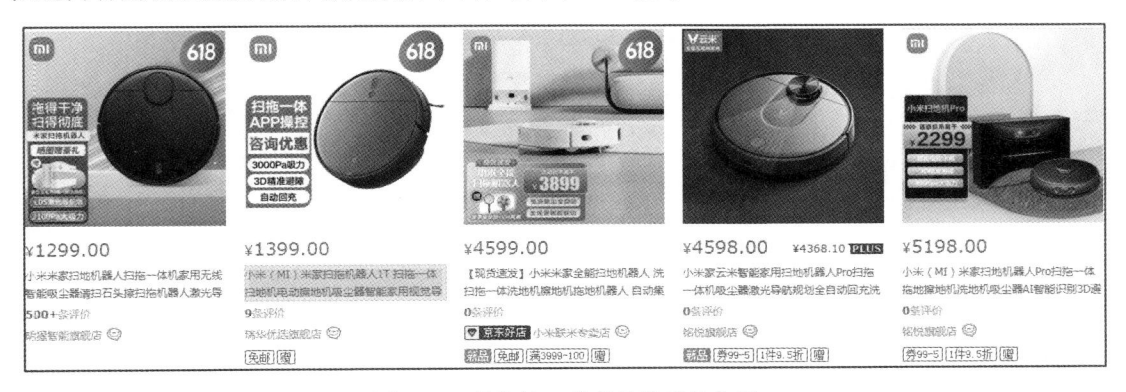

图 7-23 提取第 2 件商品的型号信息

⑤ 再次弹出"提取向导"对话框，提示用户"配置列"，将"文本列名称"修改为"商

品型号",如图 7-24 所示,然后单击"下一步"按钮。

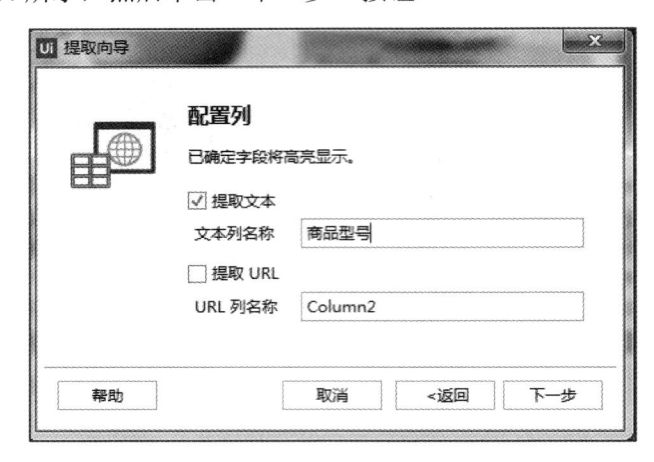

图 7-24 "提取向导"对话框(3)

⑥ 再次弹出"提取向导"对话框,提示用户"预览数据",即完成了对商品型号信息的提取,如图 7-25 所示。如果需要继续提取商品的其他信息,则单击"提取相关数据"按钮。

图 7-25 "提取向导"对话框(4)

(2)提取商品价格信息。

提取商品价格信息与提取商品型号信息的操作步骤相同,具体如图 7-26、图 7-27 和图 7-28 所示。需要注意的是,在选择元素信息范围时,两次操作所选黄色方框的范围应保持一致。

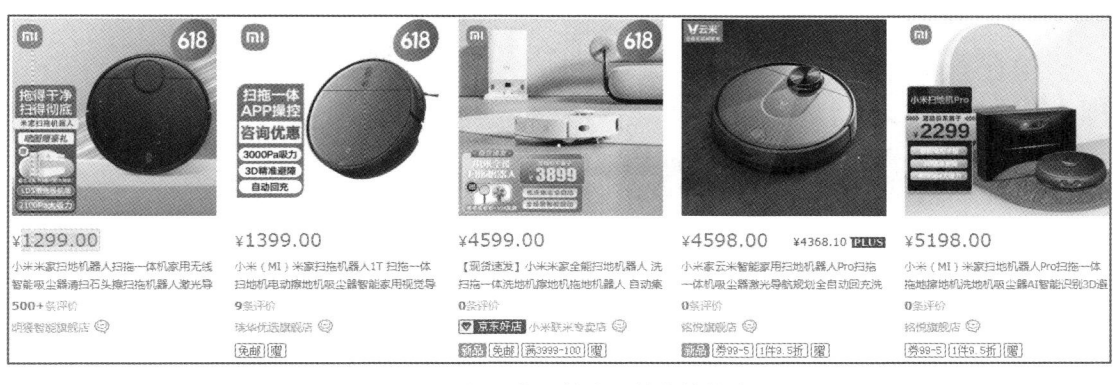

图 7-26 提取第 1 件商品的价格信息

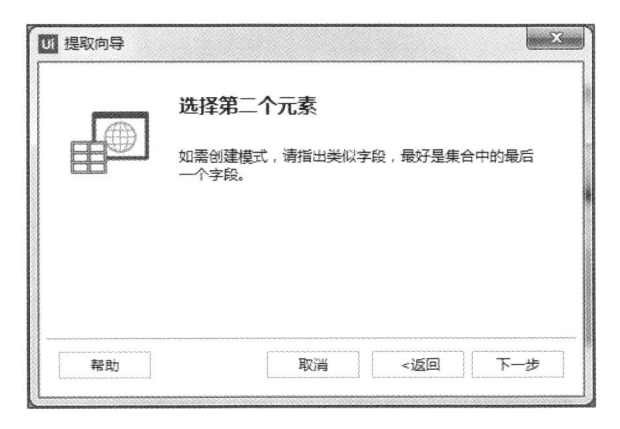

图 7-27 "提取向导"对话框（5）

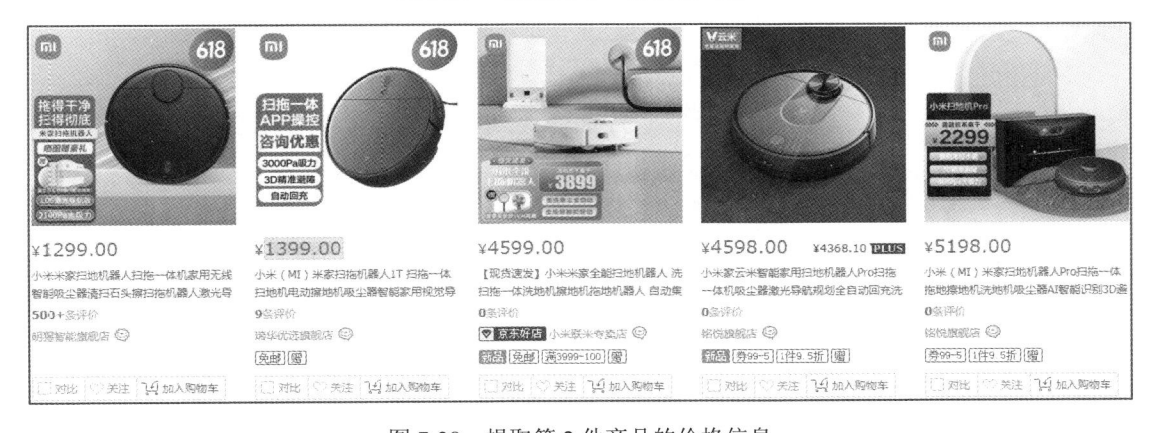

图 7-28 提取第 2 件商品的价格信息

📁 **相关说明：**

在选择商品价格信息的范围时，要确认所选区域内是否包含人民币符号，本任务选择不包含人民币符号的价格信息，选择黄色方框范围的常见错误如图 7-29 所示。

再次弹出"提取向导"对话框，提示用户"配置列"，将"文本列名称"修改为"商品价格"，如图 7-30 所示，然后单击"下一步"按钮。

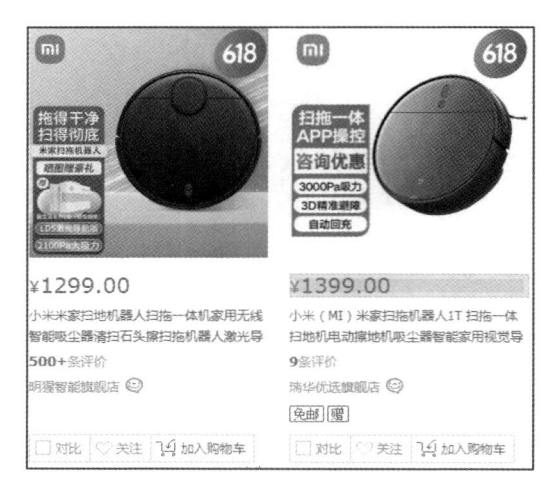

图 7-29 选择黄色方框范围的常见错误　　　图 7-30 "提取向导"对话框（6）

再次弹出"提取向导"对话框，提示用户"预览数据"，即完成了对商品价格信息的提取，如图 7-31 所示。单击"提取相关数据"按钮，可以继续提取商品的其他信息。

图 7-31 "提取向导"对话框（7）

（3）提取店铺名称信息。

提取店铺名称信息与提取商品型号信息、提取商品价格信息的操作步骤相同，此处不再赘述。在提取了前两件商品的店铺名称信息后，会再次弹出"提取向导"对话框，提示用户

"配置列",将"文本列名称"修改为"店铺名称",如图 7-32 所示,然后单击"下一步"按钮。

图 7-32 "提取向导"对话框(8)

再次弹出"提取向导"对话框,提示用户"预览数据",即完成了对店铺名称信息的提取。此时可以修改"最大结果条数",本任务将默认的 100 条修改为 200 条,即可提取 200 条包含商品型号、商品价格和店铺名称的商品信息,如图 7-33 所示。如果不再需要提取其他商品信息,则单击"完成"按钮。

图 7-33 "提取向导"对话框(9)

5. 实现网页自动翻页功能

(1)系统会弹出"指出下一个链接"对话框,用于询问用户"数据是否跨多个页面?",即询问网页是否翻页,如图 7-34 所示,单击"是"

视频操作微课:
7-4 修复网页翻页功能

按钮确定翻页。

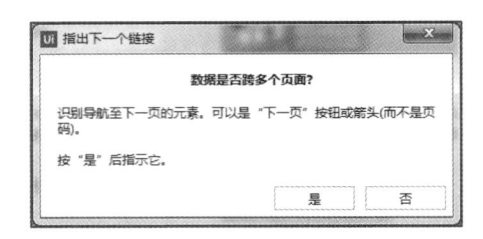

图 7-34 "指出下一个链接"对话框

（2）在网页中快速找到"下一页"按钮，系统限时 3 秒钟，如果在 3 秒钟内没有找到，则可以在键盘上按 F2 键，系统会再给予 3 秒钟时间。可以多次按 F2 键，每次给予 3 秒钟时间，直至在网页中找到并单击"下一页"按钮，如图 7-35 所示。

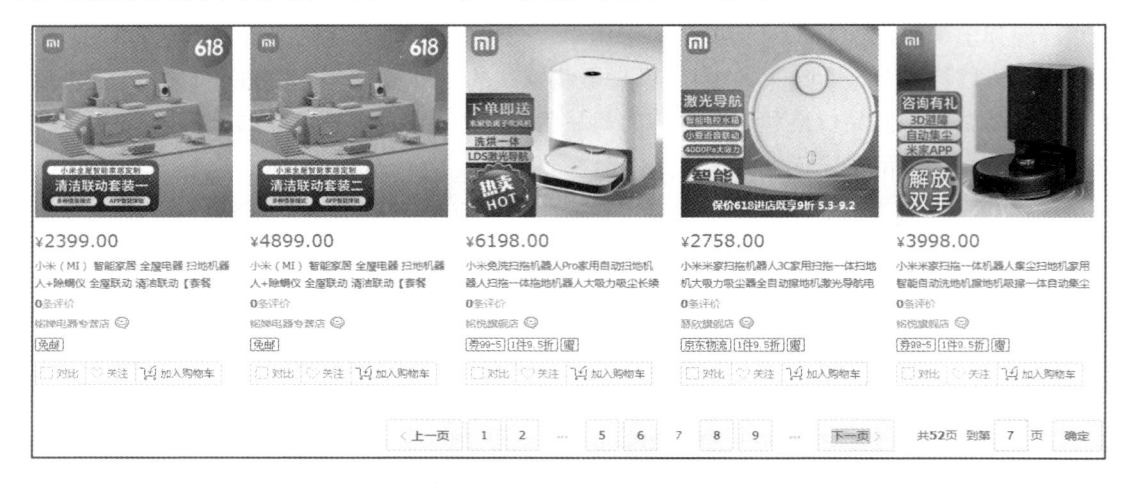

图 7-35 在网页中找到并单击"下一页"按钮

（3）运行流程，检验自动搜索的效果。运行工作流程，在弹出的对话框中输入本次搜索的商品名称"香奈儿香水"，可以看到在搜索"香奈儿香水"的相关商品信息时，网页并没有翻页，始终停留在第 1 页，如图 7-36 所示。此时的工作流程出现报错提示，自动显示红色方框，工作流程无法自动结束运行，如图 7-37 所示。

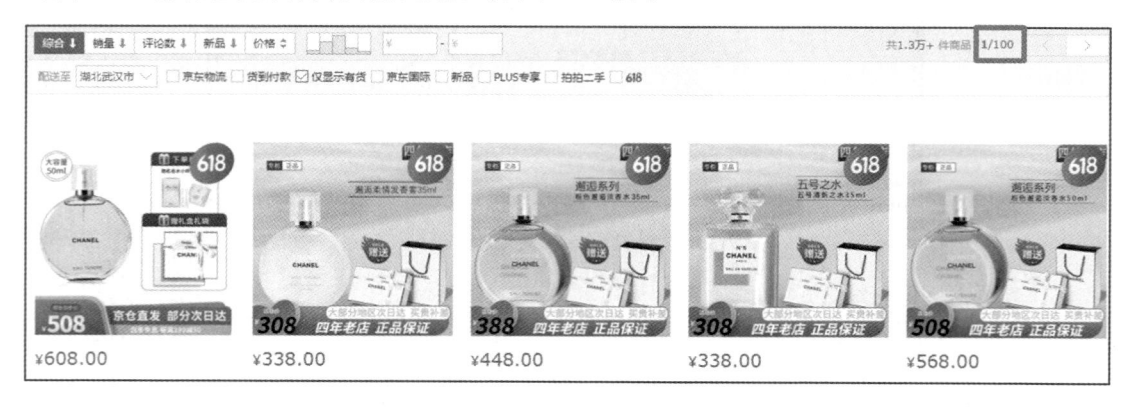

图 7-36 网页停留在第 1 页

项目七 采购预算审核机器人

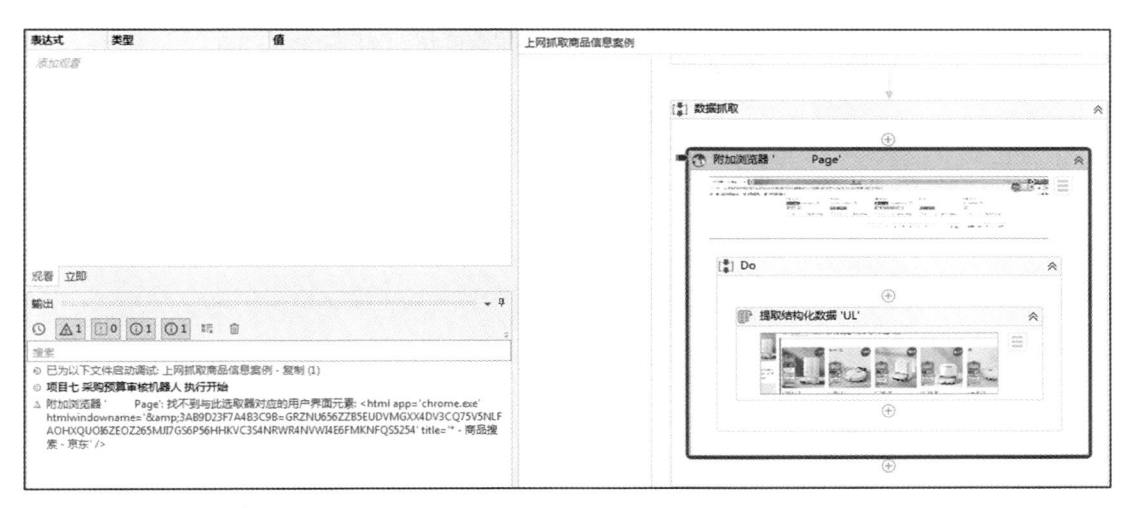

图 7-37 工作流程出现报错提示

（4）手动停止运行流程。在"调试"界面的快捷工具栏中单击"停止"按钮，如图 7-38 所示，等待系统由"调试"界面返回"设计"界面，再修复工作流程。

图 7-38 单击"停止"按钮

（5）单击【附加浏览器】活动右上角的 图标（俗称三明治或汉堡包），在弹出的下拉列表中选择"编辑选取器"选项，如图 7-39 所示；弹出"选取器编辑器"对话框，此时，左上角的"验证"按钮显示为红色，表示指定的目标内容不准确，如图 7-40 所示。单击"修复"按钮，对其进行修复。

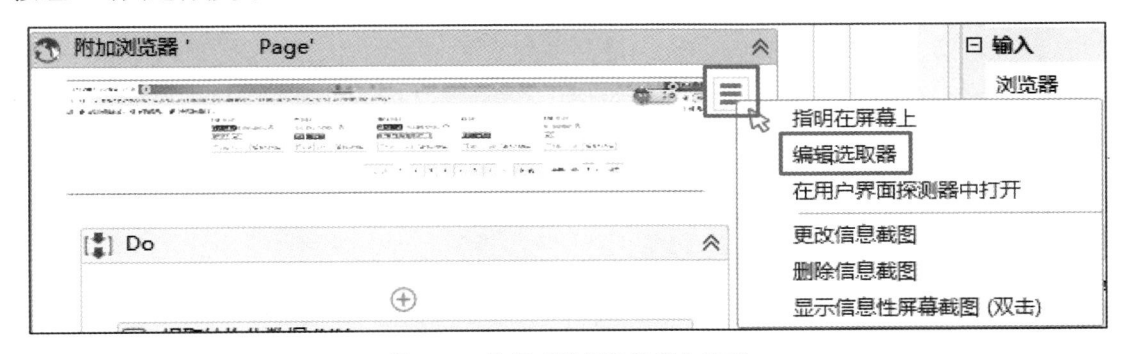

图 7-39 选择"编辑选取器"选项

151

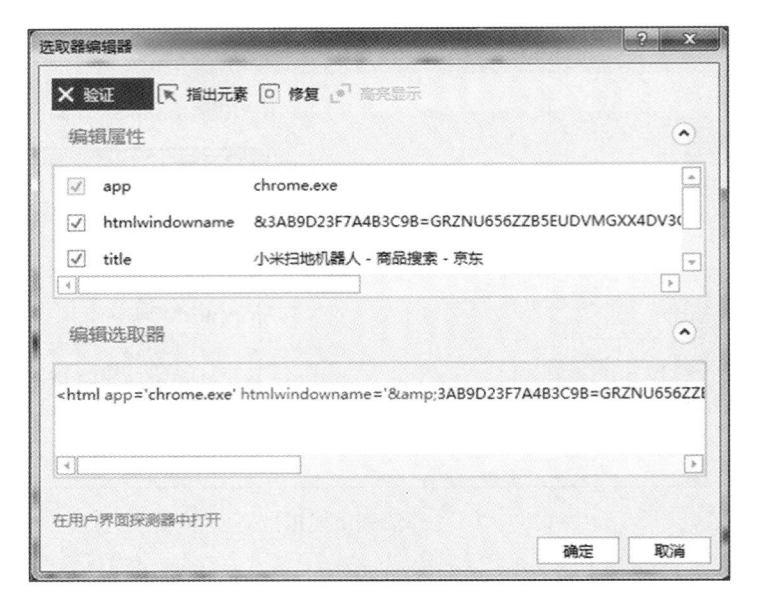

图 7-40 "选取器编辑器"对话框(1)

（6）系统会自动跳转到网页界面，整个网页会显示为暗影状态，如图 7-41 所示；同时网页周围显示黄色边框，在屏幕上出现小手图标时单击。系统会自动跳转回"选取器编辑器"对话框；此时，左上角的"验证"按钮显示为绿色，表示修复成功，并且"编辑属性"列表框中的"title"显示为"*-商品搜索-京东"，如图 7-42 所示，单击"确定"按钮，即可实现自动翻页功能。

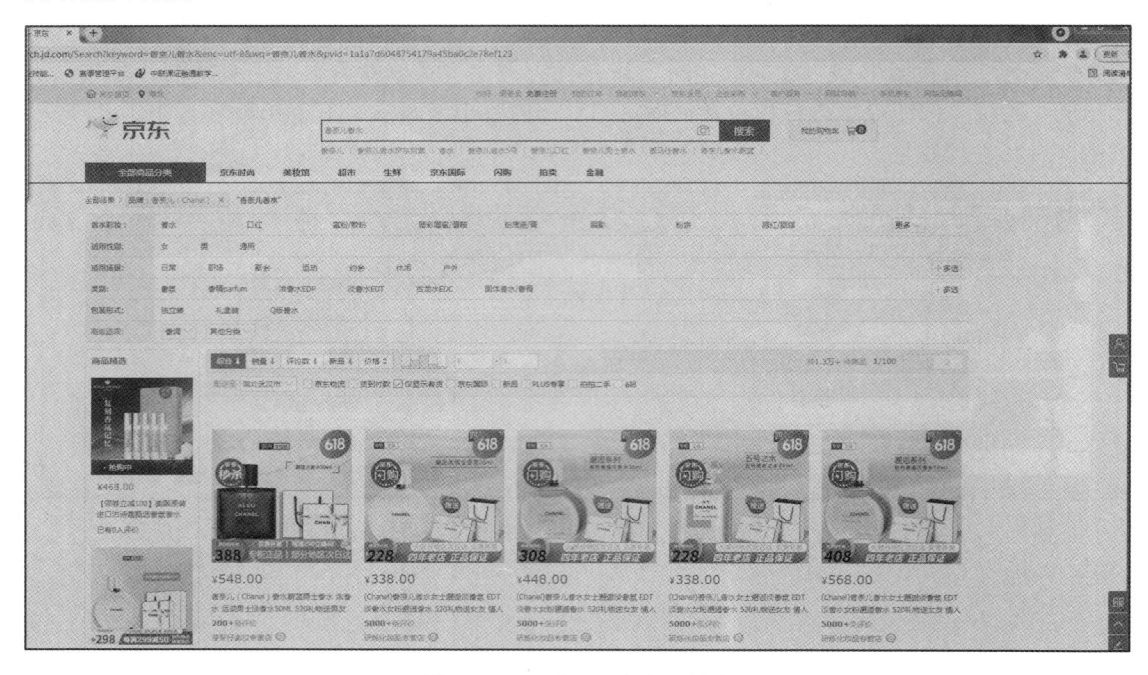

图 7-41 网页显示为暗影状态

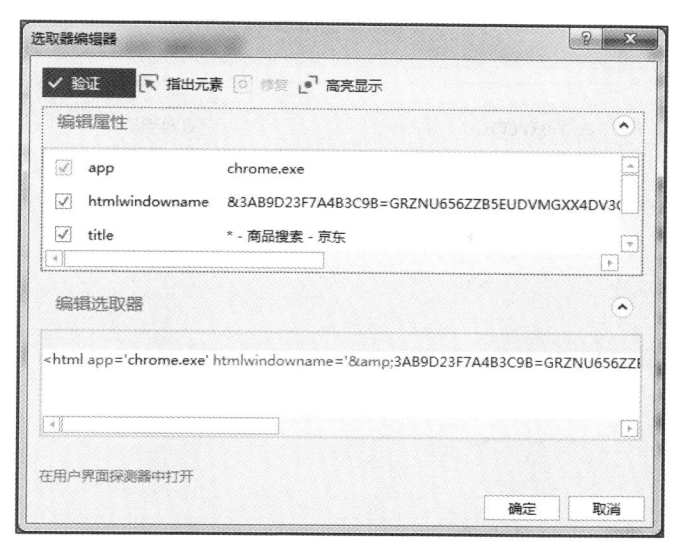

图 7-42 "选取器编辑器"对话框（2）

（7）检验工作流程是否实现了翻页功能。再次运行工作流程，在弹出的对话框中输入要搜索的商品名称"小米手环"，系统会自动搜索并显示"小米手环"的相关商品信息，此次网页中会出现"正在加载中，请稍后"的提示，根据右上角的网页提示可知，机器人正自动翻页到了第 3 页，如图 7-43 所示。

图 7-43 机器人对网页进行自动翻页

6. 将商品信息写入 Excel 表格

（1）添加一个【Excel 应用程序范围】活动，在相应的属性面板中，在"文件"节点下的"工作簿路径"文本框中输入变量"商品名称"，即工作流程自动新建的 Excel 工作簿文件名称，该名称可以根据变量的变化而改变，也可以直接用其他名称命名，如

视频操作微课：
7-5 网络商品信息写入表格

图 7-44 所示。

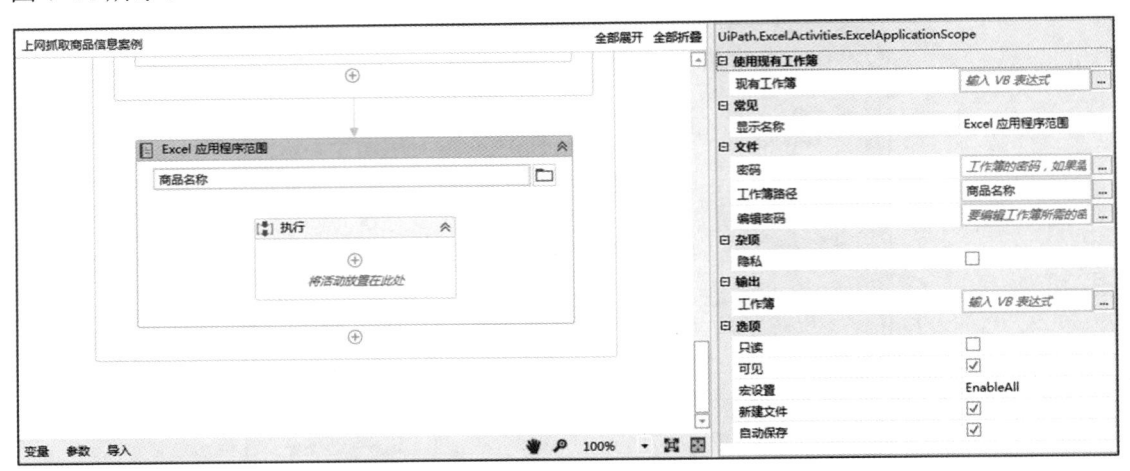

图 7-44 添加【Excel 应用程序范围】活动并设置其属性

（2）添加一个 Excel 中的【写入范围】活动，如图 7-45 所示，将其拖曳至【Excel 应用程序范围】活动的"执行"区域内。

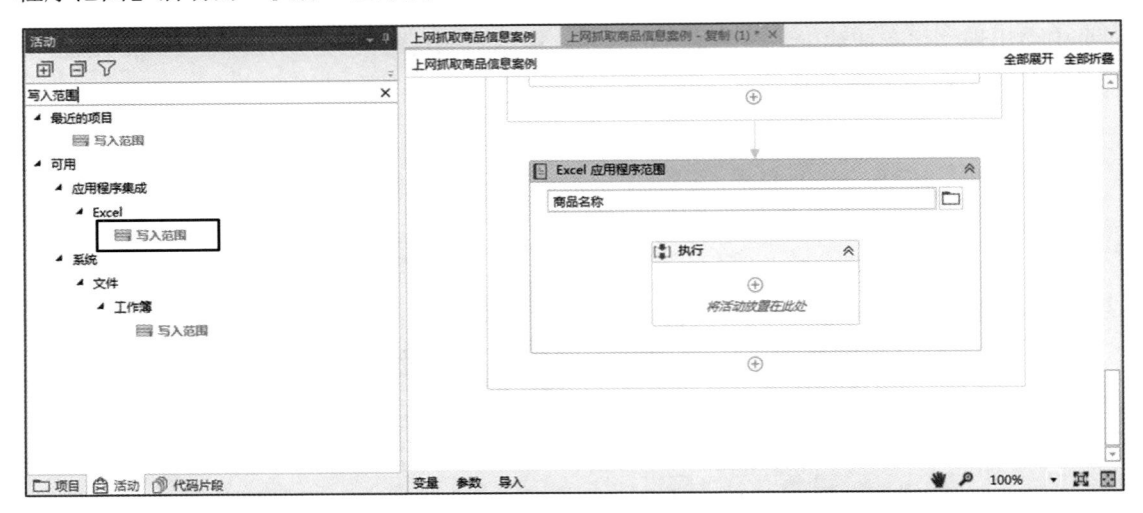

图 7-45 添加【写入范围】活动

修改变量"ExtractDataTable"。在开发区中选中【数据抓取】活动，打开变量面板，可以发现增加了变量"ExtractDataTable"，将该变量的"范围"修改为"上网抓取商品信息案例"，如图 7-46 所示。需要注意的是，该变量是在数据抓取过程中，系统自动创建的。

【写入范围】活动中的"工作表名称"和"起始单元格"分别默认为""Sheet1""和""A1""，在"数据表"文本框中输入变量"ExtractDataTable"，如图 7-47 所示。

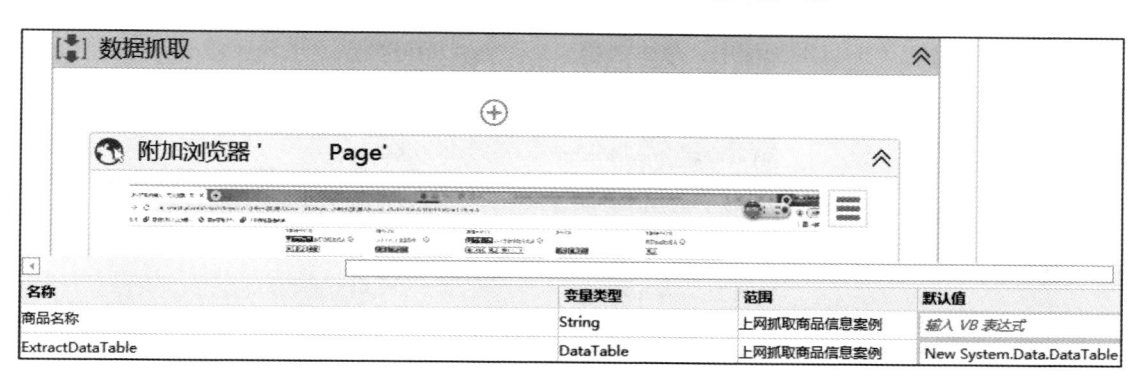

图 7-46 数据表空格填写前状态

图 7-47 在"数据表"文本框中输入变量后的状态

在【写入范围】活动的属性面板中,勾选"选项"节点下的"添加标头"复选框,如图 7-48 所示,之后 RPA 财务机器人新建的 Excel 表格会自动带有标题。

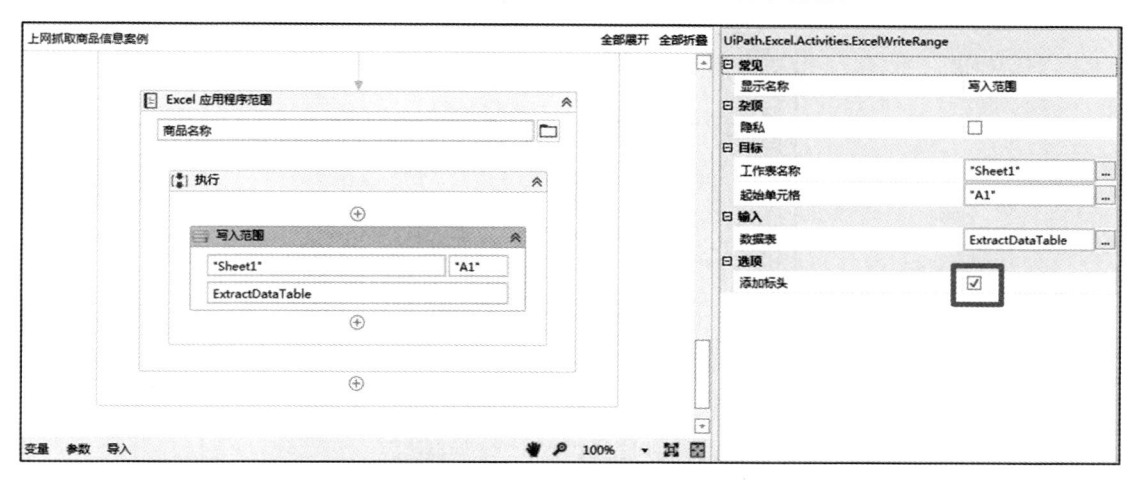

图 7-48 设置【写入范围】活动的属性

7. 运行流程

(1)至此,本任务的工作流程设计完毕,再次运行工作流程,在弹出的对话框中输入本次拟采购的商品名称"华为手机",系统会自动搜索并显示"华为手机"的相关商品信息,并且会自动出现 Excel 表格(短时间闪现)。其实 RPA 财务机器人已经自动创建了 Excel 文件,在活动区下方选择"项目"选项卡，单击"刷新"按钮，即可显示"华为手机.xlsx"文件，如图 7-49 所示。

图 7-49 在单击"刷新"按钮后显示"华为手机.xlsx"文件

（2）打开"华为手机.xlsx"文件，可以看到 RPA 财务机器人自动创建了带标题的 200 条"华为手机"的相关商品信息，如图 7-50 所示。本任务的完整工作流程如图 7-51 所示。

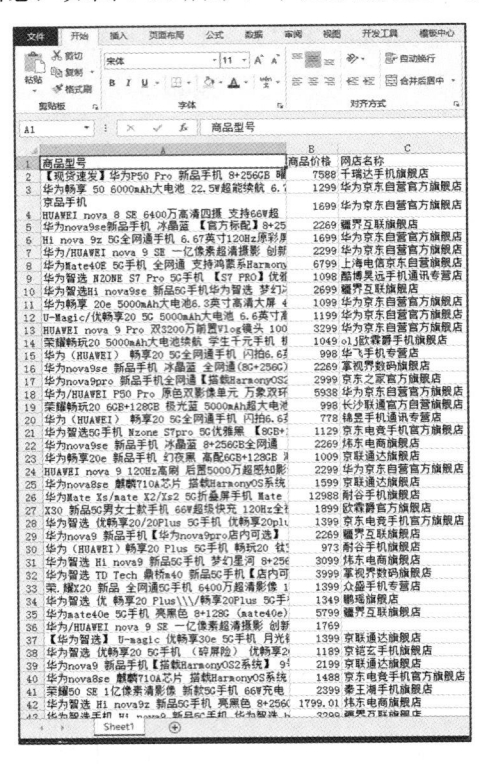

图 7-50 "华为手机.xlsx"文件中"华为手机"的相关商品信息

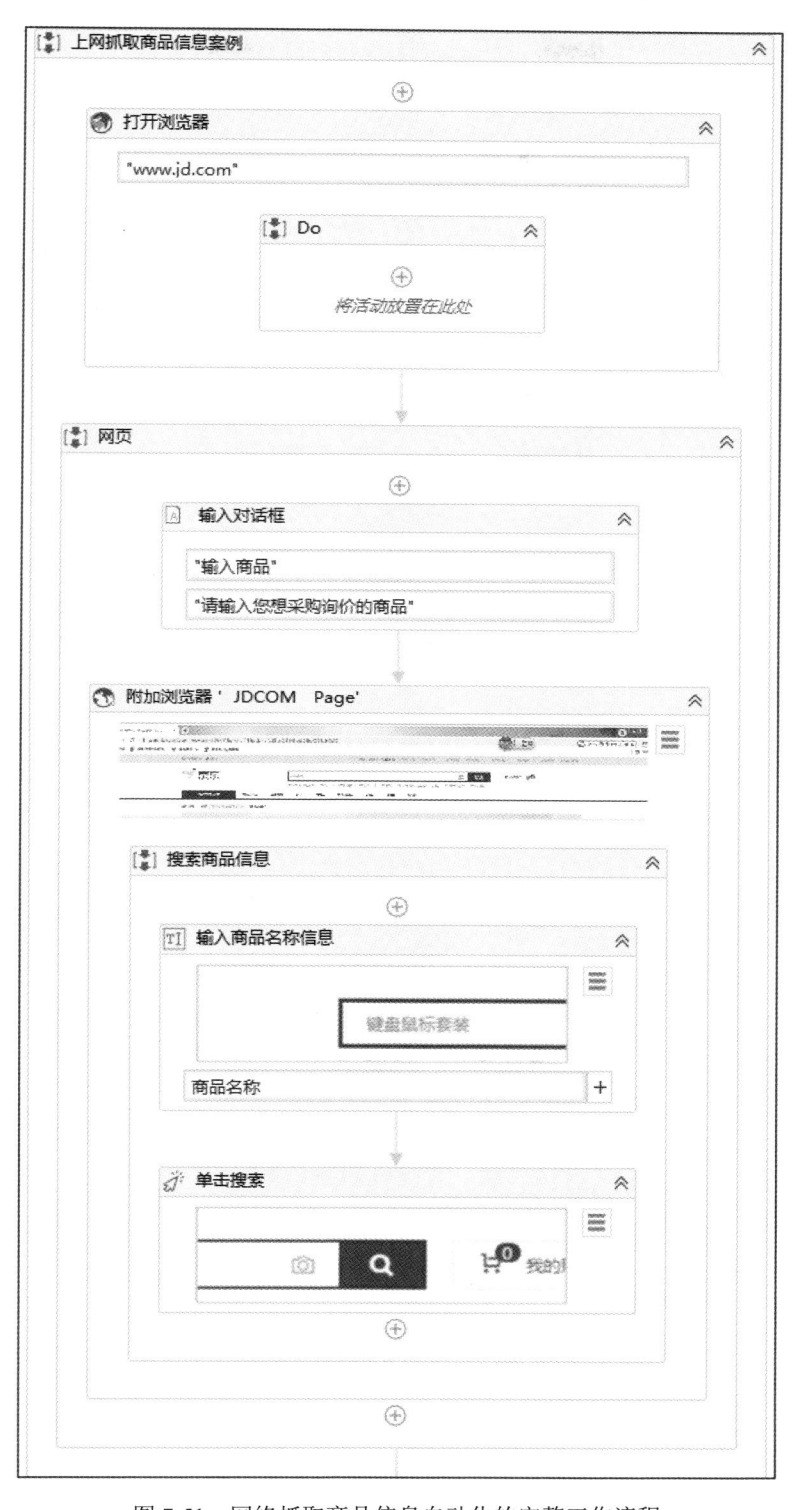

图 7-51 网络抓取商品信息自动化的完整工作流程

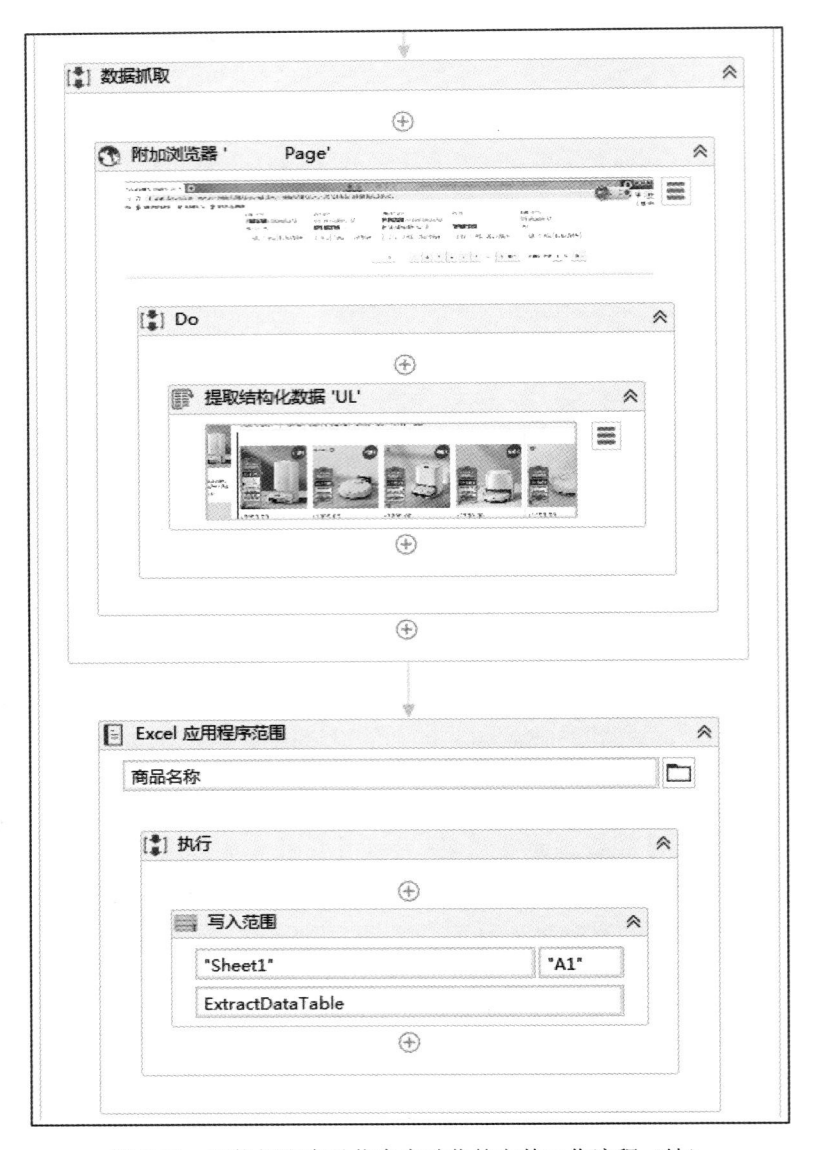

图 7-51　网络抓取商品信息自动化的完整工作流程（续）

五、易错问题解析

本任务的易错问题解析如表 7-1 所示。

表 7-1　易错问题解析

问题出处	问题描述	问题解析
准备工作	在运行工作流程时，无法正常打开谷歌浏览器	未正确安装谷歌浏览器的加载项
自动打开浏览器，访问网页	在运行工作流程时，可以正常打开谷歌浏览器，但无法访问京东网站	在【打开浏览器】活动的地址栏中未正确输入网址""www.jd.com""，网址中没带引号或不是英文双引号

续表

问题出处	问题描述	问题解析
网页搜索商品信息	在输入关键词后，未执行搜索操作	在京东网站的搜索框中输入关键词时，需要单击搜索框，在打开的"输入所需值"面板中输入关键词，并且需要单击"搜索"按钮，才能执行搜索操作
网页搜索商品信息	出现感叹号错误提示	1. 未正确设置变量，需要确认变量的名称、类型、范围正确，变量名称不带引号，范围尽量选择最大范围，即整个序列。 2. 可能重复创建了变量，在属性面板中，在"输出"节点下的"结果"文本框中输入变量即可，无须再次创建变量
数据抓取	在单击"数据抓取"按钮后，无网页数据可以抓取	数据抓取要以前面打开的京东网站自动搜索并显示的"小米扫地机器人"相关商品信息网页为背景，不要关闭该网页
提取元素信息	在"提取向导"对话框中提示两次选择的元素不同	两次选择的元素的黄色方框范围必须完全一致，并且需要确认价格元素是否包含人民币符号
实现网页自动翻页功能	无法实现网页自动翻页功能，在运行工作流程时会报错	1. 在抓取数据时，未正确单击"下一页"按钮。 2. 在抓取数据后，未正确在【附加浏览器】活动中选择"编辑选取器"选项进行修复验证
将商品信息写入Excel表格	在"工作簿路径"文本框中输入变量"商品名称"时报错	1. 未正确设置变量"商品名称"的范围，应将其设置为整个序列。 2. 在"工作簿路径"文本框中可以输入"商品名称.xlsx"，但后缀名要填写正确
将商品信息写入Excel表格	【写入范围】活动的界面与图7-47中的界面不一致	错误选择了工作簿中的【写入范围】活动，需要选择Excel中的【写入范围】活动
将商品信息写入Excel表格	在输入变量"ExtractDataTable"时报错	未正确输入该变量的名称或该变量的范围过小
将商品信息写入Excel表格	在工作流程的运行结果中，"华为手机.xlsx"文件无标头	在【写入范围】活动的属性面板中，未勾选"选项"节点下的"添加标头"复选框
提取元素信息	在工作流程的运行结果中，"华为手机.xlsx"文件中未显示200条"华为手机"的相关商品信息	1. 在提取元素信息时，在【提取向导】对话框中未修改"最大结果条数"。 2. 网速过慢，导致提取数量不足

任务考核评价报告

扫描二维码，可参照其制作纸质任务考核评价报告。

任务二　采购预算控制

一、任务目标

1. 掌握【A←B分配】活动的应用方法。
2. 掌握【IF条件】活动的应用方法。

3．理解和掌握创建变量的方法。
4．掌握利用 UiPath 软件进行采购预算控制的流程和方法。

二、准备工作

1．熟悉 UiPath 软件的基本操作。
2．熟悉 Excel 中 MAX 函数的使用方法。
3．可以独立完成简单的 UiPath 工作流程并正常运行。

三、任务引例

红海公司拥有一套比较完善的预算控制制度，由于采购商品种类繁多且次数频繁，为了更好地对采购业务实施预算管理，公司要求对每笔采购业务和采购预算进行核对，以便随时掌握和更新采购预算的使用情况。

任务目标：沿用任务一中采购华为手机的结果，要求拟采购手机的最高价格不得高于该公司设置的手机采购预算金额。假设该公司设置的手机采购预算金额为每部手机 20 000 元。

四、操作过程与步骤

【业务流程】
采购预算控制的业务流程如图 7-52 所示。

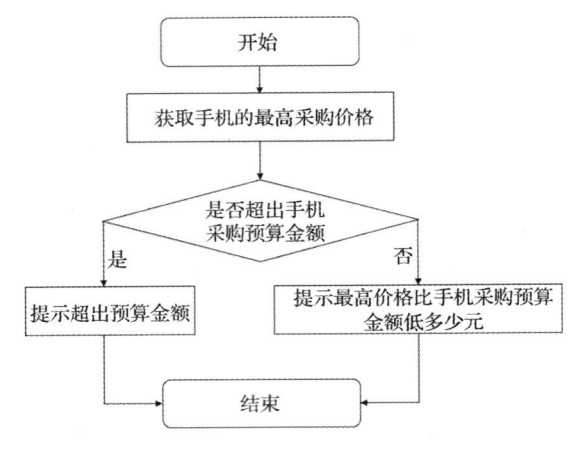

图 7-52 采购预算控制的业务流程

【操作步骤】

1．读取商品的最高价格

（1）确定商品的最高价格。打开任务一中工作流程的运行结果文件"华为手机.xlsx"，在 B202 单元格中输入公式"=MAX(B2:B201)"，取得 200 条华为手机价格信息的最大值并保存文件，如图 7-53 所示。

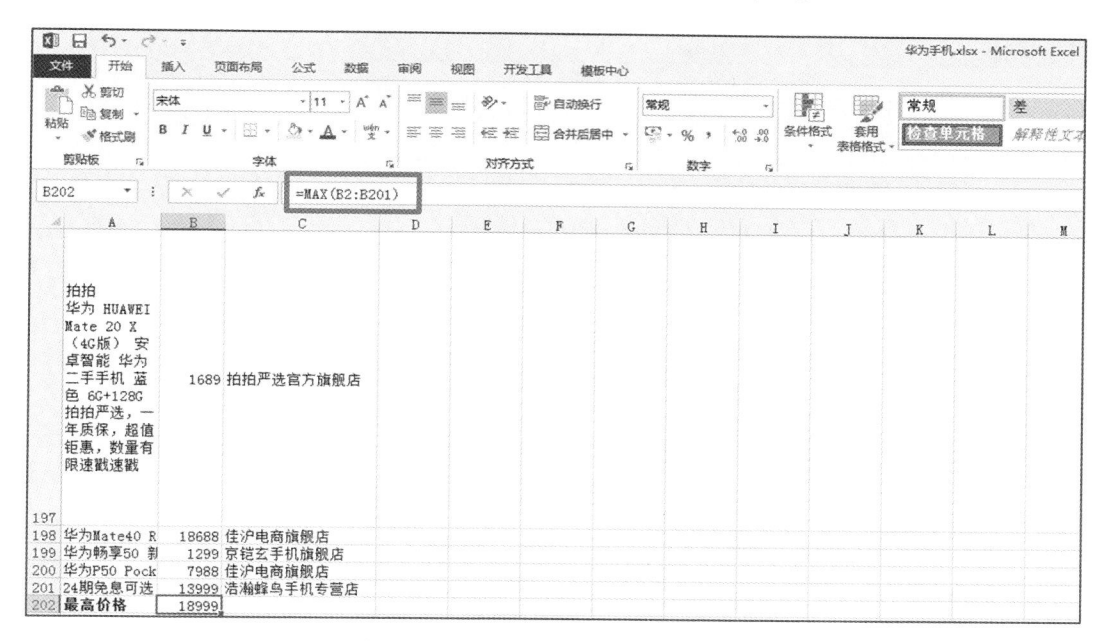

图 7-53　在 B202 单元格中输入公式

（2）添加【读取单元格】活动。在任务一创建的"采购预算审核机器人"流程中新建一个序列，将其命名为"采购预算控制"，在该序列中添加一个【Excel 应用程序范围】活动，单击"浏览文件"按钮，选择"华为手机.xlsx"文件的地址，默认地址为 UiPath 程序存储文件的地址。在【Excel 应用程序范围】活动的"执行"区域内添加一个【读取单元格】活动。在【读取单元格】活动中输入华为手机最高价格所在的单元格""B202""，如图 7-54 所示；在相应的属性面板中，在"输出"节点下的"结果"文本框中按快捷键"Ctrl+K"，创建变量"最高价格"，将"变量类型"设置为"Double"，将"范围"设置为"采购预算控制"序列，如图 7-55 所示。

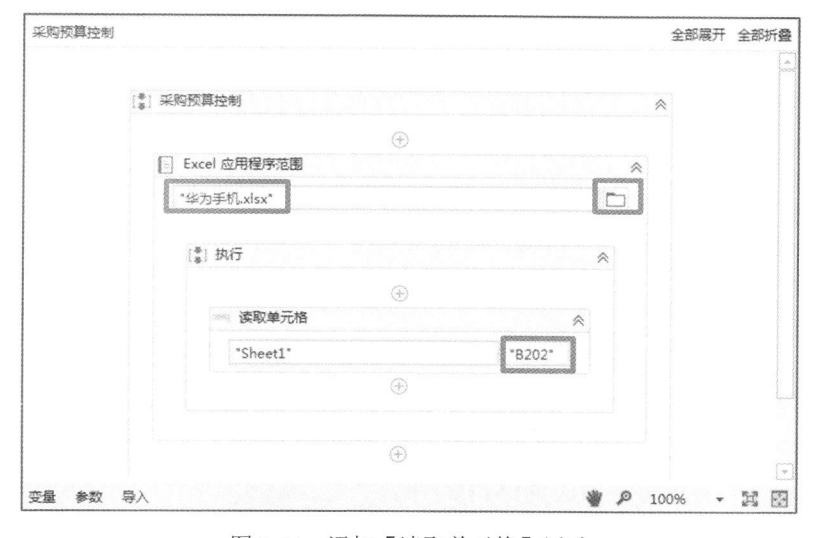

图 7-54　添加【读取单元格】活动

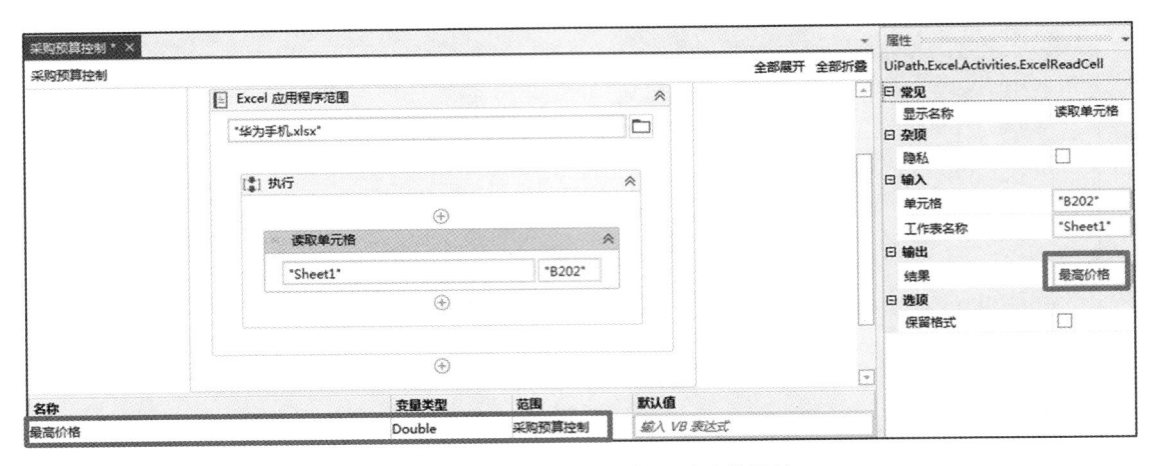

图 7-55 设置【读取单元格】活动的属性

2. 设置采购预算控制流程

（1）添加【A←B 分配】活动。在【Excel 应用程序范围】活动下方添加一个【A←B 分配】活动，先创建一个采购预算控制变量，将"名称"设置为"预算执行差额"，将"变量类型"设置为"Double"，将"范围"设置为"采购预算控制"。然后在【A←B 分配】活动左侧的"To"文本框中输入变量"预算执行差额"，在右侧的"输入 VB 表达式"文本框中输入"20000-最高价格"（"任务引例"中已假设该公司手机采购预算金额为每部手机 20 000 元），如图 7-56 所示。

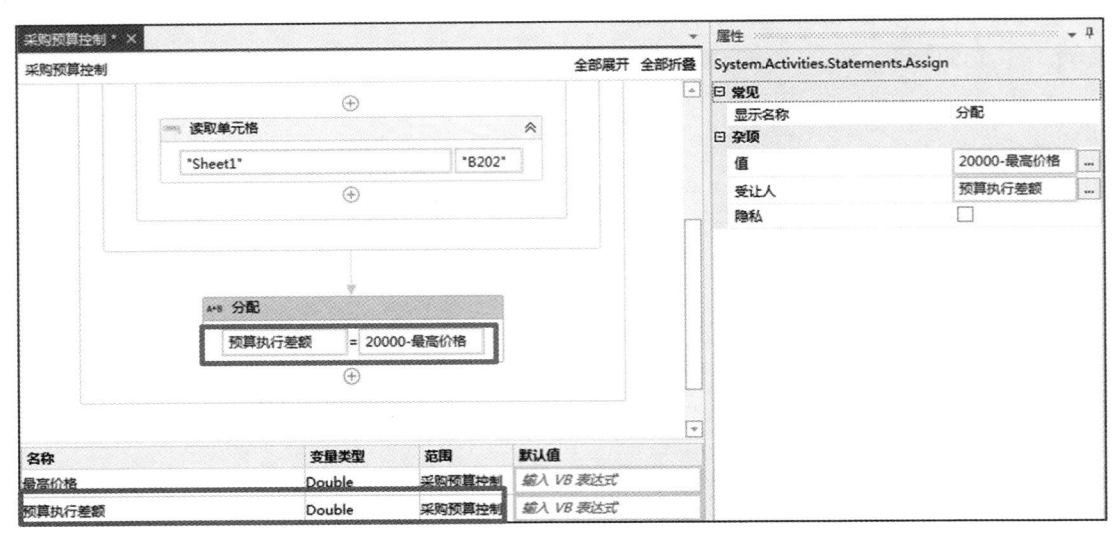

图 7-56 添加【A←B 分配】活动并创建变量"预算执行差额"

（2）添加【IF 条件】活动。在【A←B 分配】活动下方添加一个【IF 条件】活动，并且在其"条件"文本框中输入"预算执行差额<0"。然后在"Then"和"Else"区域内均添加一个【消息框】活动，分别输入对应的结论""最高价格超过采购预算""和""最高价格比采购预算低"+预算执行差额.ToString+"元""，如图 7-57 所示。需要注意的是，在"Else"区域的

【消息框】活动中输入的文本内容需要仔细核对，具体如图 7-58 所示。

图 7-57　添加【IF 条件】活动和【消息框】活动

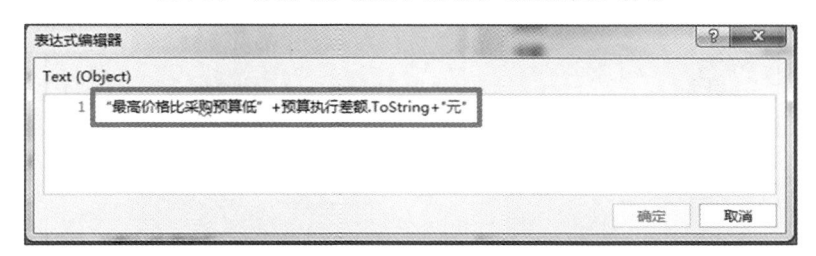

图 7-58　"Else"区域的【消息框】活动中的文本内容

> **相关说明：**
> - 在【消息框】活动中，结论 ""最高价格超过采购预算"" 和 ""最高价格比采购预算低"+预算执行差额.ToString+"元"" 中的中文均用英文双引号引起来。
> - "Else"区域的【消息框】活动中的文本"ToString"表示将变量"预算执行差额"转换为字符串，方便以文本形式表述。

（3）运行流程。至此，本任务的工作流程设计完毕，运行工作流程，在运行结束后会弹出"消息框"，用于显示采购预算控制的结果，单击"确定"按钮，结束工作流程，如图 7-59 所示。

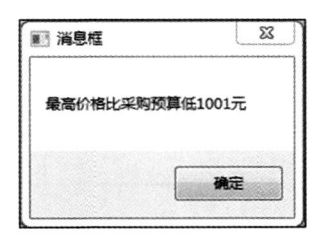

图 7-59　工作流程的运行结果

> **相关说明：**
> 在操作步骤"1. 读取商品的最高价格"中，华为手机的最高价格为 18 999 元，比每部手机的采购预算金额 20 000 元少 1001 元，证明工作流程的运行结果正确。

本任务的完整工作流程如图 7-60 所示。

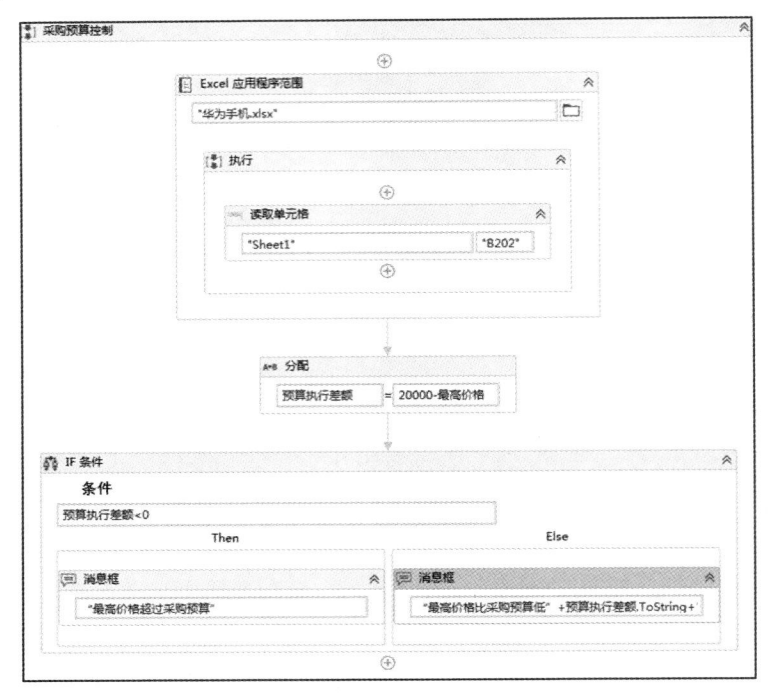

图 7-60　采购预算控制的完整工作流程

五、易错问题解析

本任务的易错问题解析如表 7-2 所示。

表 7-2　易错问题解析

问 题 出 处	问 题 描 述	问 题 解 析
读取商品的最高价格	无法读取商品最高价格所在的 B202 单元格中的信息	检查"华为手机.xlsx"文件中的 B202 单元格中是否有商品的最高价格
读取商品的最高价格	"输出"节点下的"结果"文本框中的变量"最高价格"提示错误	检查变量设置是否正确
设置采购预算控制流程	在输入"预算执行差额"和"20000-最高价格"时提示错误	检查变量设置是否正确
设置采购预算控制流程	在【IF 条件】活动的"Else"区域的【消息框】中输入文本时提示错误	检查输入的文本是否为""最高价格比采购预算低"+预算执行差额.ToString+"元""

任务考核评价报告

扫描二维码，可参照其制作纸质任务考核评价报告。

项目八

财务对账机器人

学习目标

知识目标： 了解供应商财务数据对账的业务流程。

了解银行对账的业务流程。

掌握 RPA 财务机器人在供应商财务数据对账业务中的应用原理。

掌握 RPA 财务机器人在银行对账业务中的应用原理。

能力目标： 能够处理供应商财务数据对账业务。

能够处理银行对账业务。

能够针对财务对账业务进行财务对账机器人的开发与应用。

素养目标： 培养学生严谨、细致的工作态度。

培养学生增强攻坚关键核心技术的信心。

树立学生的系统观念，增强学生的创新意识。

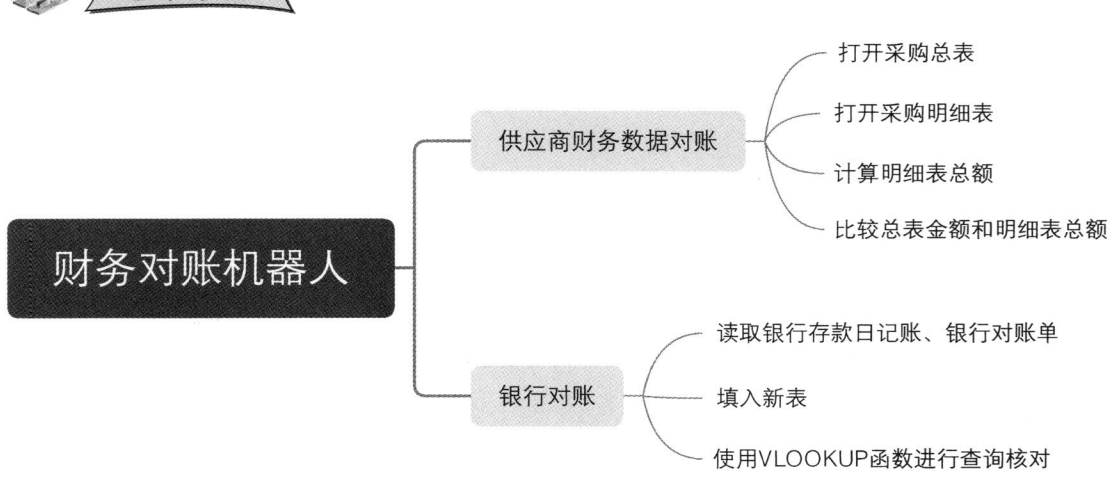

思维导图

```
                                            ┌── 打开采购总表
                                            │
                         ┌── 供应商财务数据对账 ┼── 打开采购明细表
                         │                  │
                         │                  ├── 计算明细表总额
                         │                  │
                         │                  └── 比较总表金额和明细表总额
财务对账机器人 ──────────┤
                         │                  ┌── 读取银行存款日记账、银行对账单
                         │                  │
                         └── 银行对账 ───────┼── 填入新表
                                            │
                                            └── 使用VLOOKUP函数进行查询核对
```

引导案例

甲客户将某投资有限公司的银企余额对账单照片拿到银行运行管理部，请求其鉴定该对账单的真伪，以及对账单内容是否属实。在交谈中，甲客户自称，该投资公司的法人主动找他洽谈投资及业务合作事宜，其为验证对方合作的诚意，提出要核验该投资公司的相关银行资料，对方提供了公司银企余额对账单照片，因此拿着该对账单的照片到银行进行鉴别。该对账单显示了该投资公司截至 8 月 18 日的账户余额情况。银行对该对账单进行了鉴别，并且向上级银行对账中心汇报了咨询情况，在进行综合分析后，判断该对账单是伪造的，很可能是不法分子利用银行的信誉骗取合作方的信任，从而达到骗取合作方资金的目的。根据鉴定结果，甲客户拒绝了该投资公司提出的投资及业务合作，维护和保证了自己的资金和财产安全。

（资料来源：堵住假银企余额对账单.百度文库）

案例思考：该案例给我们带来怎样的启示？

案例分析参考

学习指引

对账对财务人员来说是经常面对又令人头疼的事。因为对账条目繁杂，在进行人工对账时，逐条比对数据不仅费时费力，还容易出现纰漏。

其实对账工作属于典型的重复性工作，通过流程自动化，可以节省人力、提升准确率，从而充分释放人力资源，让财务人员将更多精力放在财务分析、财务预测等更具价值的工作上。

在通常情况下，对账流程如下：首先从两个或多个系统（如 Excel）中获取数据，然后对数据源内指定的项目（如订单号、金额、来源、时间）进行指定的核对，最后确认账目是否一致，如果不一致，则将对应差异标记出来。

本项目以财务工作中对账的两个典型应用场景为例，讲解财务对账机器人的工作流程。

任务一　供应商财务数据对账

一、任务目标

1. 掌握 UiPath Studio 和 UiPath StudioX 的切换方法。
2. 掌握供应商财务数据对账的业务流程。
3. 掌握 Excel 组件的应用方法。
4. 掌握利用 UiPath StudioX 开发供应商财务数据对账机器人的流程和方法。

二、准备工作

1. 新版本的 UiPath StudioX 要求使用 Microsoft Office 2010 或更高版本的 Microsoft Office。

2．考虑到供应商财务数据对账的流程较烦琐，为了方便学习和应用，本任务切换至 UiPath StudioX 完成流程的设计，如图 8-1 所示。

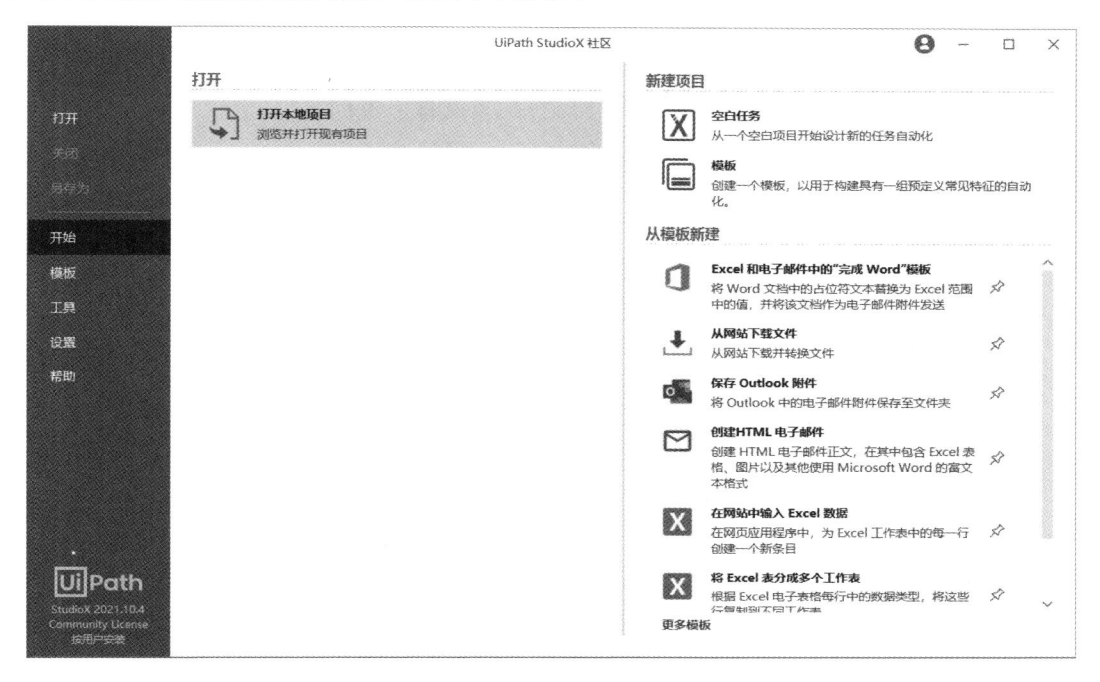

图 8-1　UiPath StudioX 界面

3．在本任务中，由于 UiPath StudioX 会启用 Excel 程序，因此在执行程序前，需要确保已经在工具栏中安装了 Excel 的加载项。

4．如果 Microsoft Office 的相关加载项未安装成功，则可以使用工具界面中的 Microsoft Office 修复工具修复 RPA 与 Microsoft Office 之间的关联关系。

三、任务引例

鑫海公司是一家进出口贸易公司，主营业务为从欧洲采购化妆品并在国内销售。现在鑫海公司需要将 2021 年的采购总表与每家供应商每个月的明细表进行核对。

四、操作过程与步骤

【业务流程】

供应商财务数据对账的业务流程如图 8-2 所示。

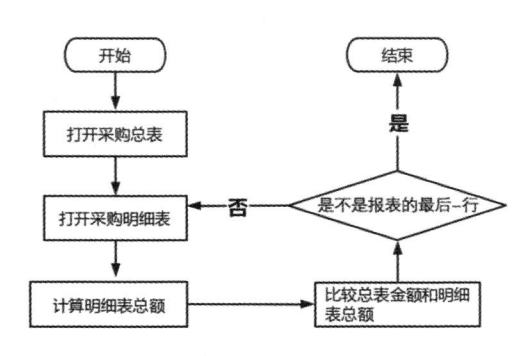

图 8-2　供应商财务数据对账的业务流程

【操作步骤】

1. 打开采购总表

（1）打开 UiPath 软件，依次选择"设置"→"许可证和配置文件"→"更改配置文件"选项，如图 8-3 所示，进入"选择配置文件"界面。

视频操作微课：
8-1 供应商财务数据对账

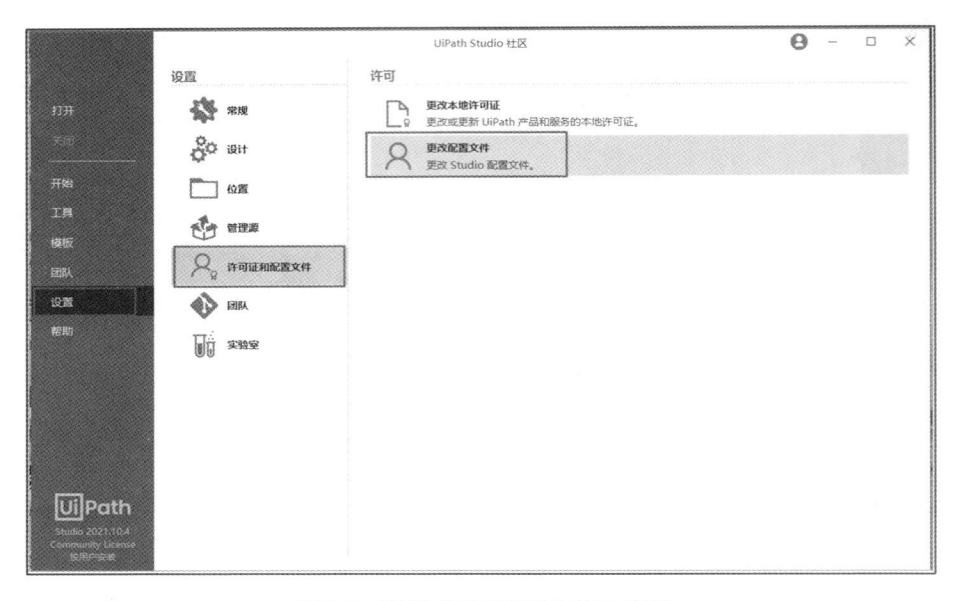

图 8-3 选择"更改配置文件"选项

（2）在"选择文件配置"界面中选择"UiPath StudioX"选项，如图 8-4 所示，弹出"问题"对话框，单击"是"按钮，系统重启，进入 UiPath StudioX 的主界面。

图 8-4 "选择文件配置"界面

项目八　财务对账机器人

（3）新建任务。在主界面中单击"新建"下拉按钮，在弹出的下拉列表中选择"空白任务"选项，如图 8-5 所示，弹出"空白任务"对话框，在"流程名称"文本框中输入"供应商财务数据对账"，"位置"参数采用默认设置，在"说明"文本框中输入"供应商财务数据对账机器人"，如图 8-6 所示，单击"创建"按钮，进入"设计"界面。

图 8-5　新建任务（1）

图 8-6　新建任务（2）

169

（4）在开发区中添加一个【使用 Excel 文件】活动，在活动面板中单击"Excel 文件"文本框右侧的"浏览文件"按钮并选择"export_total.xlsx"文件，在"引用为"文本框中输入"总表"；在相应的属性面板中，在"显示名称"文本框中输入"打开采购总表"，如图 8-7 所示。

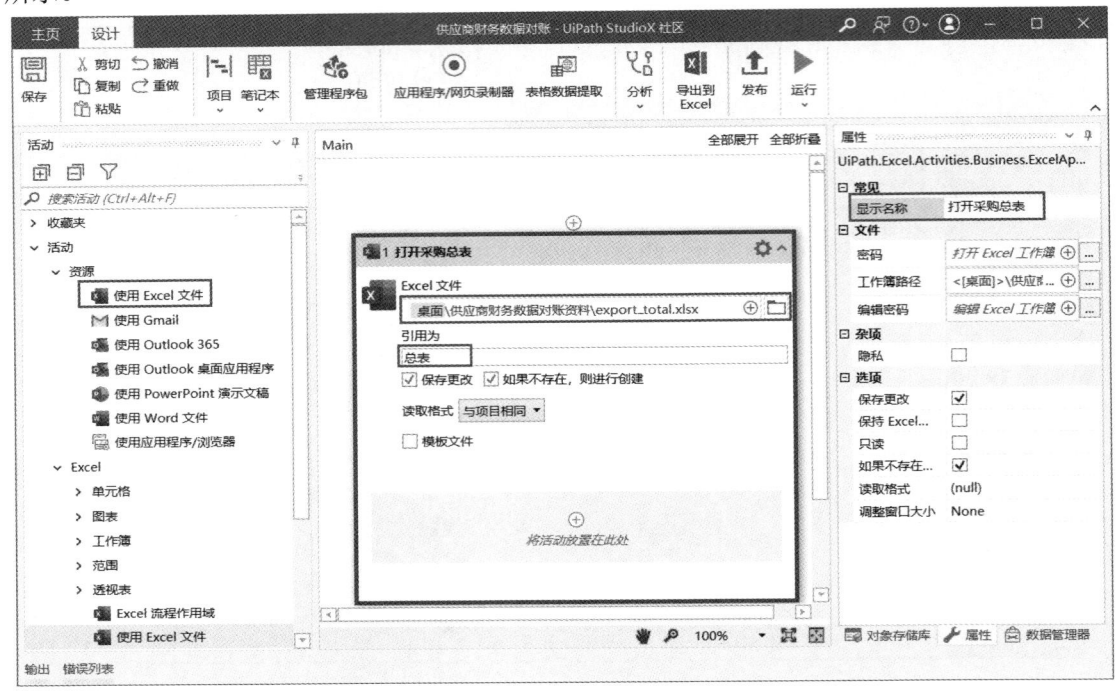

图 8-7　添加【使用 Excel 文件】活动并设置其属性

相关说明：

要打开总表文件，既可以通过活动面板中的"浏览文件"按钮选择相应的文件，又可以在属性面板的"工作簿路径"文本框中直接输入文件路径。

（5）添加一个【写入单元格】活动，将其放置于【使用 Excel 文件】活动下方的"将活动放置在此处"区域内。

（6）设置【写入单元格】活动的属性。

① 在属性面板中，单击"写入内容"文本框右侧的"+"按钮，在弹出的下拉列表中选择"文本"选项，如图 8-8 所示，弹出"文本生成器"对话框，在"写入内容"文本域中输入"对账结果"，单击"保存"按钮，如图 8-9 所示。

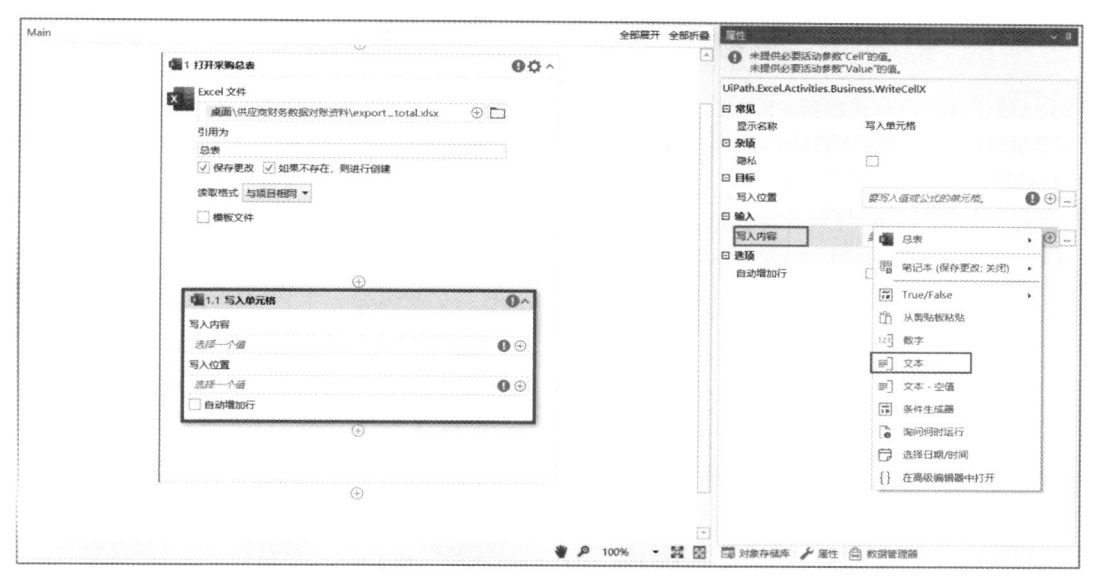

图 8-8　设置【写入单元格】活动的"写入内容"属性

图 8-9　"文本生成器"对话框（1）

② 在属性面板中，单击"写入位置"文本框右侧的"+"按钮，在弹出的下拉列表中选择"总表"→"在 Excel 中指明"选项，如图 8-10 所示，系统会打开"export_total.xlsx"文件，选中 G1 单元格，单击快捷工具栏中的"确认"按钮，如图 8-11 所示。

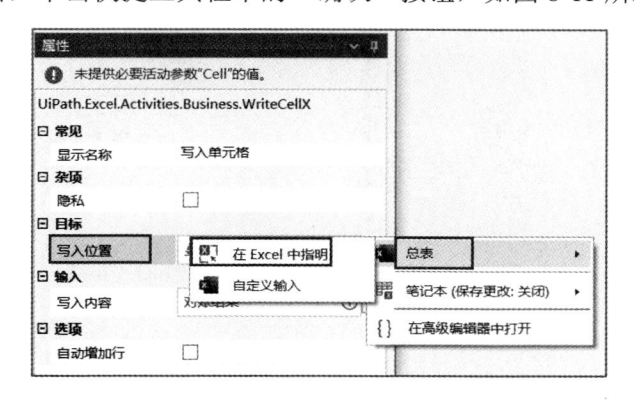

图 8-10　设置【写入单元格】活动的"写入位置"属性（1）

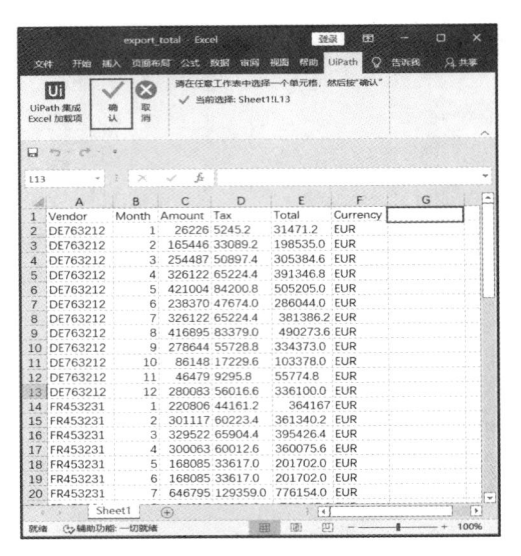

图 8-11 设置【写入单元格】活动的"写入位置"属性（2）

📁 相关说明：

步骤（5）、（6）主要用于在总表中添加"对账结果"列，记录总表和明细表中的数据差额。

2. 打开采购明细表

（1）添加一个【对每个 Excel 行】活动，将其放置于【写入单元格】活动下方，确认活动编号为"1.2"，在活动面板中，勾选"含标头"复选框；在相应的属性面板中，单击"在范围内"文本框右侧的"+"按钮，在弹出的下拉列表中选择"总表"→"sheet1[工作表]"选项，如图 8-12 所示。

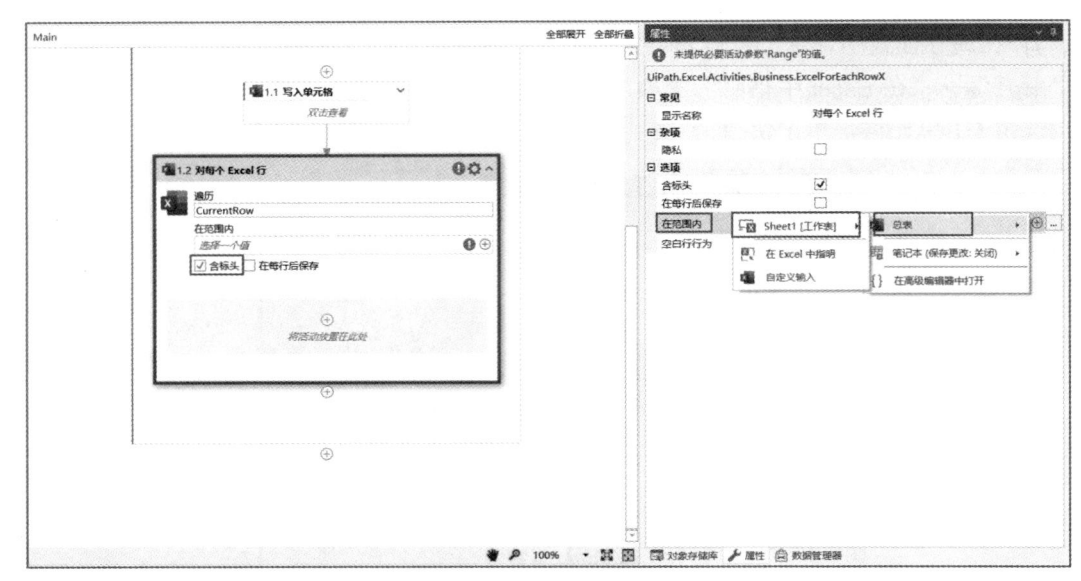

图 8-12 添加【对每个 Excel 行】活动并设置其属性

项目八 财务对账机器人

📁 **相关说明：**

- 【对每个 Excel 行】活动主要用于对总表中的每行数据进行重复操作，类似于遍历循环操作。
- 因为表格中有标头，因此需要勾选"含标头"复选框，以便后续操作根据标头名称取数。

（2）添加一个【使用 Excel 文件】活动，将其放置于【对每个 Excel 行】活动下方的"将活动放置在此处"区域内，确认活动编号为"1.2.1"。

（3）设置【使用 Excel 文件】活动的属性。

① 在活动面板中，单击"Excel 文件"文本框右侧的"浏览文件"按钮 📁 并选择任意一个供应商明细表；单击"+"按钮，在弹出的下拉列表中选择"文本"选项，弹出"文本生成器"对话框，如图 8-13 所示。

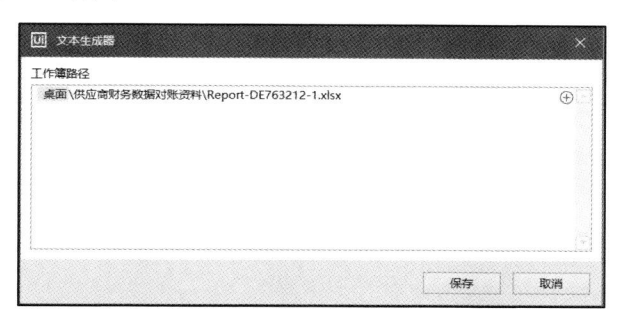

图 8-13 "文本生成器"对话框（2）

② 替换明细表文件名。在"文本生成器"对话框中，选中明细表文件名第 2 项"DE763212"，单击"+"按钮，在弹出的下拉列表中选择"Current Row"→"Vendor"选项，如图 8-14 所示；选中明细表文件名第 3 项"1"，单击"+"按钮，在弹出的下拉列表中选择"Current Row"→"Month"选项，如图 8-15 所示；单击"保存"按钮，"文本生成器"对话框中的内容如图 8-16 所示。

图 8-14 替换明细表文件名（1）

图 8-15　替换明细表文件名（2）

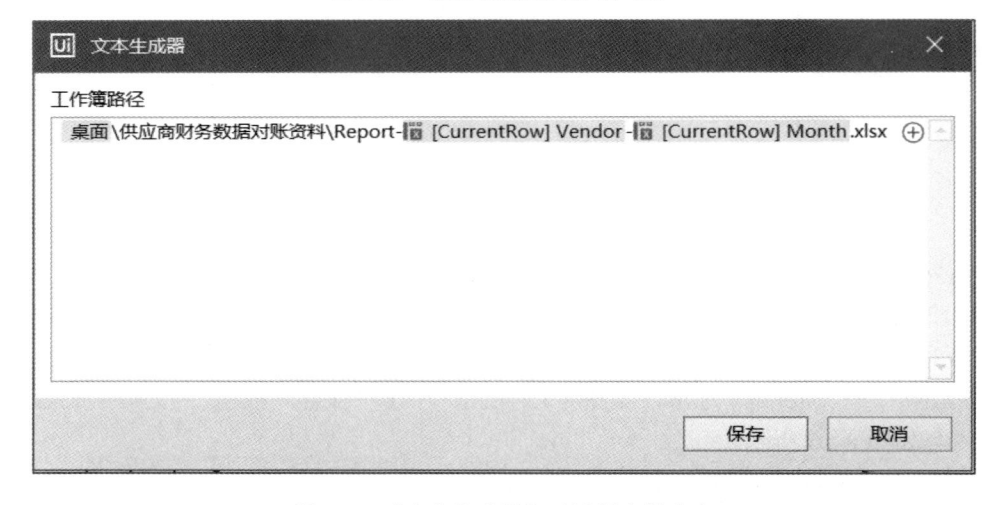

图 8-16　"文本生成器"对话框中的内容

📁 **相关说明：**

因为所有的明细表都遵循相同的命名规则（例如，在明细表"Report-DE763212-1"中，第 2 项"DE763212"是供应商用户编码，第 3 项"1"为月份），所以可以按照命名规则调用所有明细表。

③ 在活动面板中，在"引用为"文本框中输入"明细表"，勾选"模板文件"复选框，然后单击下方的"浏览文件"按钮 📁 并选择任意一个明细表。

④ 在属性面板中，在"显示名称"文本框中输入"打开采购明细表"，如图 8-17 所示。

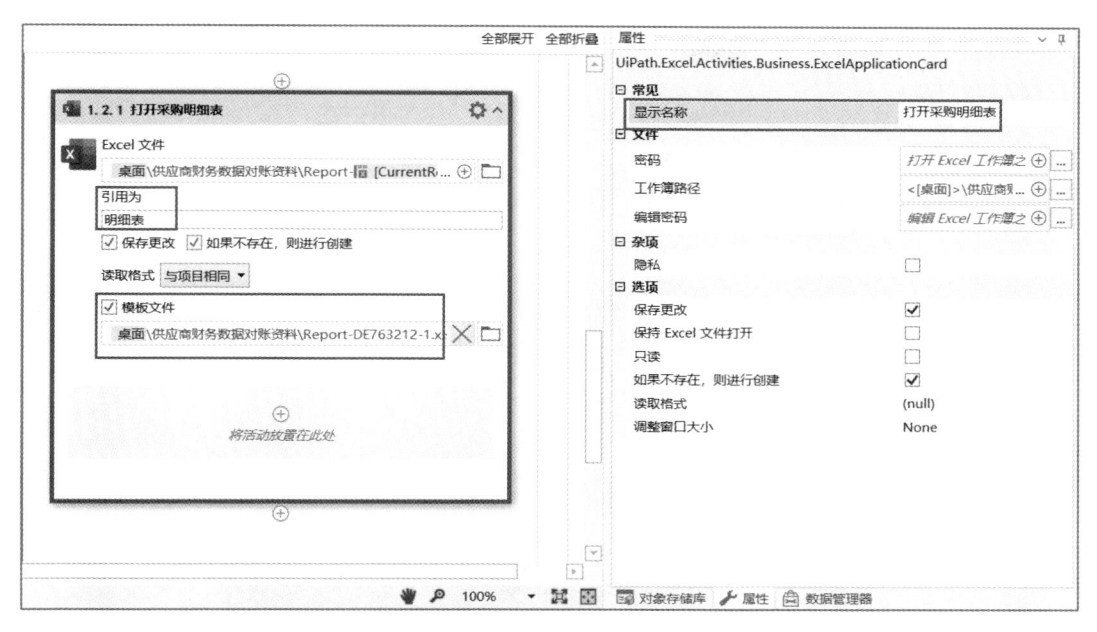

图 8-17 设置【使用 Excel 文件】活动的属性

3. 计算明细表总额

（1）添加一个【写入单元格】活动，将其放置于【使用 Excel 文件】活动下方的"将活动放置在此处"区域内，确认其活动编号为"1.2.1.1"。

（2）设置【写入单元格】活动的属性。

① 在属性面板中，在"显示名称"文本框中输入"计算明细表总额"。

② 在属性面板中，单击"写入内容"右侧的"+"按钮，在弹出的下拉列表中选择"文本"选项，弹出"文本生成器"对话框，在"写入内容"文本域中输入"=sum(e:e)"，单击"保存"按钮，如图 8-18 所示。

图 8-18 "文本生成器"对话框（3）

③ 在属性面板中，单击"写入位置"文本框右侧的"+"按钮，在弹出的下拉列表中选择"明细表"→"在 Excel 中指明"选项，如图 8-19 所示，系统会打开明细表模板文件，选中 H1 单元格，单击快捷工具栏中的"确认"按钮，如图 8-20 所示。

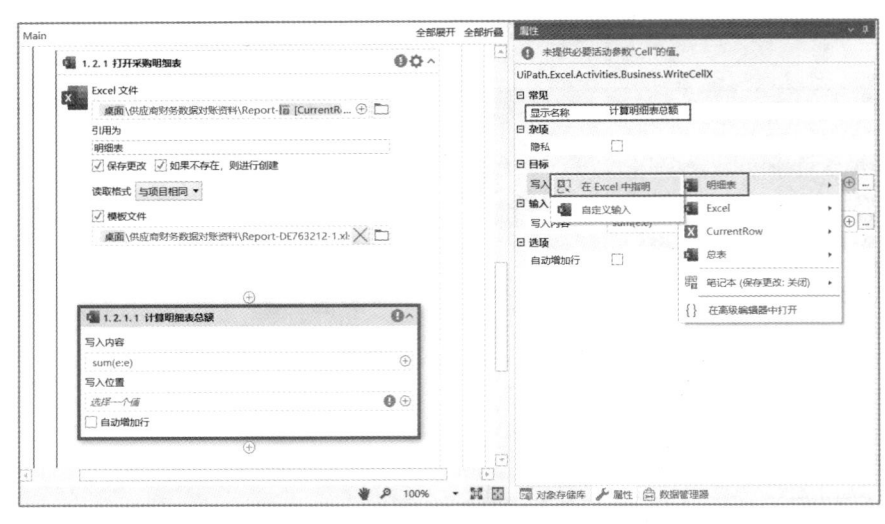

图 8-19 设置【写入单元格】活动的"写入位置"属性（3）

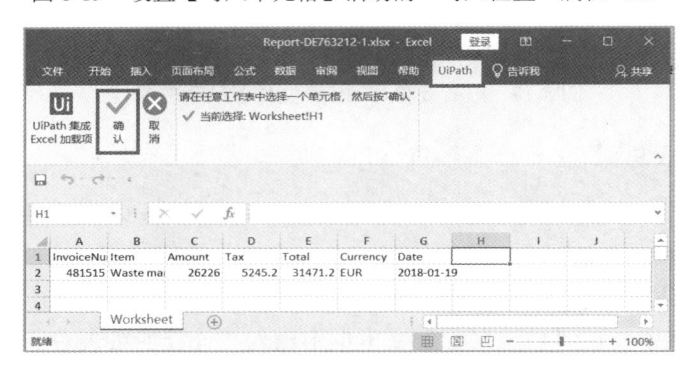

图 8-20 设置【写入单元格】活动的"写入位置"属性（4）

4. 比较总表金额和明细表总额

（1）在 Excel 中打开"export_total.xlsx"文件，在 G1 单元格中输入"对账结果"，单击"保存"按钮，如图 8-21 所示。

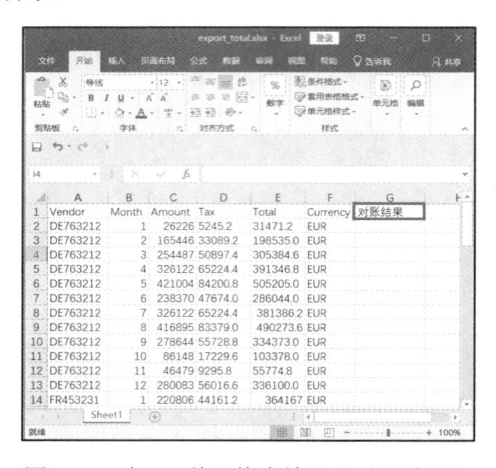

图 8-21 在 G1 单元格中输入"对账结果"

（2）再添加一个【写入单元格】活动，将其放置于上一个【写入单元格】活动下方，确认其活动编号为"1.2.1.2"。

（3）设置【写入单元格】活动的属性。

① 在属性面板中，在"显示名称"文本框中输入"比较总表金额和明细表总额"。

② 在属性面板中，单击"写入内容"文本框右侧的"+"按钮，在弹出的下拉列表中选择"文本"选项，弹出"文本生成器"对话框，在"写入内容"文本域中输入总表与明细表差额计算公式，单击"保存"按钮，如图8-22所示。

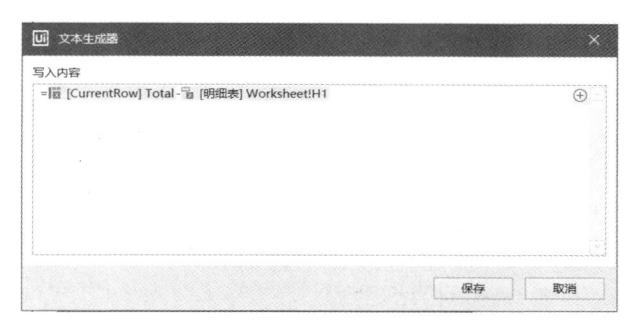

图8-22 "文本生成器"对话框（4）

③ 在属性面板中，单击"写入位置"文本框右侧的"+"按钮，在弹出的下拉列表中选择"CurrentRow"→"对账结果"选项，如图8-23所示。

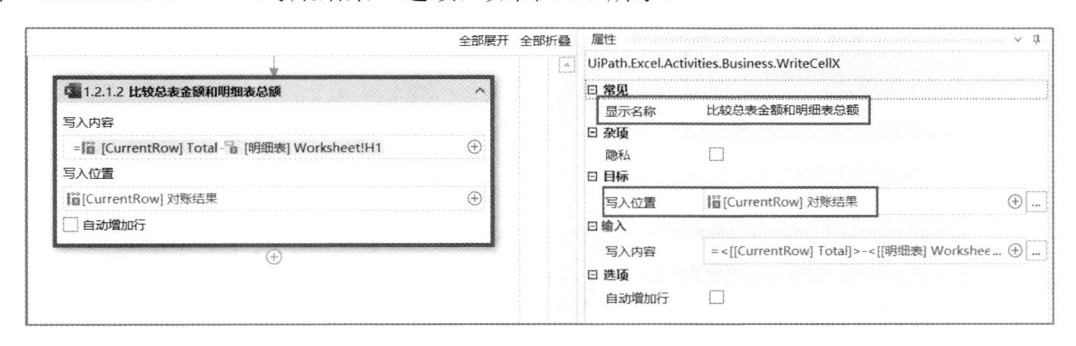

图8-23 设置【写入单元格】活动的"写入位置"属性（5）

📂 **相关说明：**

- 总表与明细表差额计算公式的输入方式如下：在"文本生成器"对话框的"写入内容"文本域中，首先输入"="，然后单击"+"按钮，在弹出的下拉列表中选择"CurrentRow"→"Total"选项，再输入"-"，最后单击"+"按钮，在弹出的下拉列表中选择"明细表"→"在Excel中指明"选项，系统会打开明细表模板文件，选中H1单元格，单击快捷工具栏中的"确认"按钮。

- 总表与明细表差额计算公式将总表中的金额与每一个明细表中的总额相减，如果差值为0，则表示对账正确；如果差值不为0，则表示对账不平。

（4）在快捷工具栏中单击"调试文件"下拉按钮，在弹出的下拉列表中选择"运行文件"

选项，运行工作流程，供应商财务数据对账结果如图 8-24 和图 8-25 所示。需要注意的是，在运行工作流程前，需要将总表中的"对账结果"字段删除。本任务的完整工作流程如图 8-26 所示。

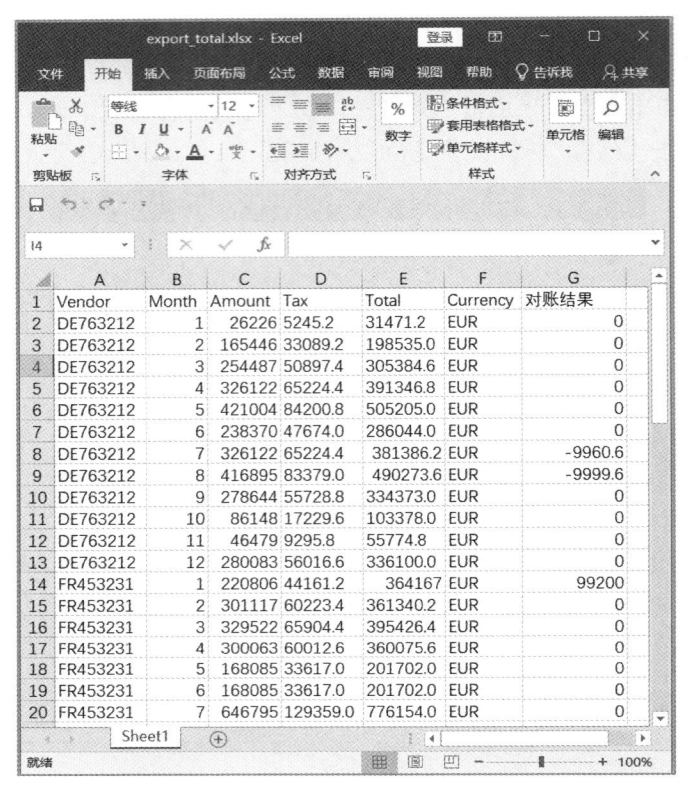

图 8-24　部分总表对账结果

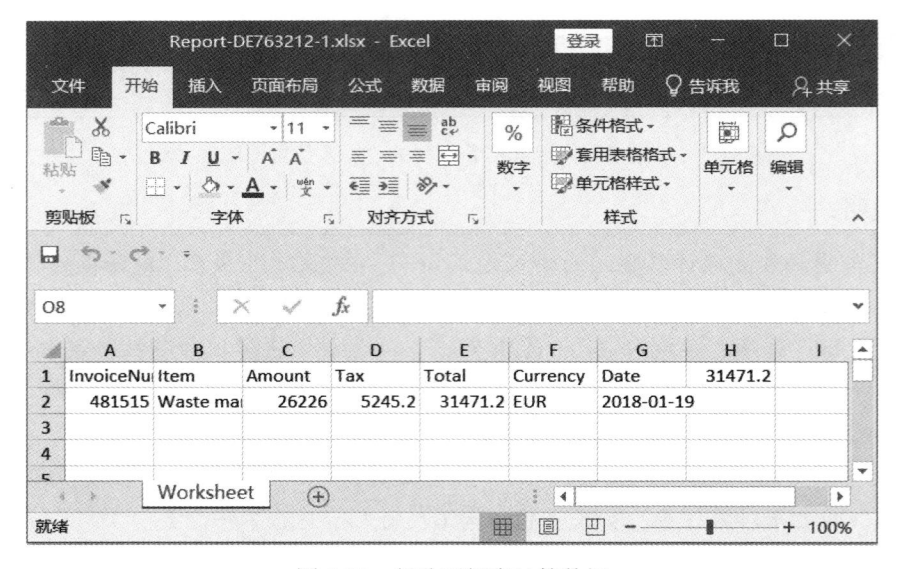

图 8-25　部分明细表计算数据

图 8-26 供应商财务数据对账的完整工作流程

五、易错问题解析

本任务的易错问题解析如表 8-1 所示。

表 8-1 易错问题解析

问题出处	问题描述	问题解析
打开采购总表	在【写入单元格】活动的属性面板中选择"在 Excel 中指明"选项时，无法打开 Excel 文件	未安装 Excel 加载项或安装的 Microsoft Office 版本低于 2010 版，也可能是计算机中同时安装了 WPS 和 Microsoft Office，二者运行冲突，导致机器人程序无法调用 Excel 文件
打开采购明细表	在设置【对每个 Excel 行】活动的范围时，未显示"总表"	【对每个 Excel 行】活动应该是前面添加的【打开采购总表】活动的子活动，其编号应该是 1.2，这样系统才会默认在这个活动中启用总表表格
计算明细表总额	在运行工作流程时，无法对数据进行计算	在输入公式时，一定要加上"="，才能使公式正常运行，并且公式和符号均应在英文符号状态下输入
计算明细表总额	在"写入位置"下拉列表中未显示"明细表"选项	【计算明细表总额】活动应为【打开采购明细表】活动的子活动，其编号为 1.2.1.1，这样才能在系统中选择前面流程已打开的 Excel 文件
比较总表金额和明细表总额	在运行工作流程时，无法运行公式	在输入公式时，一定要加上"="，才能使公式正常运行
比较总表金额和明细表总额	在输入公式时，无法选择明细表或总表	要保证此活动既是【打开采购总表】活动的子活动，又是【打开采购明细表】活动的子活动，其编号为 1.2.1.2，这样才能在系统中选择前面流程已打开的 Excel 文件
比较总表金额和明细表总额	在输入公式时，无法选择"CurrentRow"→"对账结果"选项	可能是没有在总表中添加"对账结果"列并保存，也可能是在前面的【对每个 Excel 行】活动中未勾选"含标头"复选框

任务考核评价报告

扫描二维码，可参照其制作纸质任务考核评价报告。

任务二 银行对账

一、任务目标

1. 掌握银行对账的业务流程。
2. 掌握利用 VLOOKUP 函数对账的方法。
3. 掌握利用 UiPath 软件开发银行对账机器人的流程和方法。

二、准备工作

1. 安装的 UiPath Studio 符合操作要求。
2. 使用 Microsoft Office 2010 或更高版本的 Microsoft Office。

3. 熟悉 UiPath Studio 的基本操作。
4. 能够独立实现简单的 UiPath 流程。
5. 熟悉 Excel 中 VLOOKUP 函数的使用方法。

三、任务引例

汇达公司拥有一套比较完善的银行存款管理制度，公司业务繁多、资金往来频繁，为了更好地对银行存款进行管理，公司要求每日对银行存款日记账和银行对账单进行核对，以便随时掌握和调整银行存款的使用情况。

四、操作过程与步骤

【业务流程】

银行对账的业务流程如图 8-27 所示。

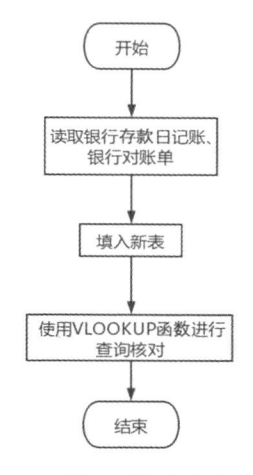

图 8-27　银行对账的业务流程

【操作步骤】

1. 读取银行存款日记账、银行对账单

（1）新建流程。打开 UiPath 软件，在主界面的"新建项目"列表框中选择"流程"选项，弹出"新建空白流程"对话框，在"名称"文本框中输入"银行对账"，"位置"参数采用默认设置，在"说明"文本域中输入"银行对账机器人"，如图 8-28 所示，单击"创建"按钮，进入"设计"界面。

（2）新建序列。在快捷工具栏中单击"新建"下拉按钮，在弹出的下拉列表中选择"序列"选项，弹出"新建序列"对话框，在"名称"文本框中输入"银行对账"，"位置"参数采用默认设置，如图 8-29 所示，单击"创建"按钮，系统会在开发区中生成一个序列。

视频操作微课：
8-2 银行对账

图 8-28 "新建空白流程"对话框

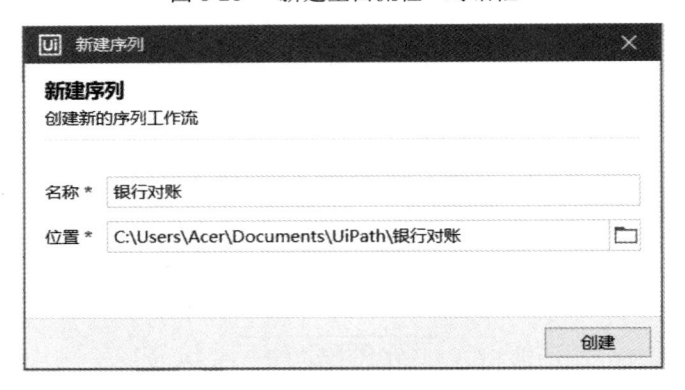

图 8-29 "新建序列"对话框

（3）创建变量。在开发区中选中"银行对账"序列，然后选择"变量"选项卡，创建一个新变量，将"名称"设置为"企业数据"，将"变量类型"设置为"DataTable"，以同样的方式创建"银行数据"变量，如图 8-30 所示。

图 8-30 创建变量

📁 相关说明：

DataTable 是一种矩阵类型的数据结构，适合存储 Excel 文件中的数据。

（4）在"银行对账"序列中添加一个【Excel 应用程序范围】活动，在活动面板中，单击"浏览文件"按钮 并选择"银行存款日记账.xlsx"文件；在相应的属性面板中，在"显示名称"文本框中输入"打开银行存款日记账"，如图 8-31 所示。

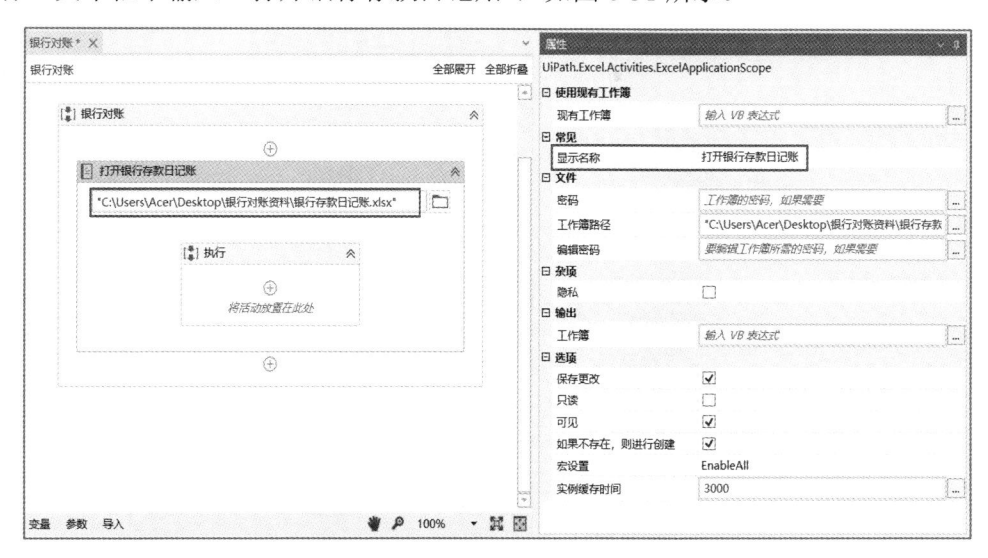

图 8-31　添加【Excel 应用程序范围】活动并设置其属性（1）

相关说明：

- 也可以在属性面板的"工作簿路径"文本框中输入文件路径。
- 如果要对 Excel 文件进行操作，那么这些操作对应的活动必须在【Excel 应用程序范围】活动内。

（5）添加一个 Excel 中的【读取范围】活动，将其放置于【打开银行存款日记账】活动的"执行"区域内，在相应的属性面板中，在"显示名称"文本框中输入"读取银行存款日记账数据"，在"数据表"文本框中输入变量"企业数据"，如图 8-32 所示。

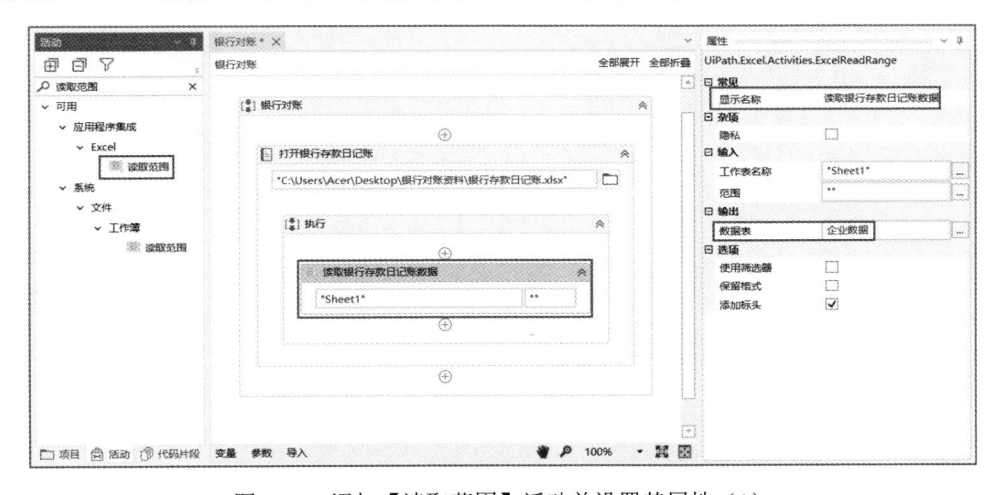

图 8-32　添加【读取范围】活动并设置其属性（1）

（6）添加一个【Excel 应用程序范围】活动，将其放置于【打开银行存款日记账】活动下方，在活动面板中，单击"浏览文件"按钮并选择"银行对账单.xlsx"文件；在相应的属性面板中，在"显示名称"文本框中输入"打开银行对账单"，如图 8-33 所示。

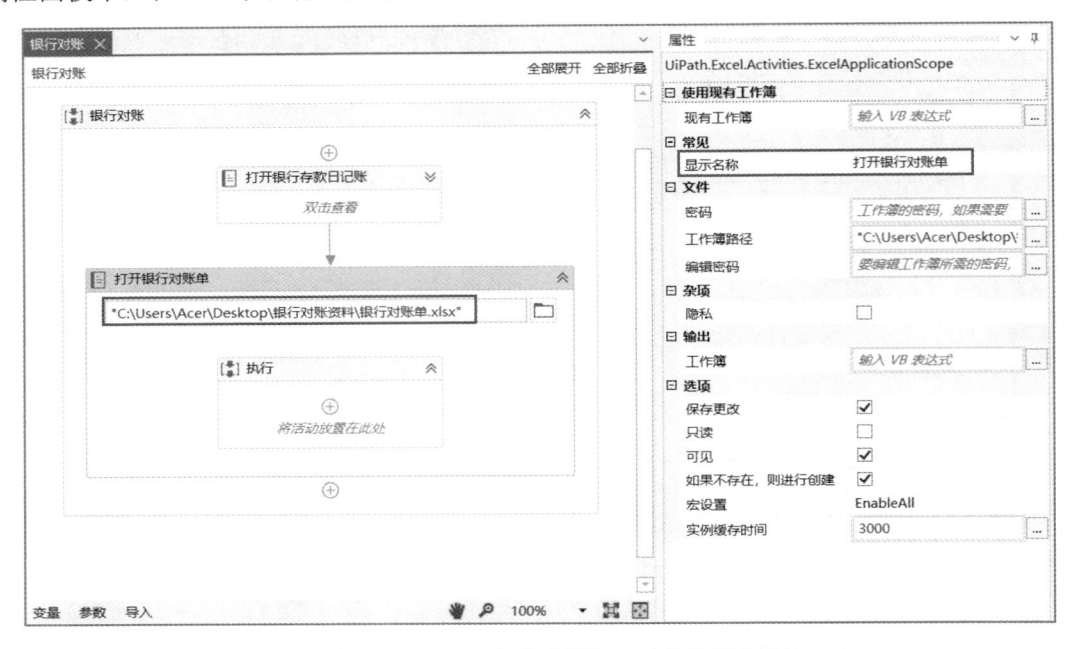

图 8-33　添加【Excel 应用程序范围】活动并设置其属性（2）

（7）添加一个 Excel 中的【读取范围】活动，将其放置于【打开银行对账单】活动的"执行"区域内，在相应的属性面板中，在"显示名称"文本框中输入"读取银行对账单数据"，在"工作表名称"文本框中输入""当前及下级组织明细查看""，在"数据表"文本框中输入变量"银行数据"，如图 8-34 所示。

图 8-34　添加【读取范围】活动并设置其属性（2）

2. 填入新表

（1）添加一个【Excel 应用程序范围】活动，将其放置于【打开银行对账单】活动下方；在相应的属性面板中，在"显示名称"文本框中输入"填入新表"，在"工作簿路径"文本框中输入新建的 Excel 文件"对账结果.xlsx"的路径，勾选"如果不存在，则进行创建"复选框，如图 8-35 所示。

知识链接：
8.1 Excel 和工作簿的区别

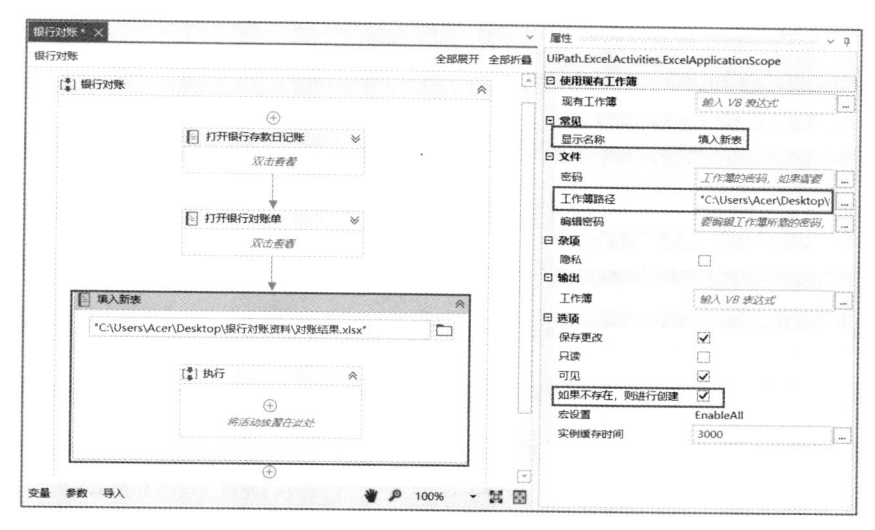

图 8-35　添加【Excel 应用程序范围】活动并设置其属性（3）

（2）在目标 Excel 文件"对账结果.xlsx"中设置两个工作表，将其分别命名为"企业账"和"银行账"。

（3）添加一个 Excel 中的【写入范围】活动，将其放置于【填入新表】活动的"执行"区域内；在相应的属性面板中，在"显示名称"文本框中输入"填入企业数据"，在"工作表名称"文本框中输入""企业账""，在"数据表"文本框中输入变量"企业数据"，勾选"添加标头"复选框，如图 8-36 所示。

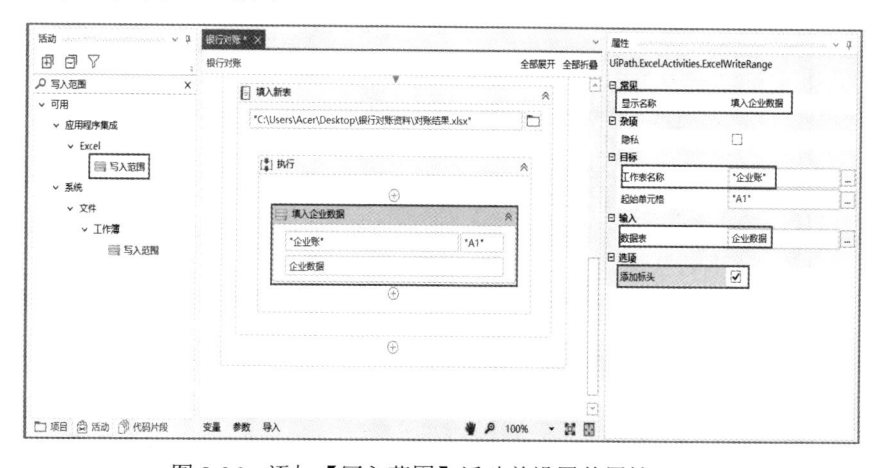

图 8-36　添加【写入范围】活动并设置其属性（1）

（4）添加一个 Excel 中的【写入范围】活动，将其放置于【填入企业数据】活动下方；在相应的属性面板中，在"显示名称"文本框中输入"填入银行数据"，在"工作表名称"文本框中输入""银行账""，在"数据表"文本框中输入变量"银行数据"，勾选"添加标头"复选框，如图 8-37 所示。

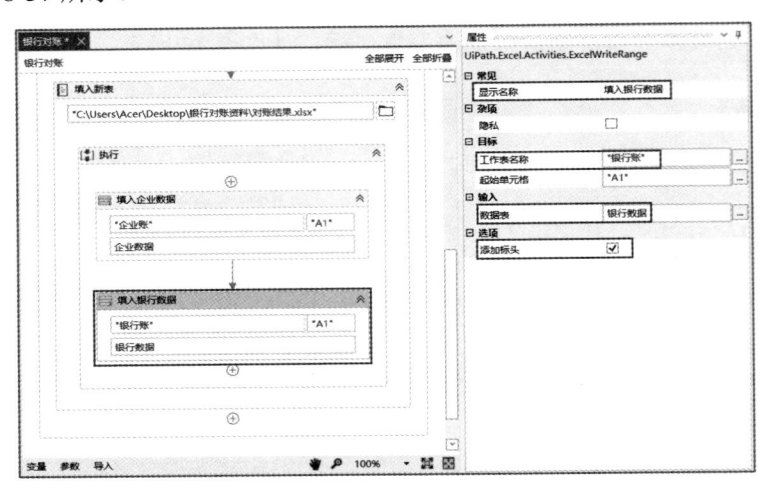

图 8-37　添加【写入范围】活动并设置其属性（2）

（5）添加一个【插入/删除列】活动，将其放置于【填入银行数据】活动下方；在相应的属性面板中，在"显示名称"文本框中输入"插入收入匹配列"，在"位置"文本框中输入"9"，在"工作表名称"文本框中输入""银行账""，如图 8-38 所示。表示在"银行账"工作表中的第 9 列插入一个空白列。

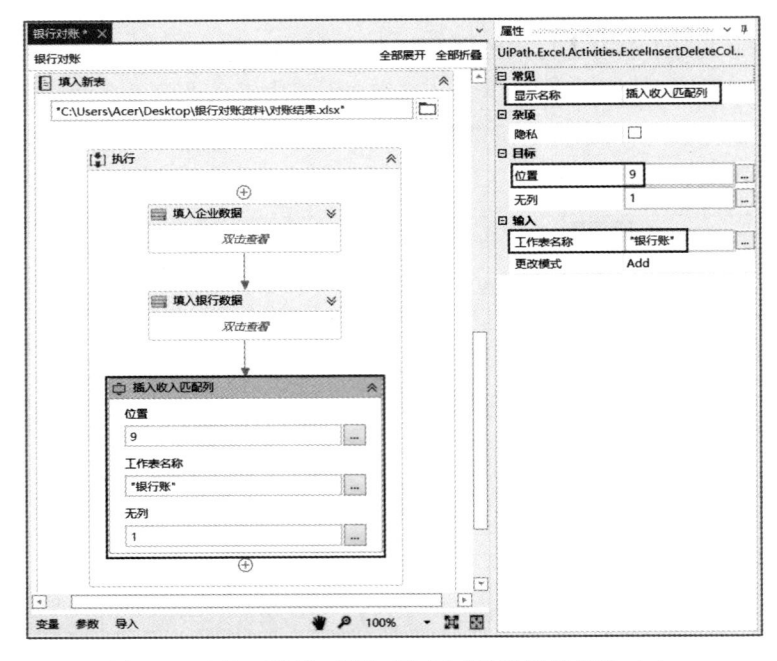

图 8-38　添加【插入/删除列】活动并设置其属性（1）

（6）添加一个【插入/删除列】活动，将其放置于【插入收入匹配列】活动下方；在相应的属性面板中，在"显示名称"文本框中输入"插入支出匹配列"，在"位置"文本框中输入"11"，在"工作表名称"文本框中输入""银行账""，如图 8-39 所示。表示在"银行账"工作表中的第 11 列插入一个空白列。

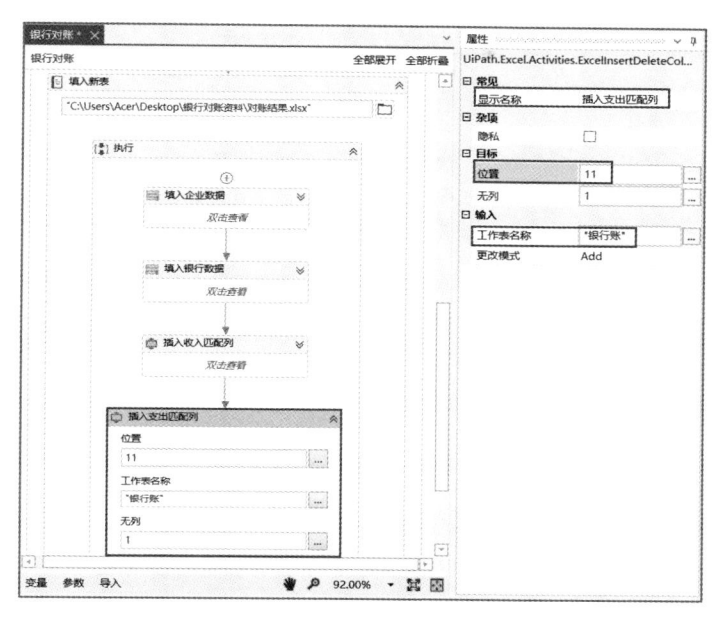

图 8-39　添加【插入/删除列】活动并设置其属性（2）

（7）添加一个 Excel 中的【写入单元格】活动，将其放置于【插入支出匹配列】活动下方；在相应的属性面板中，在"工作表名称"文本框中输入""银行账""，在"范围"文本框中输入""i1""，在"值"文本框中输入""收入匹配""，如图 8-40 所示。表示在"银行账"工作表新增的第 9 列的第 1 个单元格中添加标头名称"收入匹配"。

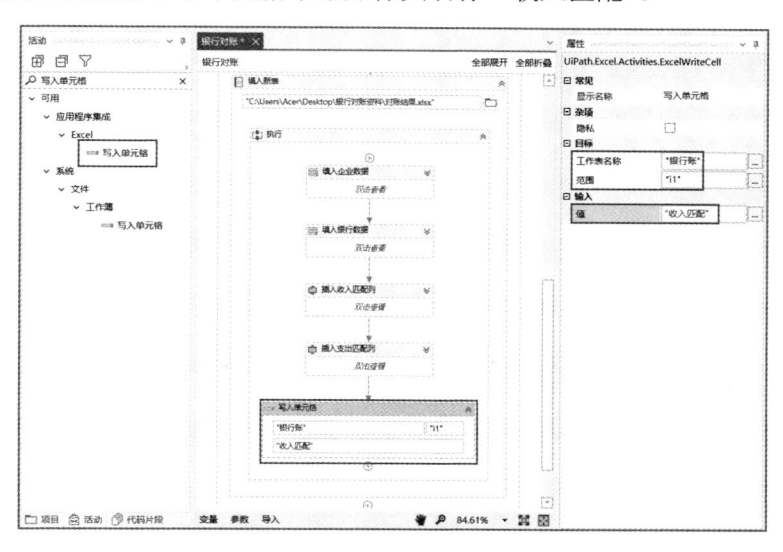

图 8-40　添加【写入单元格】活动并设置其属性（1）

（8）添加一个 Excel 中的【写入单元格】活动，将其放置于上一个【写入单元格】活动下方；在相应的属性面板中，在"工作表名称"文本框中输入""银行账""，在"范围"文本框中输入""k1""，在"值"文本框中输入""支出匹配""，如图 8-41 所示。表示在"银行账"工作表新增的第 11 列的第 1 个单元格中添加标头名称"支出匹配"。

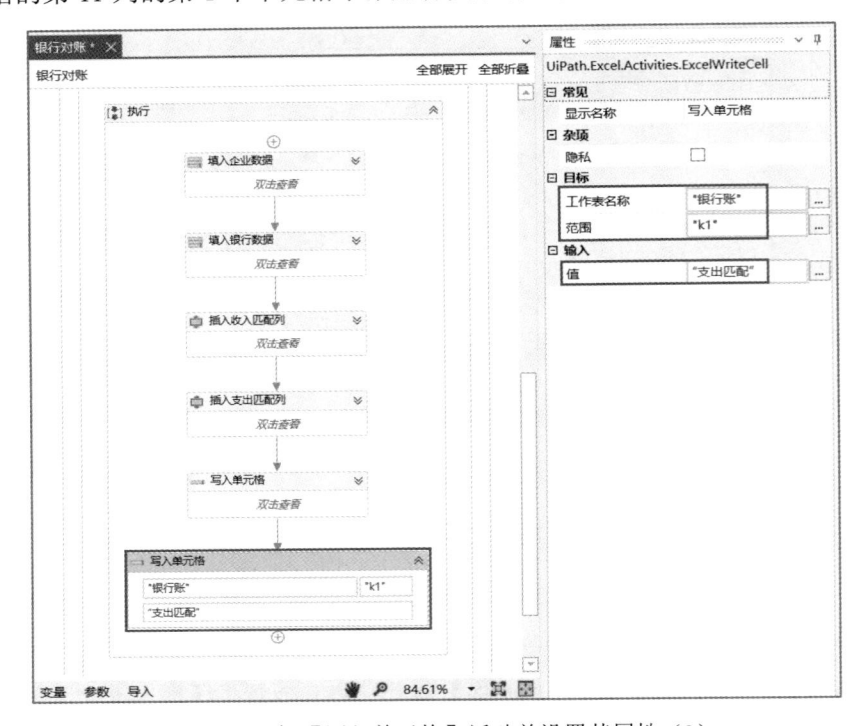

图 8-41　添加【写入单元格】活动并设置其属性（2）

3. 使用 VLOOKUP 函数进行查询核对

（1）添加一个 Excel 中的【写入单元格】活动，将其放置于上一个【写入单元格】活动下方；在相应的属性面板中，在"显示名称"文本框中输入"查询匹配收入"，在"工作表名称"文本框中输入""银行账""，在"范围"文本框中输入""i2""，在"值"文本框中输入""=VLOOKUP(H2,企业账!L:L,1,FALSE)""，如图 8-42 所示。

相关说明：

- VLOOKUP 函数是 Excel 中的一个纵向查找函数，该函数可以根据指定的值，在目标区域内的第 1 列查找并匹配出该值，然后将该值所在行指定列的数据输入公式单元格。
- 在属性设置完毕后，机器人程序会在"企业账"工作表的第 L 列中查找"银行账"工作表的 H2 单元格中的数据，并且将其输入 I2 单元格。也就是在"企业账"工作表中查找是否存在和"银行账"工作表中收入数据相同的数据，如果存在，则将其输入"收入匹配"列，从而实现"企业账"工作表和"银行账"工作表中的数据对比。

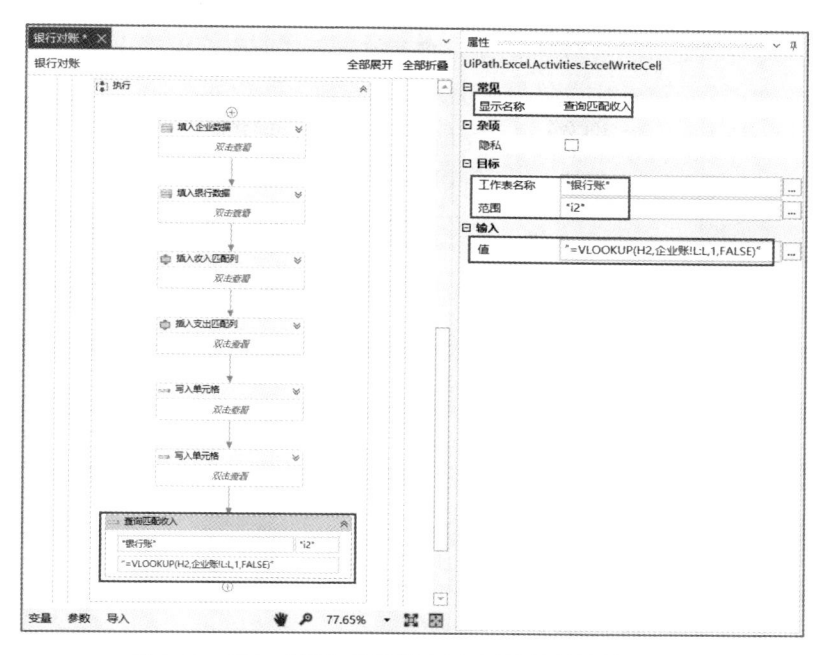

图 8-42 添加【写入单元格】活动并设置其属性（3）

（2）添加一个 Excel 中的【写入单元格】活动，将其放置于【查询匹配收入】活动下方；在相应的属性面板中，在"显示名称"文本框中输入"查询匹配支出"，在"工作表名称"文本框中输入""银行账""，在"范围"文本框中输入""k2""，在"值"文本框中输入""=VLOOKUP(J2,企业账!M:M,1,FALSE)""，如图 8-43 所示。

知识链接：
8.2 VLOOKUP 函数

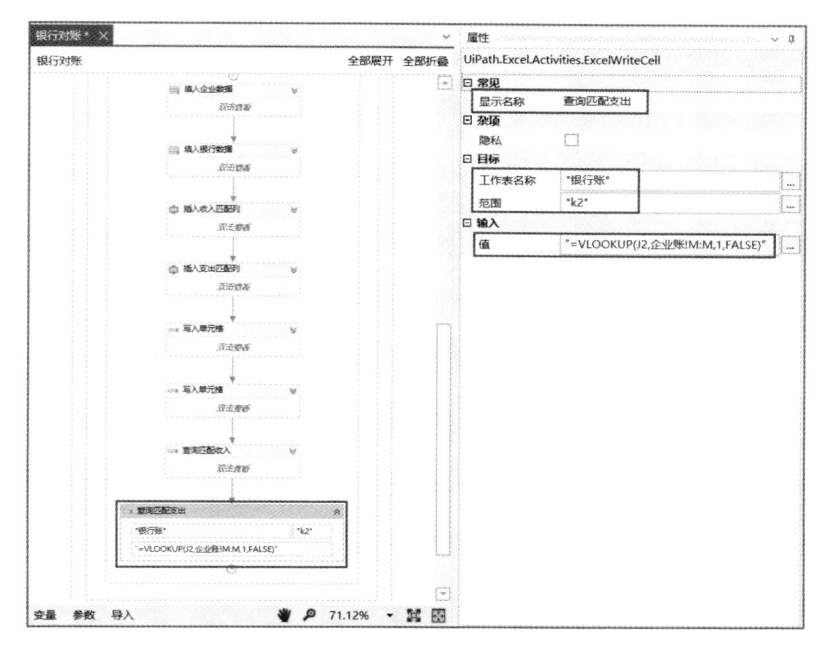

图 8-43 添加【写入单元格】活动并设置其属性（4）

（3）添加一个【自动填充范围】活动，将其放置于【查询匹配支出】活动下方；在相应的属性面板中，在"显示名称"文本框中输入"填充收入匹配列"，在"文件范围"文本框中输入""i2:i"+(银行数据.RowCount+1).ToString"，在"工作表名称"文本框中输入""银行账""，在"源范围"文本框中输入""i2""，如图 8-44 所示。

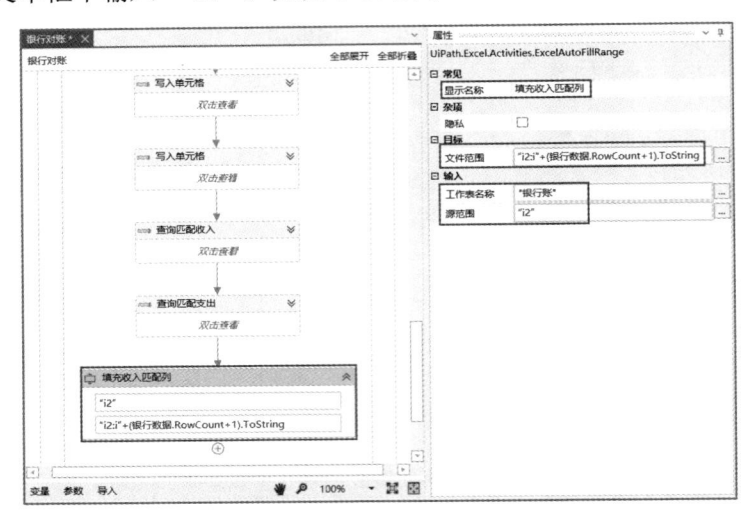

图 8-44　添加【自动填充范围】活动并设置其属性（1）

📂 **相关说明：**

- ""i2:i"+(银行数据.RowCount+1).ToString"，表示从"银行数据"数据表中第 I 列第 2 行开始一直遍历循环至"银行数据"数据表中第 I 列最后一行。
- RowCount 表示行计数。
- ToString 表示将变量类型转换为 String 类型。

知识链接：
8.3 自动填充范围

（4）添加一个【自动填充范围】活动，将其放置于【填充收入匹配列】活动下方；在相应的属性面板中，在"显示名称"文本框中输入"填充支出匹配列"，在"文件范围"文本框中输入""k2:k"+(银行数据.RowCount+1).ToString"，在"工作表名称"文本框中输入""银行账""，在"源范围"文本框中输入""k2""，如图 8-45 所示。

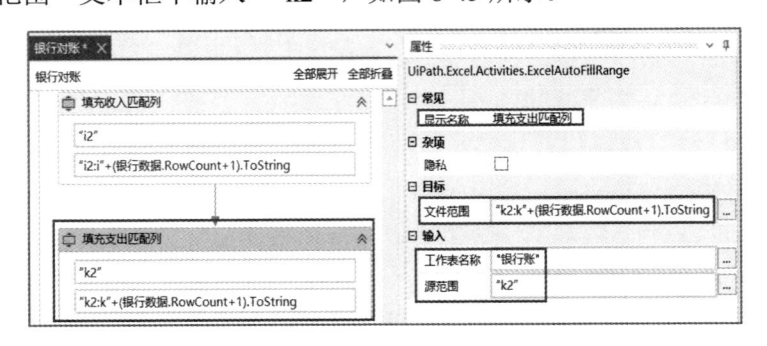

图 8-45　添加【自动填充范围】活动并设置其属性（2）

相关说明：

VLOOKUP 函数在数据查找引用中的功能强大，但是 VLOOKUP 函数只能查询引入第 1 个数据，如果有重复数据，那么后面的数据是无法通过 VLOOKUP 函数筛查出来的。

（5）在快捷工具栏中单击"调试文件"下拉按钮，在弹出的下拉列表中选择"运行文件"选项，运行工作流程，运行结果如图 8-46 所示。本任务的完整工作流程如图 8-47 所示。

收入	收入匹配	支出	支出匹配
-	-	2579240	2579240.47
20380	20380	-	-
499949.82	499949.82	-	-
247725	247725	-	-
259605	259605	-	-
-	-	5000000	5000000
263250	263250	-	-
477105	477105	-	-
347190	347190	-	-
87179	87179	-	-
295000	295000	-	-
521100	521100	-	-
481950	481950	-	-
225037.5	225037.5	-	-
245437.5	245437.5	-	-
236767.5	236767.5	-	-
860850	860850	-	-
290000	290000	-	-
790155	790155	-	-
476850	476850	-	-
-	-	71476000	71476000
5257.64	5257.64	-	-
473280	473280	-	-
474555	474555	-	-
109808.37	109808.37	-	-
225037.5	225037.5	-	-
206767.1	206767.1	-	-

图 8-46　工作流程的运行结果

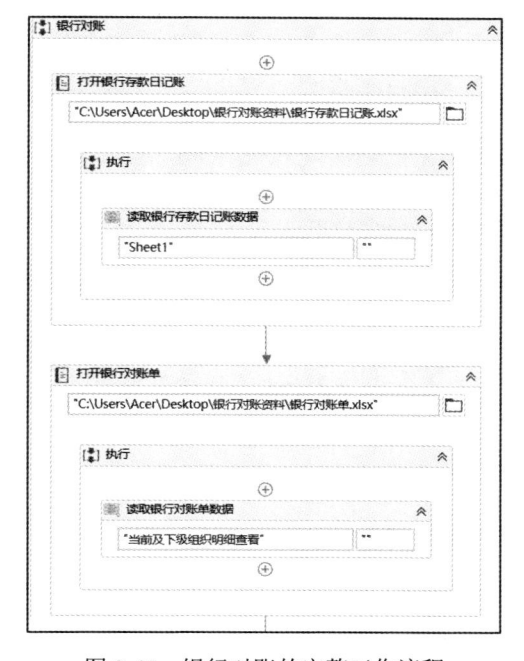

图 8-47　银行对账的完整工作流程

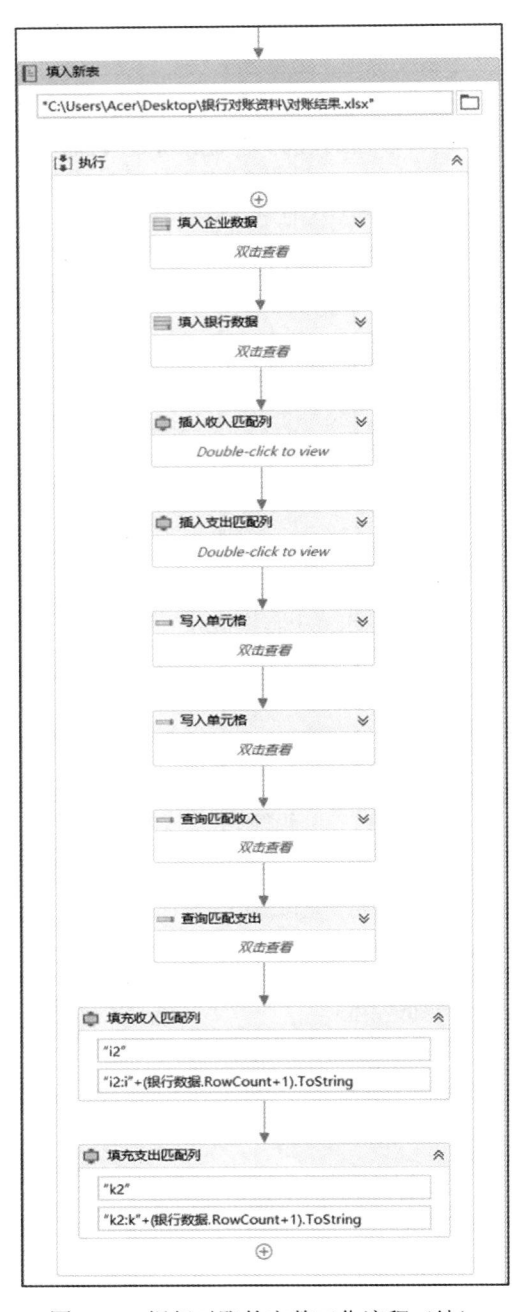

图 8-47 银行对账的完整工作流程（续）

五、易错问题解析

本任务的易错问题解析如表 8-2 所示。

表 8-2　易错问题解析

问 题 出 处	问 题 描 述	问 题 解 析
读取银行存款日记账、银行对账单	在设置【读取范围】活动的属性时，无法在"输出"节点下的"数据表"下拉列表中选择"企业数据"和"银行数据"变量	1."企业数据"和"银行数据"变量要存储 Excel 文件数据，其数据类型应该是"DataTable"。 2.两个变量的范围应该是"银行对账"序列，才能在整个流程设计中任意使用
填入新表	填入的数据显示不完整，没有第 1 行的标头	在【写入范围】活动的属性面板中，勾选"添加标头"复选框
填入新表	没有数据填入新表	【写入范围】活动不在【Excel 应用程序范围】活动的"执行"区域内，导致【写入范围】活动无法使用
使用 VLOOKUP 函数进行查询核对	VLOOKUP 函数取数错误	本任务中的 VLOOKUP 函数主要用于在"银行账"工作簿和"企业账"工作簿中提取数据，在进行参数设置时，要注意这两个取数范围的设置不要出错
使用 VLOOKUP 函数进行查询核对	在工作流程运行至【自动填充范围】活动时，没有数据进行填充或漏填数据	"银行数据.RowCount"表示"银行数据"数据表的行数，如果不算标头，则为 90 行，而填充范围共需 91 行，因此在设置"文件范围"属性时，需要将行数加 1。以填充 I 列为例，""i2:i"+(银行数据.RowCount+1).ToString"表示从第 I 列第 2 行循环至第 I 列第 91 行

任务考核评价报告

扫描二维码，可参照其制作纸质任务考核评价报告。

项目九

理财小帮手机器人

学习目标

知识目标： 了解 RPA 财务机器人进行理财的基本知识。

理解 RPA 财务机器人进行杜邦分析的基本原理。

掌握股票交易数据更新机器人进行股票价格采集的工作流程。

能力目标： 能够应用 RPA 财务机器人进行杜邦分析。

能够应用 RPA 财务机器人更新股票交易数据。

素质目标： 培养学生的团队协作能力。

培养学生强化目标导向、提高科技成果转化的意识。

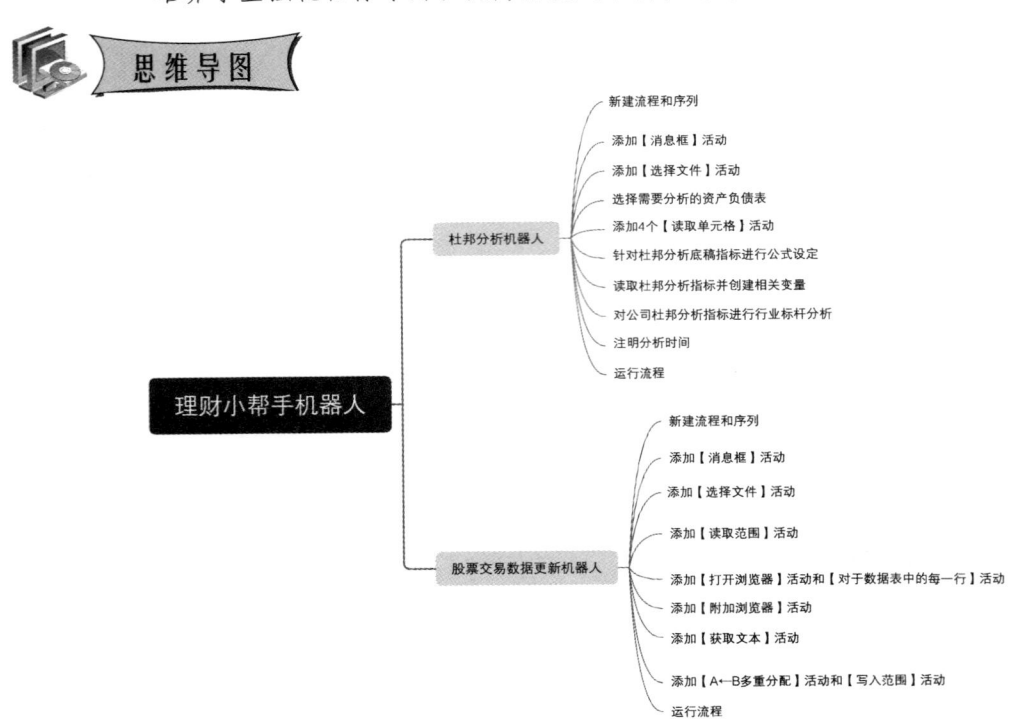

思维导图

理财小帮手机器人
- 杜邦分析机器人
  - 新建流程和序列
  - 添加【消息框】活动
  - 添加【选择文件】活动
  - 选择需要分析的资产负债表
  - 添加4个【读取单元格】活动
  - 针对杜邦分析底稿指标进行公式设定
  - 读取杜邦分析指标并创建相关变量
  - 对公司杜邦分析指标进行行业标杆分析
  - 注明分析时间
  - 运行流程
- 股票交易数据更新机器人
  - 新建流程和序列
  - 添加【消息框】活动
  - 添加【选择文件】活动
  - 添加【读取范围】活动
  - 添加【打开浏览器】活动和【对于数据表中的每一行】活动
  - 添加【附加浏览器】活动
  - 添加【获取文本】活动
  - 添加【A←B多重分配】活动和【写入范围】活动
  - 运行流程

项目九 理财小帮手机器人

引导案例

2020年7月21日,"乐视退"被摘牌,正式告别A股市场,并且不得重新上市。

2004年11月,乐视网正式上线。一开始,乐视网是应用于手机电视领域的视频运营平台。之后,乐视网将互联网视频服务业务作为发展重点,并且开展影视版权分销业务。基于内容资源的积累,乐视网逐渐走向繁荣。经过6年的发展,2010年8月12日,乐视网在中国创业板上市,成为A股首家上市的互联网视频公司。在上市之后,乐视网开始朝着垂直方向整合,将视频内容、硬件终端等业务独立发展。到了2015年,乐视网迎来巅峰时期。2015年5月12日,乐视网股价达到历史高点——179.03元/股,彼时总市值突破1700亿元人民币。一时间,乐视网风光无限,融资不断,其发展呈现蒸蒸日上之态。但这些都是虚幻的繁荣。

从2016年10月开始,乐视体系爆发资金链危机,股价一路走跌。为了打通乐视生态,其负责人将"负利营销"策略作为基础模式,即低价出售硬件以获取用户,然后以会员制模式将硬件用户转化为强关联性的用户。低价扩张市场本无可厚非,但乐视的营销策略过于极端,硬件价格过低,导致其不仅没有带来盈利,还造成了巨大亏损。

时至今日,乐视网负责人依旧给不出交代,那些曾为他的梦想加持的投资人,如今成了乐视泥沼中的局中人,无法逃离。

(资料来源:乐视终于退场了. 雷锋网)

案例思考:该案例给我们带来怎样的启示呢?

案例分析参考

学习指引

财务分析不仅能提升企业的工作效率,还能帮助个人改善财务状况。投资理财必须进行财务分析。杜邦分析可以利用几种主要的财务比率之间的关系,综合评价公司盈利能力和股东权益回报水平,是从财务角度评价企业业绩的一种经典方法。该方法可以使财务比率分析的层次更清晰、条理更突出,是财务报表分析者全面、仔细地了解企业的经营和盈利状况的好方法。

本项目将从企业的杜邦分析、股票交易数据更新两个角度设计RPA财务机器人,帮助企业快速完成杜邦分析底稿的编制工作及股票数据的抓取工作。

任务一 杜邦分析机器人

一、任务目标

1. 了解杜邦分析的工作原理。
2. 能够对杜邦分析的工作进行需求整理。

3. 掌握【读取单元格】活动和【写入单元格】活动的应用方法。
4. 能够应用杜邦分析机器人进行财务分析。
5. 初步具备开发杜邦分析机器人的能力,完成杜邦分析底稿。

二、准备工作

1. 安装的 UiPath 软件符合操作要求。
2. 了解 Excel 自动化的基本功能。
3. 在 D 盘新建一个名称为"uipath—data"的文件夹,用于存储数据。

知识链接：
9.1 杜邦分析指标体系的三种主要指标

三、任务引例

宏发公司投资部的小王需要每个月对财务部完成的财务报表(主要是资产负债表和利润表)进行杜邦分析,完成杜邦分析底稿,如图 9-1 所示,并且给出初步分析意见。

图 9-1 杜邦分析底稿

四、操作过程与步骤

【业务流程】

杜邦分析机器人的业务流程如图 9-2 所示。

开始 → 选择财务分析报表 → 读取数据 → 写入数据 → 用组件分析数据 → 写入时间 → 结束

图 9-2 杜邦分析机器人的业务流程

【操作步骤】

1. 新建流程和序列

打开 UiPath 软件，在主界面的"新建项目"列表框中选择"流程"选项，弹出"新建空白流程"对话框，在"名称"文本框中输入"杜邦分析机器人"，"位置"参数采用默认设置，单击"创建"按钮，如图 9-3 所示。然后在"杜邦分析机器人"流程中新建一个序列。

视频操作微课：
9-1 杜邦分析机器人

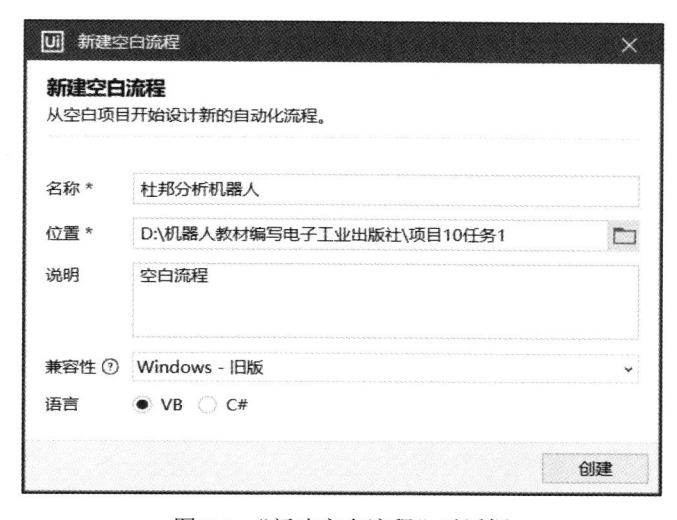

图 9-3 "新建空白流程"对话框

2. 添加【消息框】活动

添加一个【消息框】活动并将其拖曳至序列中，在"Text"文本框中输入""请选择利润表""，用于提示用户选择利润表，如图 9-4 所示。

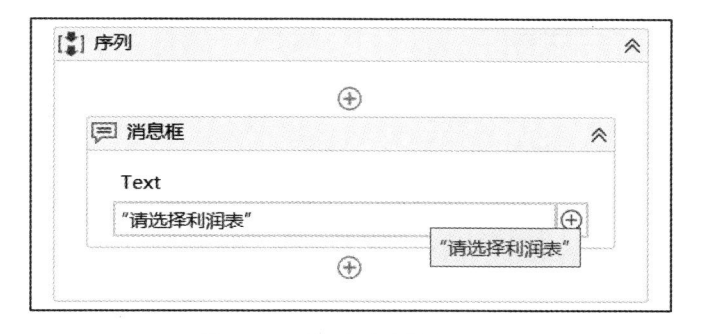

图 9-4 添加【消息框】活动

3. 添加【选择文件】活动

添加一个【选择文件】活动并将其拖曳至【消息框】活动下方，将【选择文件】活动命名为"请选择利润表"，在"所选文件路径"文本框中使用快捷键"Ctrl+K"创建变量"利润表路径"，将"变量类型"设置为"String"，如图 9-5 所示。

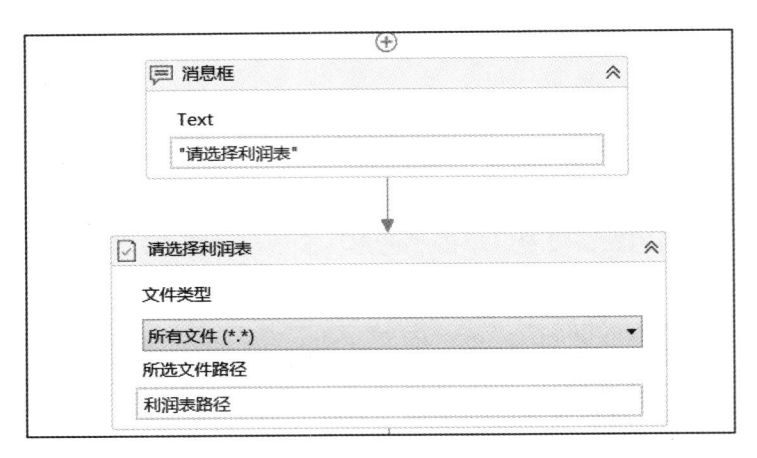

图 9-5　添加【选择文件】活动

4. 选择需要分析的资产负债表

重复上面的第 2 步和第 3 步，用于选择需要分析的资产负债表，创建变量"资产负债表路径"，将"变量类型"设置为"String"，操作结果如图 9-6 所示。

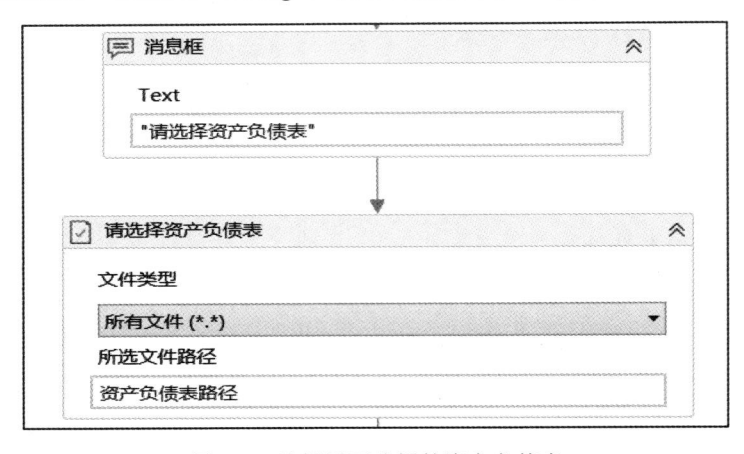

图 9-6　选择需要分析的资产负债表

5. 添加 4 个【读取单元格】活动

根据杜邦分析底稿，我们可以直接从财务报表中获取净利润、销售收入、资产总额和所有者权益共 4 个指标。在活动区的"活动"选项卡中，搜索并选中工作簿中的【读取单元格】活动，将其拖曳至序列中，依次添加 4 个【读取单元格】活动。

（1）通过第 1 个【读取单元格】活动读取净利润的数据，净利润取数于利润表的 B33 单元格中的数据，在相应的属性面板中，在"输入"节点下，在"工作簿路径"文本框中输入变量"利润表路径"，"工作表名称"属性采用默认值；在"输出"节点下的"结果"文本框中使用快捷键"Ctrl+K"创建变量"净利润"，将"变量类型"设置为"GenericValue"，如图 9-7 和图 9-8 所示。

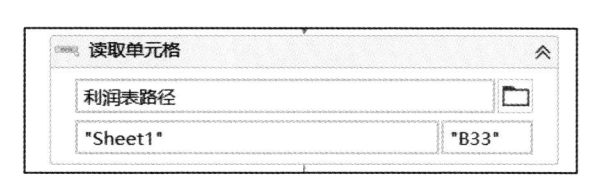

图 9-7　【读取单元格】活动中的内容 　　　图 9-8　设置【读取单元格】活动的属性

（2）通过另外 3 个【读取单元格】活动读取另外 3 个指标的数据。参照步骤（1）中的操作过程，设置另外 3 个【读取单元格】活动中的内容，在其属性面板的"输出"节点下的"结果"文本框中分别创建变量"销售收入"、"总资产"和"所有者权益"，操作结果如图 9-9 所示。

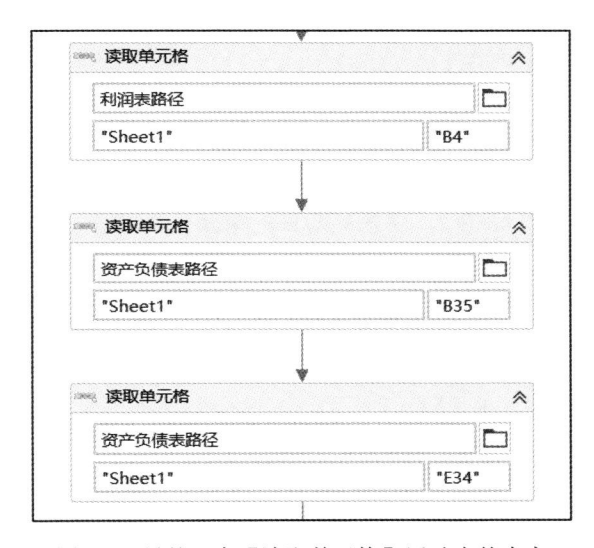

图 9-9　另外 3 个【读取单元格】活动中的内容

6. 针对杜邦分析底稿指标进行公式设定

（1）添加一个【Excel 应用程序范围】活动并将其拖曳至【读取单元格】活动下方，单击"浏览文件"按钮，选择杜邦分析表的存储路径，如图 9-10 所示。

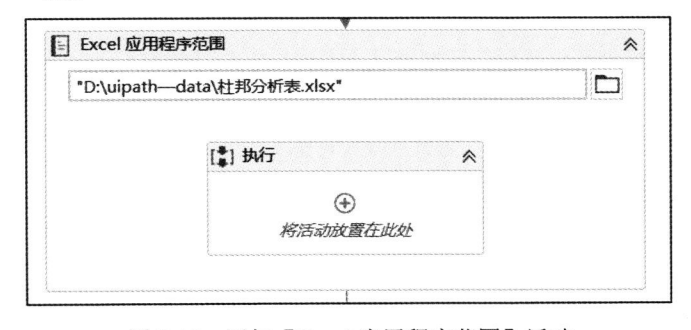

图 9-10　添加【Excel 应用程序范围】活动

（2）在【Excel 应用程序范围】活动的"执行"区域内添加 10 个【写入单元格】活动。在 D15 单元格中写入事先读取的变量"净利润",如图 9-11 所示;在 H15 和 J15 单元格中均写入变量"销售收入";在 N15 单元格中写入变量"总资产";在 O15 单元格中写入变量"所有者权益";在 F11 单元格中输入销售净利率的计算公式""= D15/H15"",如图 9-12 所示。各指标对应的单元格及内容如表 9-1 所示。根据表 9-1 设置其他【写入单元格】活动中的内容。

图 9-11　在 D15 单元格中写入变量"净利润"

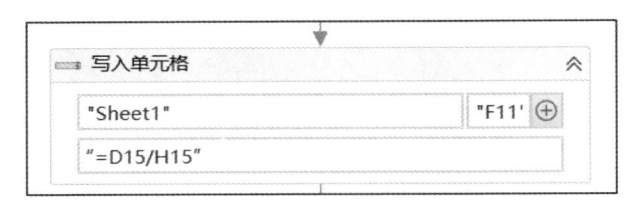

图 9-12　在 F11 单元格中输入""= D15/H15""

表 9-1　各指标对应的单元格及内容

指　　标	单　元　格	内　　容
净利润	D15	净利润（变量）
销售收入	H15、J15	销售收入（变量）
总资产	N15	总资产（变量）
所有者权益	O15	所有者权益（变量）
销售净利率	F11	D15/H15
总资产周转率	L11	J15/N15
总资产净利率	G7	F11*L11
权益乘数	K7	N15/O15
净资产收益率	I2	G7*K7

7. 读取杜邦分析指标并创建相关变量

获取杜邦分析指标的目的是帮助公司进行行业标杆对比分析。添加一个"应用程序集成"中的【读取单元格】活动并将其拖曳至【写入单元格】活动下方,用于读取 I2 单元格中的净资产收益率,如图 9-13 所示,在相应的属性面板中,在"输出"节点下的"结果"文本框中使用快捷键"Ctrl+K"创建变量"jzcsyl",如图 9-14 所示。再添加 4 个"应用程序集成"中的【读取单元格】活动,用于读取其他杜邦分析指标,操作结果如图 9-15 所示,创建的变量名称均为指标的汉语拼音首字母。

📂 相关说明:

变量"jzcsyl""zzcjll""qycs""xsjll""zzczzl"分别是"净资产收益率""总资产净利率""权益乘数""销售净利率""总资产周转率"的简称。

项目九　理财小帮手机器人

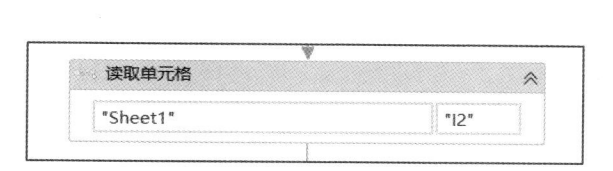

图 9-13　读取 I2 单元格内容

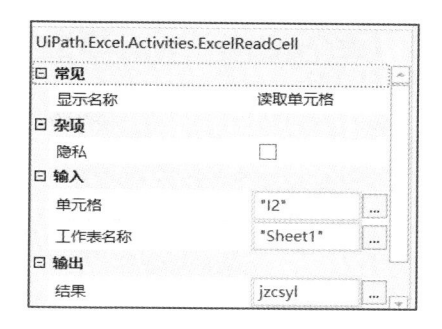

图 9-14　设置变量"jzcsyl"

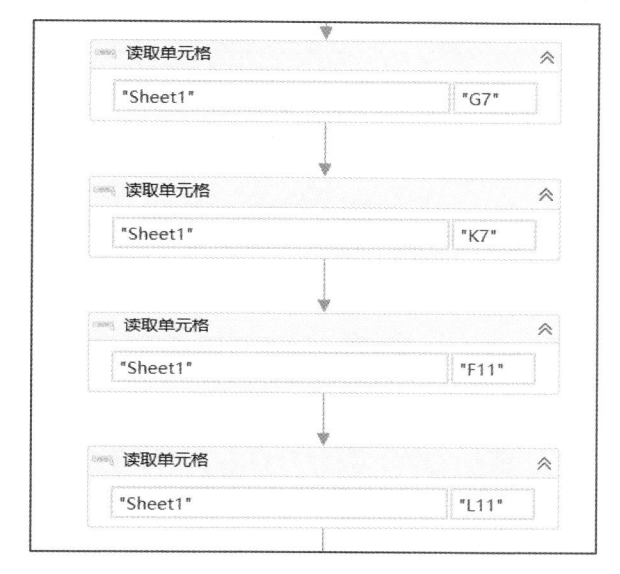

图 9-15　其他杜邦分析指标的【读取单元格】活动

8. 对公司杜邦分析指标进行行业标杆分析

假设"净资产收益率"指标的行业标杆为 0.1，如果宏发公司的该指标大于 0.1，则说明宏发公司运用自有资本的效率较高，盈利能力较强，经营能力较强，因此所有者投资收益水平较高；如果宏发公司的该指标小于 0.1，则会得出相反的结论。

添加一个【IF 条件】活动并将其拖曳至【读取单元格】活动下方，在"条件"文本框中输入"jzcsyl>0.1"，如果条件为真，则执行"Then"流程，否则执行"Else"流程。在"Then"区域内添加一个【写入单元格】活动，设置范围为 F19 单元格，输入分析结论""我公司净资产收益率为"+jzcsyl+"，高于同行业平均值，说明公司运用自有资本的效率较高，盈利能力较强，经营能力较强。所有者投资收益水平较高""。在"Else"区域内添加一个【写入单元格】活动，设置范围为 F19 单元格，输入分析结论""我公司净资产收益率为"+jzcsyl+"，低于同行业平均值，说明公司运用自有资本的效率较低，盈利能力较弱，经营能力较弱。所有者投资收益水平较低""，如图 9-16 所示。

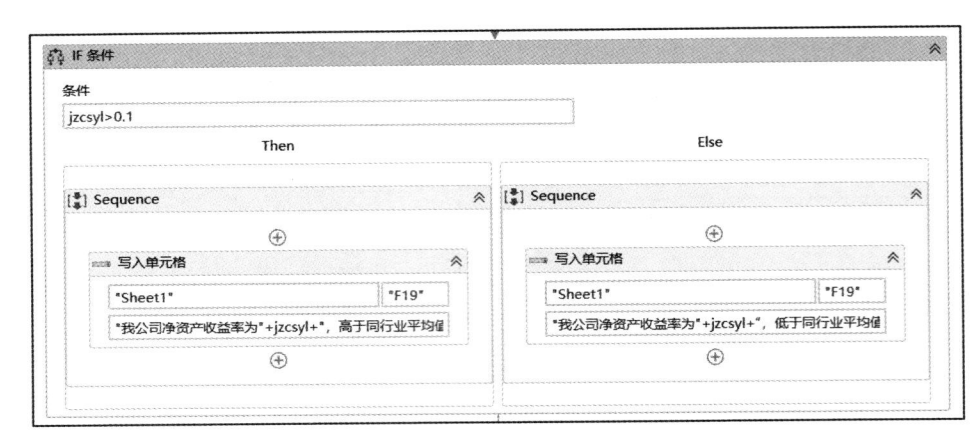

图 9-16　净资产收益率的判断条件设置

其他相关指标的分析结论如表 9-2 所示，相应的操作界面分别如图 9-17、图 9-18、图 9-19 和图 9-20 所示。

表 9-2　其他指标分析结论赋值内容

赋值表参考内容		
To	Then	Else
净资产收益率（jzcsyl）	"我公司净资产收益率为"+jzcsyl+"，高于同行业平均值，说明公司运用自有资本的效率较高，盈利能力较强，经营能力较强。所有者投资收益水平较高"	"我公司净资产收益率为"+jzcsyl+"，低于同行业平均值，说明公司运用自有资本的效率较低，盈利能力较弱，经营能力较弱。所有者投资收益水平较低"
总资产净利率（zzcjll）	"我公司总资产净利率为"+zzcjll+"，高于同行业平均水平，说明公司全部资产的管理能力和获利能力较强"	"我公司总资产净利率为"+zzcjll+"，低于同行业平均水平，说明公司全部资产的管理能力和获利能力较弱"
权益乘数（qycs）	"我公司权益乘数为"+qycs+"，高于同行业平均水平，企业负债多，财务风险高"	"我公司权益乘数为"+qycs+"，低于同行业平均水平，企业负债少，财务风险低"
销售净利率（xsjll）	"我公司销售净利率为"+xsjll+"，高于同行业平均水平，公司能够创造足够的销售收入，或者控制好成本费用，或者两者兼备"	"我公司销售净利率为"+xsjll+"，低于同行业平均水平，公司无法创造足够的销售收入，或者无法控制好成本费用，或者两者兼备"
总资产周转率（zzczzl）	"我公司总资产周转率为"+zzczzl+"，高于行业平均水平，企业资金周转快，资产运营效率高"	"我公司总资产周转率为"+zzczzl+"，低于行业平均水平，企业资金周转慢，资产运营效率低"

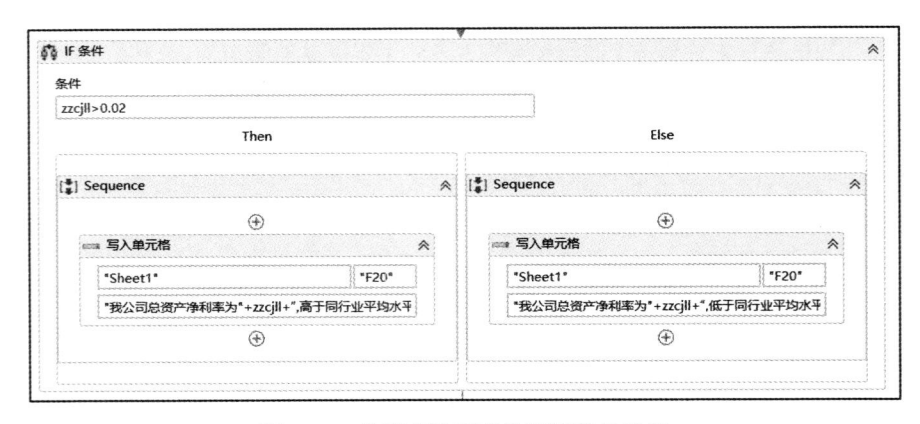

图 9-17　总资产净利率的判断条件设置

项目九 理财小帮手机器人

IF 条件

条件: qycs>2

Then:
- Sequence
  - 写入单元格
    - "Sheet1" "F21"
    - "我公司权益乘数为"+qycs+"，高于同行业平均水平，

Else:
- Sequence
  - 写入单元格
    - "Sheet1" "F21"
    - "我公司权益乘数为"+qycs+"，低于同行业平均水平，

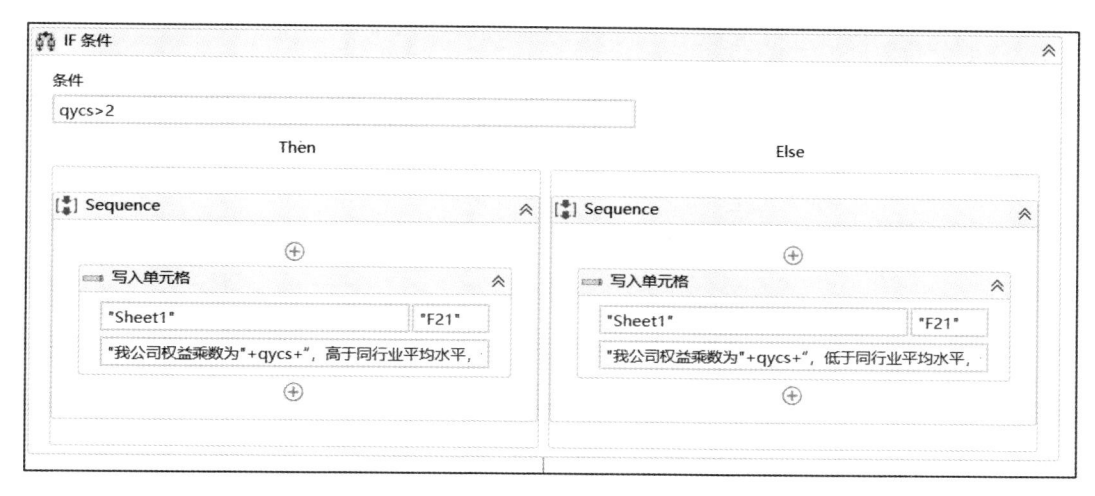

图 9-18　权益乘数的判断条件设置

IF 条件

条件: xsjll>0.09

Then:
- Sequence
  - 写入单元格
    - "Sheet1" "F22"
    - "我公司销售净利率为"+xsjll+",高于同行业平均水平，

Else:
- Sequence
  - 写入单元格
    - "Sheet1" "F22"
    - "我公司销售净利率为"+xsjll+"，低于同行业平均水平，

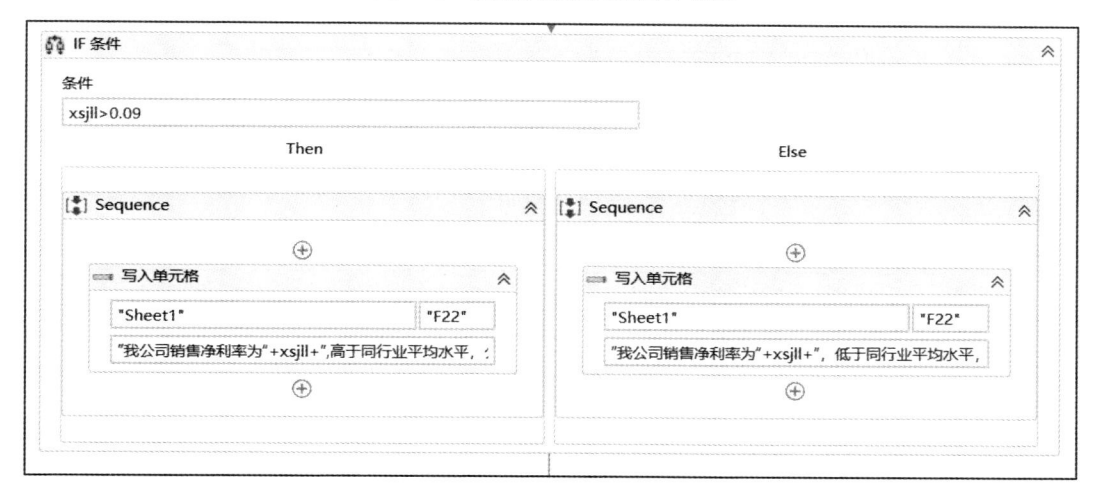

图 9-19　销售净利率的判断条件设置

IF 条件

条件: zzczl>1.2

Then:
- Sequence
  - 写入单元格
    - "Sheet1" "F23"
    - "我公司总资产周转率为"+zzczl+",高于行业平均水平，

Else:
- Sequence
  - 写入单元格
    - "Sheet1" "F23"
    - "我公司总资产周转率为"+zzczl+",低于行业平均水平，

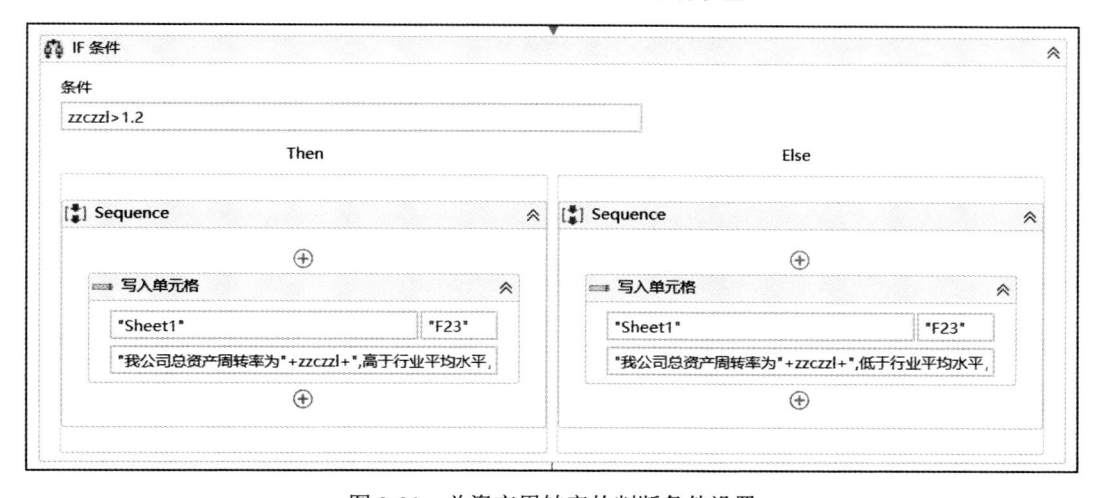

图 9-20　总资产周转率的判断条件设置

9. 注明分析时间

添加一个【A←B 分配】活动并将其拖曳至【IF 条件】活动下方，创建变量"time"，将"变量类型"设置为"GenericValue"，并且将其赋值为"now()"。添加一个【写入单元格】活动并将其拖曳至【A←B 分配】活动下方，在【写入单元格】活动中输入相应的内容，如图 9-21 所示。

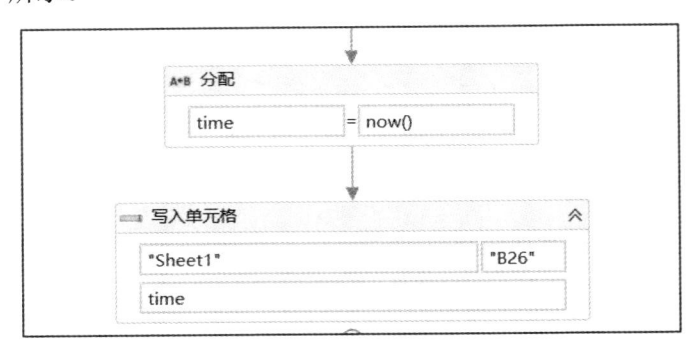

图 9-21 注明分析时间

10. 运行流程

至此，本任务的工作流程设计完毕。运行工作流程，在运行结束后打开"杜邦分析表.xlsx"文件，该文件中的内容如图 9-22 所示。本任务的完整工作流程如图 9-23 所示。

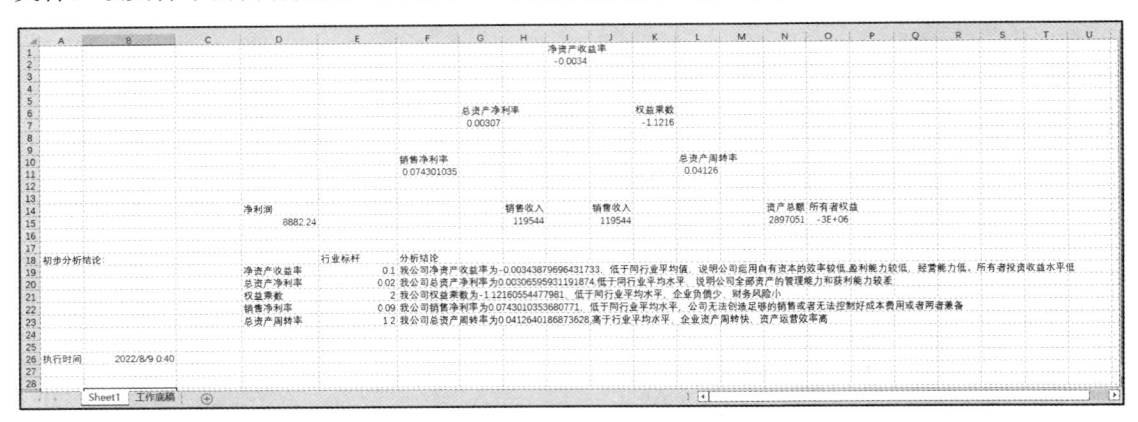

图 9-22 "杜邦分析表.xlsx"文件中的内容

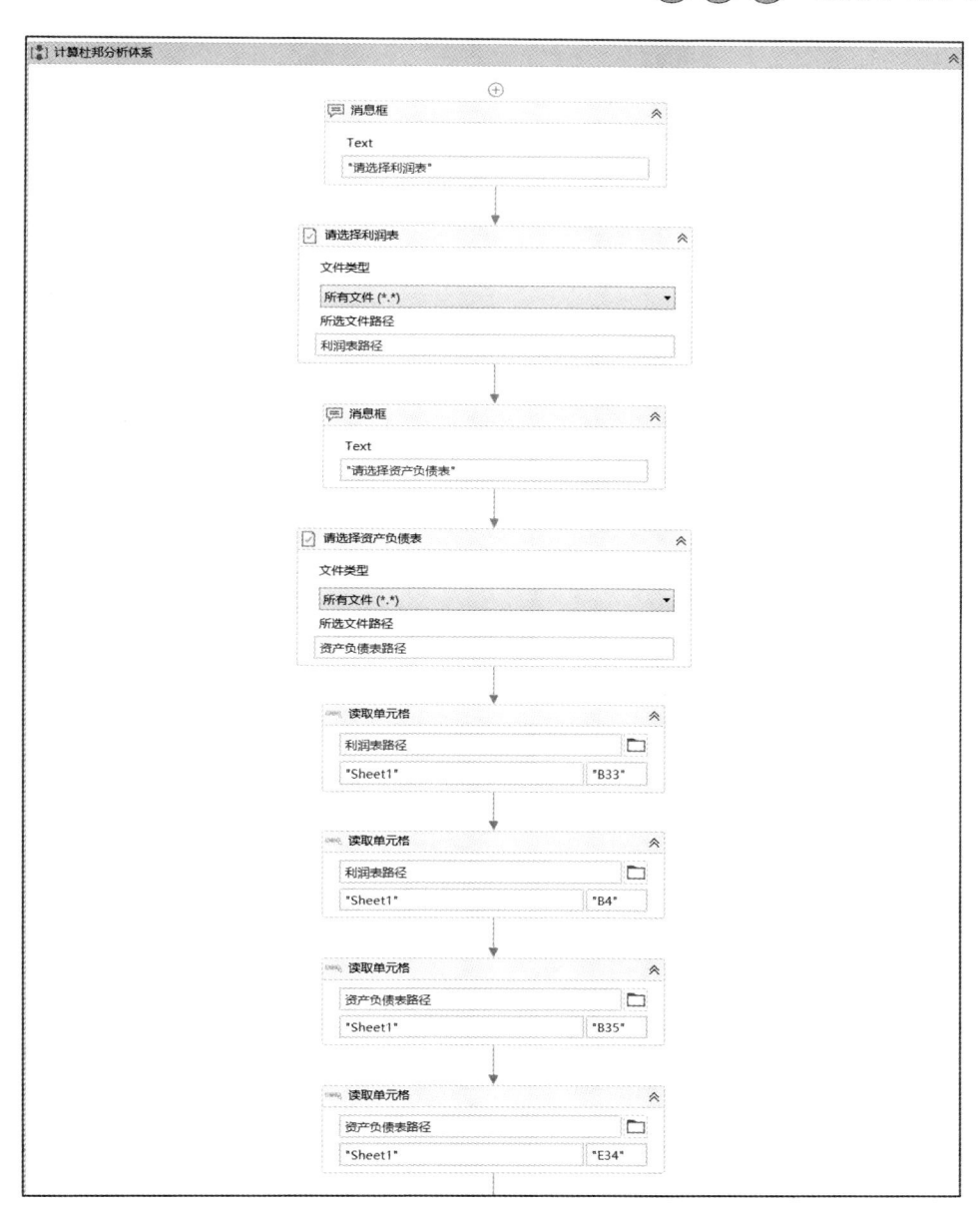

图 9-23 杜邦分析机器人的完整工作流程

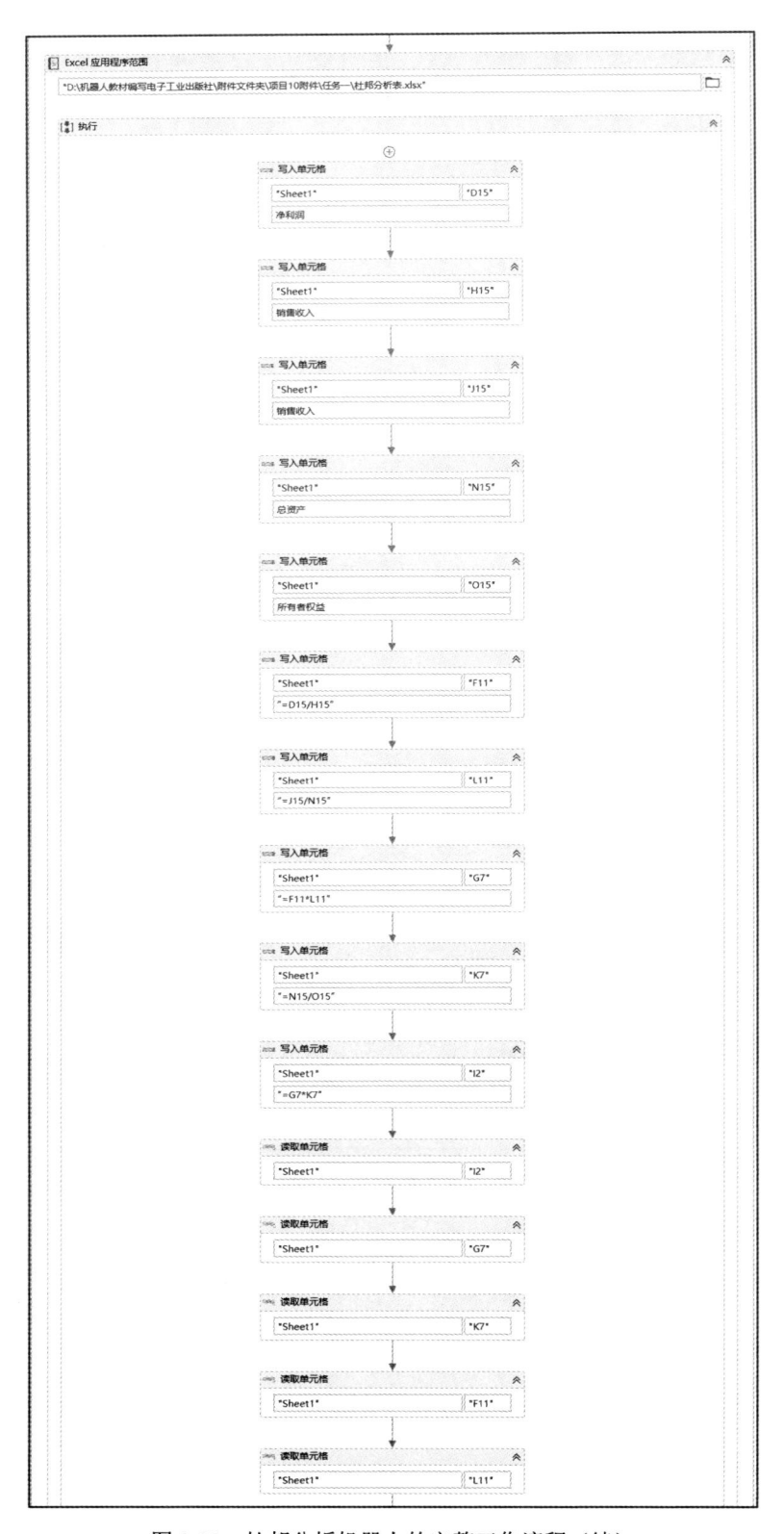

图 9-23 杜邦分析机器人的完整工作流程（续）

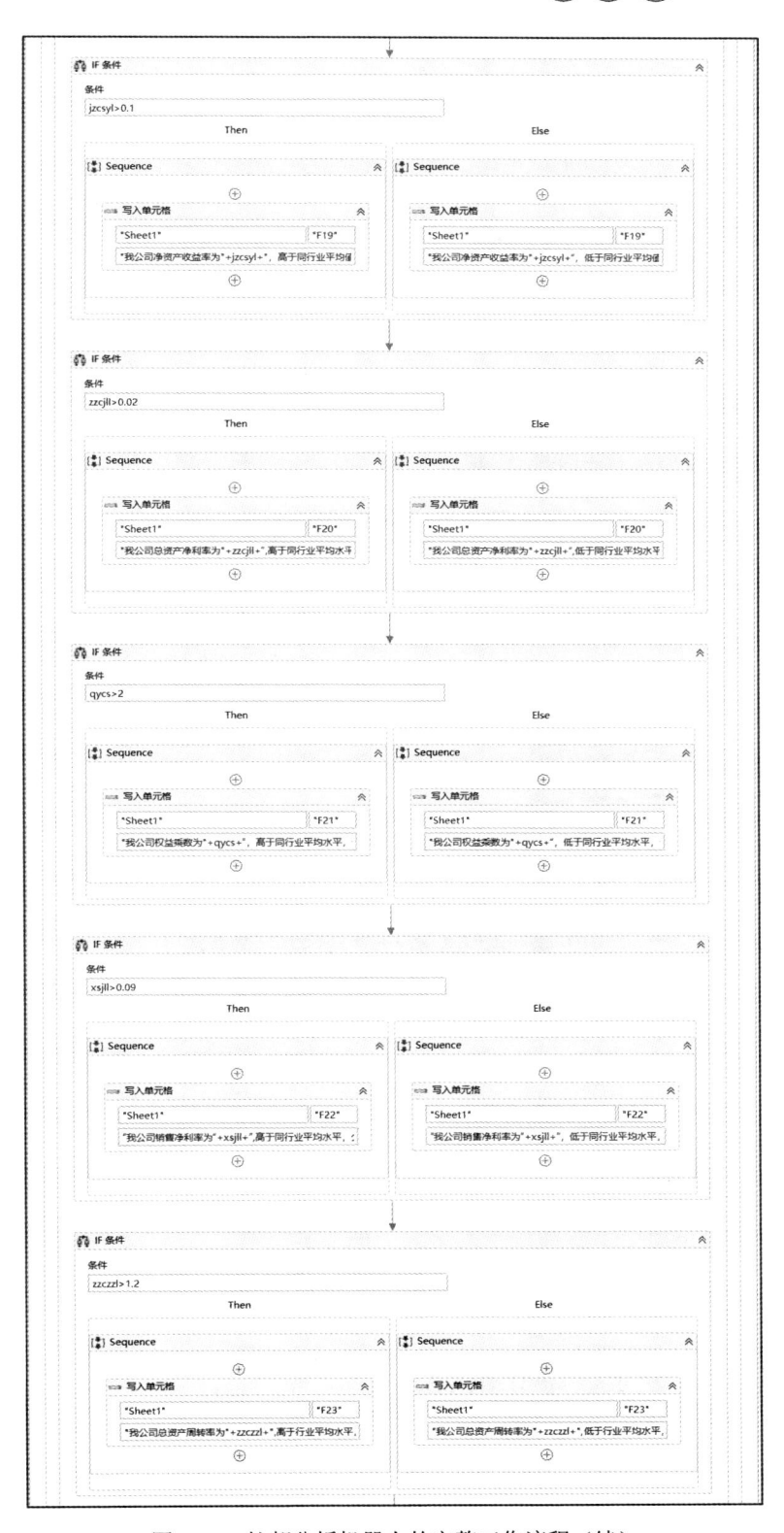

图 9-23 杜邦分析机器人的完整工作流程（续）

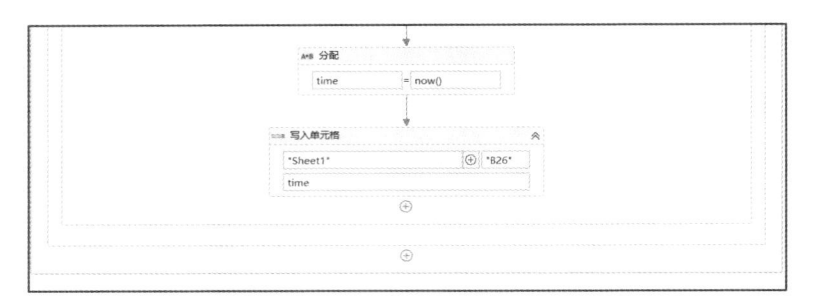

图 9-23　杜邦分析机器人的完整工作流程（续）

五、易错问题解析

本任务的易错问题解析如表 9-3 所示。

表 9-3　易错问题解析

问　题　出　处	问　题　描　述	问　题　解　析
添加 4 个【读取单元格】活动	在输入单元格后提示错误	输入的单元格的序号必须用英文双引号引起来
针对杜邦分析底稿指标进行公式设定	在运行工作流程时提示【写入单元格】活动有误	【写入单元格】活动在"工作簿"和"应用程序集成"中都存在，此处我们使用的是后者。"工作簿"中的【写入单元格】活动可以单独使用

任务考核评价报告

扫描二维码，可参照其制作纸质任务考核评价报告。

任务二　股票交易数据更新机器人

一、任务目标

1．掌握【获取文本】活动的应用方法。
2．掌握【附加浏览器】活动的应用方法。
3．能够对股票交易数据更新机器人进行需求整理。
4．初步具备应用股票交易数据更新机器人的能力。

二、准备工作

1．安装的 UiPath 软件符合操作要求。
2．在 D 盘新建一个名称为"uipath—data"的文件夹，用于存储数据。
3．了解网页自动化的基本功能。
4．做好访问网络前的环境准备。

（1）打开 UiPath 软件，在主界面左侧选择"工具"选项，在"UiPath 拓展程序"区域内选择目标程序，延续本书"项目七　采购预算审核机器人"的教学案例，这里使用谷歌浏览器，选择"Chrome"选项，在弹出的"设置扩展程序"对话框中单击"确定"按钮，如图 9-24 所示。

图 9-24　安装 Chrome 插件

（2）在谷歌浏览器的"设置"页面中选择"拓展程序"选项，启动 UiPath Web Automation，如图 9-25 所示。

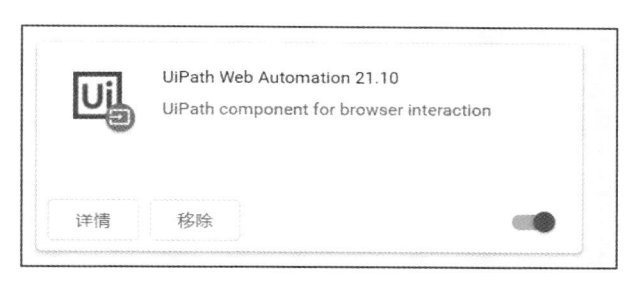

图 9-25　启动 UiPath Web Automation

三、任务引例

小王需要每天在股市收盘后收集一些上市公司股票的收盘价和最高价，以便观察股票投资的动态数据，具体内容如图 9-26 所示。

	A	B	C	D
1	股票代码	股票名称	收盘价	最高价
2	600703	三安光电		
3	002241	歌尔股份		
4	300433	蓝思科技		
5	600009	上海机场		
6	601318	中国平安		
7	603220	中贝通信		
8	600585	海螺水泥		

图 9-26　股票信息

四、操作过程与步骤

【业务流程】

股票交易数据更新机器人的业务流程如图 9-27 所示。

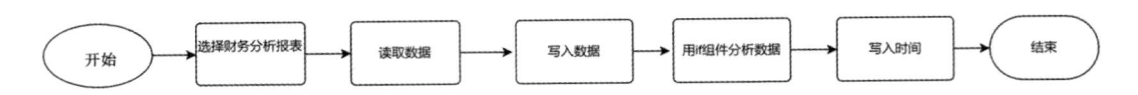

开始 → 选择财务分析报表 → 读取数据 → 写入数据 → 用t组件分析数据 → 写入时间 → 结束

图 9-27　股票交易数据更新机器人的业务流程

【操作步骤】

视频操作微课：
9-2 股票交易数据更新机器人（1）

视频操作微课：
9-3 股票交易数据更新机器人（2）

1. 新建流程和序列

新建一个空白流程，将其命名为"股票交易数据更新机器人"。然后在该流程中新建一个序列，在"名称"文本框中输入"股票数据更新机器人"，"位置"参数采用默认设置，单击"创建"按钮，如图 9-28 所示。

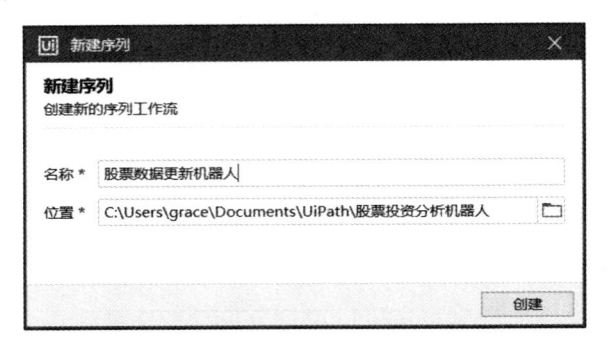

图 9-28　"新建序列"对话框

2. 添加【消息框】活动

添加一个【消息框】并将其拖曳至"股票数据更新机器人"序列中，在"Text"文本框中输入""请选择股票信息文件""，用于提示用户选择股票信息文件，如图 9-29 所示。

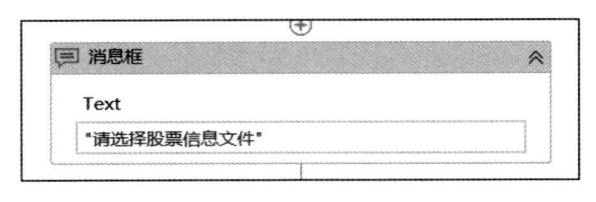

图 9-29　添加【消息框】活动

3. 添加【选择文件】活动

添加一个【选择文件】活动并将其拖曳至【消息框】活动下方，在"所选文件路径"文本框中使用快捷键"Ctrl+K"创建变量"filepath"，将"变量类型"设置为"String"，如图 9-30 所示。

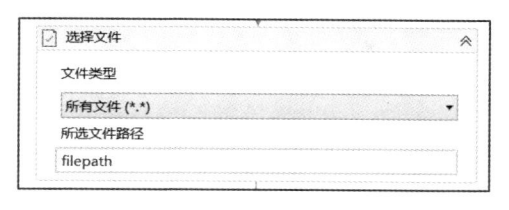

图 9-30　添加【选择文件】活动

4. 添加【读取范围】活动

添加一个工作簿中的【读取范围】活动并将其拖曳至【选择文件】活动下方，用于读取股票信息文件中的全部内容，如图 9-31 所示，在相应的属性面板中，在"输出"节点下的"数据表"文本框中输入"table"，如图 9-32 所示。

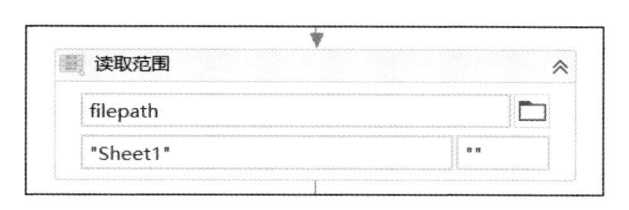

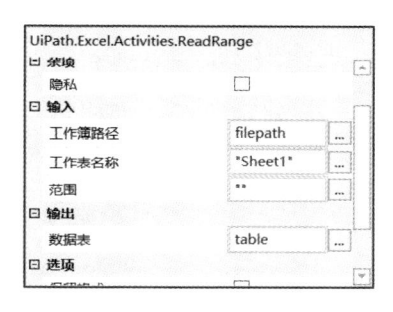

图 9-31　添加【读取范围】活动　　　　图 9-32　【读取范围】活动的属性设置

5. 添加【打开浏览器】活动和【对于数据表中的每一行】活动

添加一个【打开浏览器】活动并将其拖曳至【读取范围】活动下方，输入查询股票价格的网址，如图 9-33 所示。

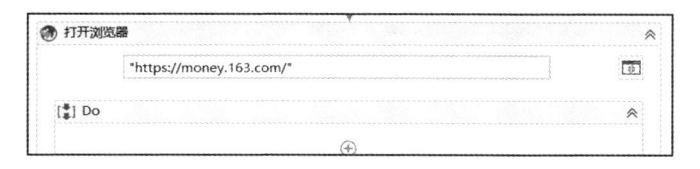

图 9-33　添加【打开浏览器】活动

遍历股票信息文件中的每一行股票代码信息，将其输入网站主页的搜索框并单击"搜索"按钮。添加一个【对于数据表中的每一行】活动并将其拖曳至【打开浏览器】活动的"Do"区域内，将每一行股票代码信息输入前述创建的变量"table"。添加一个【输入信息】活动，在网站界面中拾取搜索框界面，在下面的文本框中输入"Row(0).ToString"，并且在【输入信息】活动的属性面板中勾选"空字段"复选框。添加一个【单击】活动，拾取网页对象"搜索"，单击"搜索"按钮，效果如图 9-34 所示。

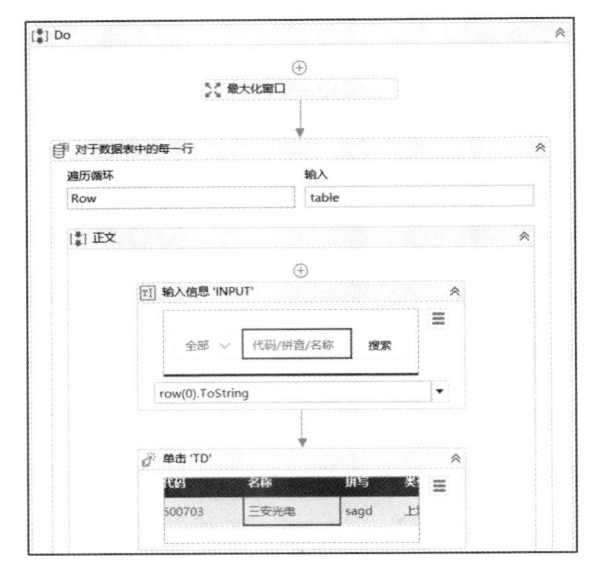

图 9-34　输入股票代码

6. 添加【附加浏览器】活动

添加一个【附加浏览器】活动并将其拖曳到【单击】活动下方。在网站界面中拾取对应新的股票查询网页页签，如图 9-35 所示。单击 ≡ 图标，打开"选取器编辑器"窗口，将含有"三安光电"字样的内容修改为通配符"*"，如图 9-36 所示。

图 9-35　添加【附加浏览器】活动

图 9-36　"选取器编辑器"窗口

7. 添加【获取文本】活动

在【附加浏览器】活动的"Do"区域内添加两个【获取文本】活动，分别在两个【获取文本】活动中单击 ≡ 按钮，在网站界面拾取网页中对应的收盘价信息和最高价信息，如图9-37所示；创建对应的变量"收盘价"和"最高价"，如图9-38所示，然后关闭网页选项卡。

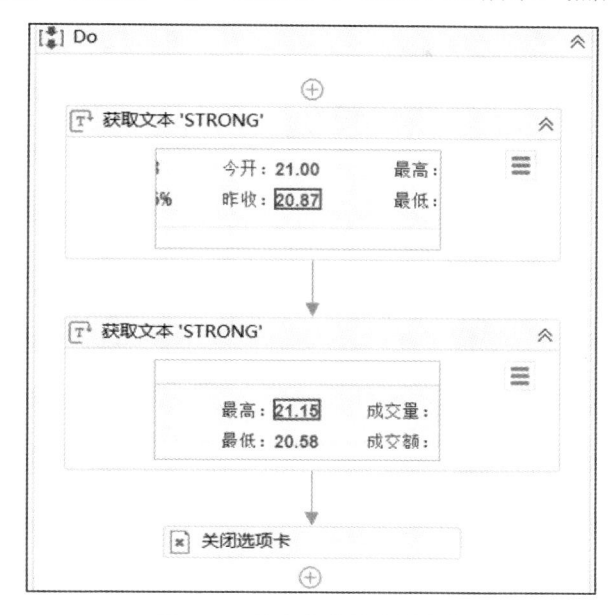

图 9-37 读取收盘价和最高价

图 9-38 创建变量

8. 添加【A←B 多重分配】活动和【写入范围】活动

添加一个【A←B 多重分配】活动并将其拖曳至【附加浏览器】活动下方，将Row(2)赋值为变量"收盘价"，将Row(3)赋值为变量"最高价"，如图9-39所示。这样设置的原因是收盘价信息位于表格的第3列，即Row(2)；最高价信息位于表格的第4列，即Row(3)。

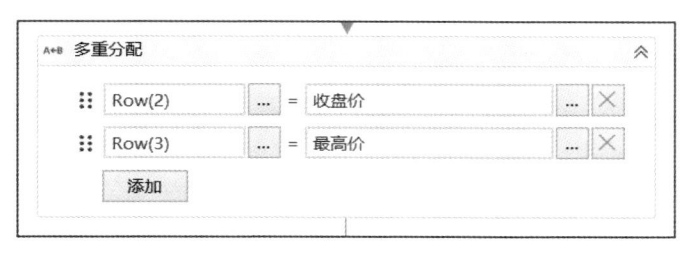

图 9-39 添加【A←B 多重分配】活动

将读取的价格信息写入股票价格信息表。添加一个工作簿中的【写入范围】活动并将其拖曳至【A←B 多重分配】活动下方，将路径设置为"filepath"，将工作表设置为"table"，如图 9-40 所示。

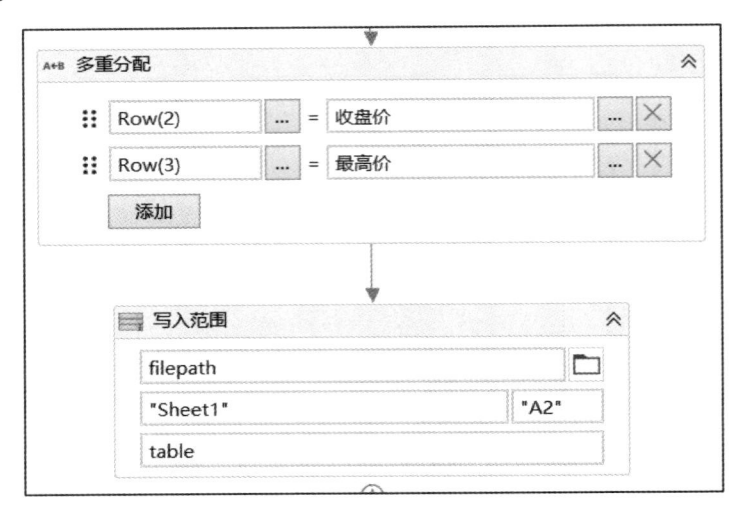

图 9-40　添加【写入范围】活动

9. 运行流程

至此，本任务的工作流程设计完毕。运行工作流程，运行结果如图 9-41 所示。本任务的完整工作流程如图 9-42 所示。

	A	B	C	D
1	股票代码	股票名称	收盘价	最高价
2	600703	三安光电	24.55	24.65
3	002241	歌尔股份	33.28	33.57
4	300433	蓝思科技	11.13	11.17
5	600009	上海机场	56.62	57.78
6	601318	中国平安	41.54	41.54
7	603220	中贝通信	12.19	12.34
8	600585	海螺水泥	32.03	32.60

图 9-41　工作流程的运行结果

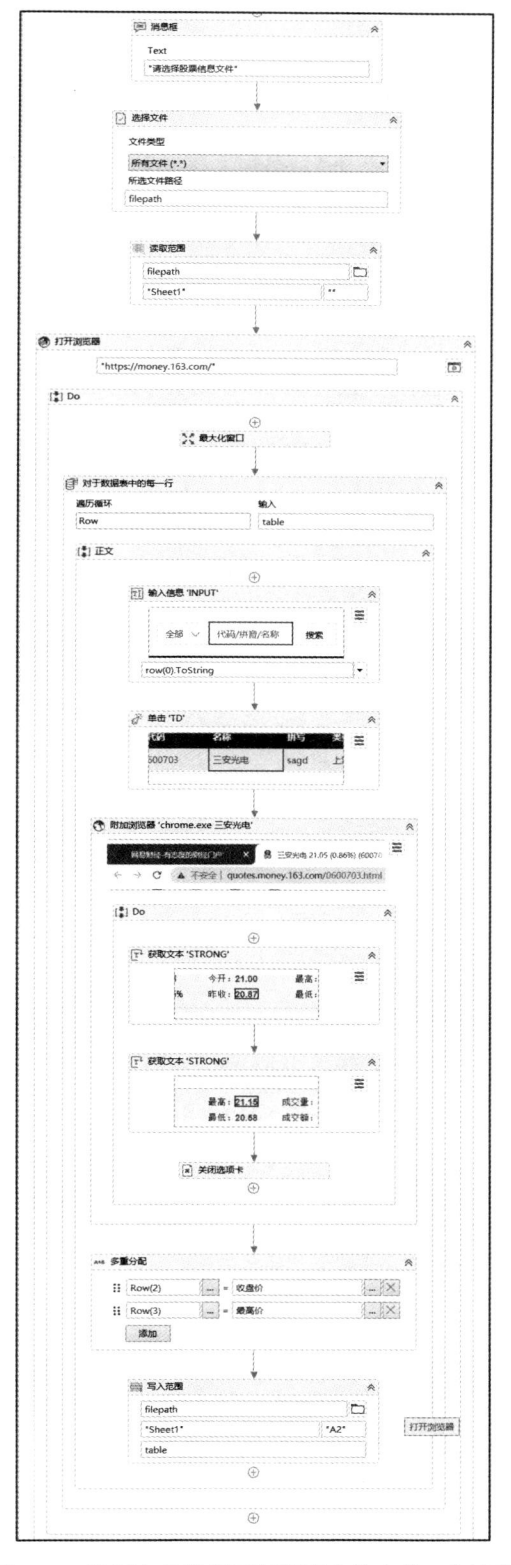

图 9-42　股票交易数据更新机器人的完整工作流程

五、易错问题解析

本任务的易错问题解析如表9-4所示。

表9-4 易错问题解析

问 题 出 处	问 题 描 述	问 题 解 析
添加【打开浏览器】活动和【对于数据表中的每一行】活动	在运行工作流程时，网页搜索框中的股票代码不会自动清空	需要在【输入信息】活动的属性面板中勾选"空字段"复选框，如图9-43所示
添加【打开浏览器】活动和【对于数据表中的每一行】活动	遍历表格每一行股票代码信息，在单击"搜索"按钮后网页较卡顿	使用者的网络环境不同，可能网速有限，可以添加延时，根据自己的网速选择合适的时长，如图9-44所示
添加【打开浏览器】活动和【对于数据表中的每一行】活动	遍历表格每一行股票代码信息，在单击"搜索"按钮后，会打开一个独立的标签网页	该问题是在网页中搜索后的正常情况，为了避免干扰，在获取股票相关数据后，最好将其关闭

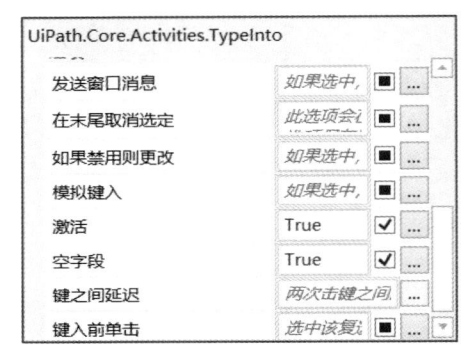

图9-43 【输入信息】活动的属性设置

图9-44 【单击】活动的属性设置

任务考核评价报告

扫描二维码，可参照其制作纸质任务考核评价报告。